围炉夜话

说大明

郑和下西洋中那些新奇的事儿

谷君培 著

天津出版传媒集团

百花文艺出版社

图书在版编目（ＣＩＰ）数据

围炉夜话说大明：郑和下西洋中那些新奇的事儿 /
谷君培著. —— 天津：百花文艺出版社，2024.1
ISBN 978-7-5306-8348-4

Ⅰ.①围… Ⅱ.①谷… Ⅲ.①中国历史–明代–通俗
读物 Ⅳ.①K248.09

中国版本图书馆 CIP 数据核字(2022)第 198314 号

围炉夜话说大明：

郑和下西洋中那些新奇的事儿

WEI LU YEHUA SHUO DAMING
ZHEGN HE XIA XIYANG ZHONG
NAXIE XINQI DE SHIR

谷君培　著

出 版 人 : 薛印胜
责任编辑 : 李文静　　**美术编辑 :** 张振洪
封面设计 : 末末美书
出版发行 : 百花文艺出版社
地址 : 天津市和平区西康路 35 号　　**邮编 :** 300051
电话传真 : +86-22-23332651（发行部）
　　　　　　+86-22-23332656（总编室）
　　　　　　+86-22-23332478（邮购部）
网址 : http://www.baihuawenyi.com
印刷 : 山东临沂新华印刷物流集团有限责任公司
开本 : 787 毫米×1092 毫米　　1/16
字数 : 190 千字
印张 : 15
版次 : 2024 年 1 月第 1 版
印次 : 2024 年 1 月第 1 次印刷
定价 : 88.00 元

如有印装质量问题,请与山东临沂新华印刷物流集团有限
责任公司联系调换
地址:山东省临沂市高新技术产业开发区新华路 1 号
电话:(0539)2925886
邮编:276017

西江月

　　天上乌飞兔走，人间古往今来。沉吟屈指数英才，多少是非成败。　　富贵歌楼舞榭，凄凉废冢荒台。万般回首化尘埃，只有青山不改。

——明·杨慎《西江月·廿一史弹词》

前　言

如果给"郑和下西洋"这一事件贴个标签，大家会贴什么?绝大多数人应该都会给它贴上诸如"历史大事件""政治大事件""外交大事件"等标签，因为在大多数人眼里，"郑和下西洋"就是大事件中的大事件。这话倒也没错。郑和远航在大明永乐年间及宣德年间，也都是国家的头等大事。

不过，我认为"郑和下西洋"还可以贴上"伟大""有趣""新奇""闻所未闻"等标签，毕竟历史的本来面目并不像字典中的名词解释那般枯燥。历史不是由一串串无聊的数字和一堆堆毫无生趣、冰冷冷的文字堆砌而成的，相反，它是由一个个鲜活的故事和活生生的人组成的，如同我们今天活色生香的生活以后也会成为历史的一部分一样。因此，我要给大家讲的"郑和下西洋"绝不是教科书式的史料照搬，而是一部探险笔记，一部丛林冒险记录，一部大明无敌舰队海上征战的战史，一部记录明朝驰骋天下、纵横捭阖的历史。它会带我们回到六百多年前郑和所率舰队途径的各国，去领略当地的风土人情，去探听各地的奇闻逸事，去见识各个地方隐蔽而不为人知的诡异与黑暗。在这里，没有照本宣科的描述，没有晦涩难懂的语言，一切都像是在讲故事:我慢慢说，您慢慢听。

好了，接下来，请跟随我的叙述，一起到六百多年前的世界去看看吧!

目　录

第一章 ｜ 开门见山

各位看官，不知您有没有发觉，很多词一带上"保"字，就会瞬间"高大"起来。比如"太保""少保"，这两个可是正一品、从一品的官职，是负责保护太子安全的职位。"保护""担保""保证"这些词，听起来也充满了正义的力量。就连普通的鸡丁带了"保"字，都变成了人见人爱、老少咸宜的"宫保鸡丁"。那要是人名带了"保"字呢？那可不得了。我们要说的这个人的名字里就有一个"保"字，这个人就是著名的"三保太监"——郑和。

您是不是以为我下面就要照例宣读从故纸堆里翻出来的郑和的个人信息了？那您就错啦！那些能轻易查到的信息咱们一般不说。这本书不是照本宣科，而是一本善于挖掘历史"犄角旮旯"的书。多问几个"为什么"是我们的习惯，旁征博引是我们的常态。这本书不是教科书，而是一本能让您放松心情、尽情阅读的书。

言归正传。提到郑和，必然要说到他率领大明舰队下西洋的事情。这件历史上的大事，估计大家都知道。我们这本书说的也是这件事。但是，通常人们讨论郑和下西洋时涉及的路线、船队、规模以及这一系列远航的重大意义、历史贡献等方面，我们这本书都不讲。我们讲的是他这一路途经各国的奇闻趣事、风土人情、传说故事等。这些奇趣见闻或惊险刺激或匪夷所思,其中很多事情让我们现代人都感觉不可思议,这也从侧面反映出当时郑和下西洋的艰辛与困难。

这本书中,我们不按照郑和下西洋的次数(七次)来逐次介绍这些国家,而是把这七次下西洋当作一个整体,在这一前提下,详细介绍途经的每一个国家。这样,对每个国家的介绍都会是比较完整的。

把这七次下西洋看作一个整体还有一个好处,就是能更加全面地解读郑和七次下西洋中的各种问题,归纳一下,主要有两大问题和若干小疑问。其中,两大问题里包含着诸多小问题,而若干小疑问我们会在后文中结合内容加以说明。

这两大问题我们要先讲清楚。

问题一:郑和下西洋的舰队规模如此之大,仅随船的士兵就超过两万人,明成祖朱棣为什么单单选一个宦官来当舰队首领呢?问题二:在明成祖朱棣之后,除了宣德年间郑和还进行了一次也是最后一次下西洋之外,为什么明朝廷再也没有进行过如此大规模的远洋活动呢?

其实回答这两个问题很简单,就是八个字——环境使然,国力使然。字虽少,但蕴含的内容可不少。要想把这八个字弄明白了,咱们就得先聊一聊明朝的宦官制度。

第二章 | "天真"的汉元帝

　　要说中国封建社会哪个朝代的宦官制度最合理,当推清朝。清朝国祚 276 年,就没有出现能左右朝廷、决定皇帝废立的太监。李莲英、安德海之流纵使能得到慈禧的额外恩宠,也始终在慈禧的掌控之中,更何况这种事也只是发生在清末,朝代行将就木的时候。

　　要问哪个朝代的太监最嚣张,当属汉、唐和大明。汉朝初期的时候,汉高祖刘邦一开始为宦官的选用定下了很严格的制度。无奈的是,这些制度到了后代子孙那里就渐渐废除了,到了西汉第十一位皇帝汉元帝刘奭(前 75—前 33)的时候,宦官势力又起。

　　单说刘奭您可能不太熟悉,毕竟一个朝代,大家记得最清楚的就是一头一尾的皇帝,也就是开国之君和亡国之君,中间的就没什么印象了。不过这个刘奭比较有意思,他虽然不出名,但他在位时的宫女出名,这个宫女叫王嫱。这个"嫱"字本义就是指宫廷里地位次于妃的女官。比如春秋时期越国的美女毛嫱,与西施大约是同一时代的人,"沉鱼落雁"的典故原本是说她的。相比较而言,西施的美具有柔弱气质,而毛嫱具有大家闺秀的优雅美,只不过西施为了越国忍辱负重去服侍吴王夫差,因此备受关注,位列"中国古代四大美女"之首。毛嫱不如西施有名,也就渐渐消失在历史中了。

说回正文。据《汉书》记载，这个叫王嫱的宫女字昭君，因此又被称为王昭君。那个大家耳熟能详的故事——"昭君出塞"，就发生在这个刘奭在位的时候。

根据《西京杂记》里的记载，当初由于宫内宫女、嫔妃众多，皇帝不要说挨个儿看一遍，就是连名字都认不全，所以就派宫廷画师把这些宫女、嫔妃的容貌画下来，然后再按图索骥、看画挑人。这样一来，当时画师的权力可就大了，一般人都会去贿赂一下画师，希望画像上的自己漂亮一些，这样面圣的机会就会大一些。当时王昭君进宫已经有几年了，但是后宫美人太多，皇上政务繁忙，纵使有"沉鱼落雁"之容也很难一睹皇上的真颜，更别提受到皇上的宠幸了。在这种情况下，别人都去贿赂画师。可是王昭君对宫廷内的这种行为心有不满，不愿贿赂画师，相信凭借自己姣好的容貌也能脱颖而出。从这点来看，只能说她太单纯了。给她画像的是毛延寿，这位画师画工了得，据说他"为人形，丑好老少，必得其真"。按道理说，就算王昭君没有贿赂他，画师照真实容貌画像，天生丽质的王昭君也能艳压群芳。但是这个毛画师人品不行，他没收到贿赂就把王昭君往丑里画，画完的画像皇帝看了一眼就吓出了一身冷汗。就这样，王昭君毫无悬念地错过了面圣的好机会，"藏"在深宫无人识。

按常理说，后宫佳丽三千，绝大多数都是这样在宫里默默无闻一辈子，甚至连名字都不会被丹青所记。但是，人的命运真的是变幻莫测。谁承想，一个远在北部荒凉草原的单于会改变王昭君的一生呢？

当时汉朝的属国南匈奴有一个单于名叫呼韩邪，曾三次入朝朝贡。公元前 33 年正月，呼韩邪来长安朝觐天子，以尽藩臣之礼，并自请为婿。汉元帝同意了，决定挑选一个宫女赐给呼韩邪。

宫中的王昭君听到这个消息，主动请求和亲。她为什么要这么做呢？要知道，她虽进宫多年，但皇帝从未召见过她，她也从未受过皇帝的任何封赏，所以在后宫的地位十分低下。想必夜深无人之际，王昭君也曾以泪洗面,哀叹命运的不公吧。她已经预料到自己的悲惨结局——纵有花容月貌,也终将在这后宫某一个无人知道的角落里孤独终老。这种哀怨的日子久了,但凡有一线希望,她也要想办法从这深宫逃离出去。这次正是难得的机会,虽然是远嫁边陲苦寒之地,但与老死宫中相比,也算是一个好的归宿。

汉元帝得知有宫女自愿和亲,心里乐开了花。毕竟,皇室宗亲之女,肯定不愿远嫁到南匈奴去。让一个容貌粗鄙的宫女去和亲,再合适不过了。于是,汉元帝痛痛快快地恩准了,指定王昭君下嫁南匈奴呼韩邪单于。

一切仪式办妥,照例,皇帝要在欢送仪式上见一下和亲的女子。当王昭君出场的时候,汉元帝十分惊愕,愣在了原地。原来,后宫中还有如此貌美的女子!汉元帝后悔不已,很想将她留下,但君无戏言,他只得强压着内心的不甘送走了王昭君。之后,恼怒的汉元帝就严办了那些宫廷画师,毛延寿自然也包含在内。

呼韩邪单于得到了王昭君这样年轻美丽的妻子,又高兴又激动,山呼大汉皇帝万岁。就这样,王昭君在汉朝和匈奴官员的护送下,骑着马,离开长安,冒着塞外刺骨的寒风,与呼韩邪单于前往千里之外的匈奴地域。从此,一代绝世美人就消失在历史中了。

书回正题。前面说到宦官势力在汉元帝刘奭手里复活了。这位皇帝想法清奇,他认为宦官没有子嗣、没有家人,又终年在宫中,所以可以放心大胆地用他们来对抗外戚的势力。要知道,外戚可是汉朝自始至终的心腹大患。这位大汉天子的初衷是好的,但是他忽略了一点:太监也渴望被认可、渴望财富,也有社交和对权势、地位的需求。他们虽然没有妻子、子嗣,但是他们可以秉承"四海之内皆兄弟"的原则与人结交。当然,他们首先结交的就是外戚势力。这是汉元帝刘奭没有想到的,西汉的衰落也是从他这里开始的。

实际上,现实中的情况远比咱们说的复杂。宦官的势力越来越大,他们结交的不仅有外戚,还有儒臣,汉元帝的大权就这样旁落了。还好他四十二岁就死了,比起后来那些死于太监之手或者被太监废黜的皇帝,他也算幸运的了。

从汉元帝开始,宦官造成的危害就像猛虎下山一般不可收拾,成为许多朝代终其一朝都逃不开的梦魇,而被宦官祸害得最厉害的就数唐朝和明朝了。

简单说两句唐朝的情况。同样,唐太宗(599—649)时期对宦官管理得很严格,到了唐中宗(656—710)时,规矩就坏了,当时宦官总数高达3000名。到了唐玄宗(685—762)时就更了不得,宦官不仅人数多,而且官职高,仅四、五品者就在千人以上。从德宗(742—805)朝开始,宦官们的势力达到一个高峰,他们掌握了神策军、天威军等禁卫机构,但一般不涉及外庭政治,所以没有多大的行政权力。当然,唐朝的另一个心腹大患——藩镇割据,最后也让宦官们无权可专。这么一个伟大的王朝就在宦官和藩镇的联合绞杀下,栖栖遑遑地落下了帷幕。

第三章 | 明朝的宦官制度

再来说说明朝。

明朝时期的宦官制度发展到一个高峰。这一时期,宦官势力经过千年的"修炼",也达到了顶峰。

说起来,哪个朝代都不似明朝这般,这个朝代的宦官们在多个领域都大有"建树"。误国误民的佞妄奸臣有之,如王振、郭敬、汪直、刘瑾、马永成、谷大用、魏彬、丘聚、高凤、罗祥、魏忠贤等;扬国威于海外、匡扶国家、忠贞不贰的也有之,如郑和、张谦、亦失哈、李谦、陈炬、冯保、王承恩等。看上去好像坏人比好人多,的确,太监中的反派确实比较多。您想啊,太监本就是受了刑的宫人,身体的残缺会导致内分泌紊乱,也会导致太监心理阴暗、狡诈、残忍。再加上他们没有子嗣,老无所养,这就使得他们做起事来不用担心连累至亲之人。人生已经如此,那只有一条路走到黑,拼死也要出人头地,"何惧乎其不冒死而求逞于一朝?"他们离权力的核心如此之近,一旦受到重用,必然会无所不用其极。

明朝时的"宦官"和"太监"并不是完全画等号的。当时低级的宦官被称为"少监",等级高一点儿的被称为"中监",等级最高的大宦官才被称为"太监"。不过后来叫着叫着,这个"太监"就成了宦官的统称了。

刚才说到，明朝的宦官在各个领域都有表现，除了他们自身的努力，其实这更是明朝当权者们一手造成的。

开国之初，明太祖朱元璋就十分注意宦官的使用，不停地压制他们，还在宫门上悬挂铁牌，上书"内臣不得干预政事，预者斩"，以此来警示宦官。朱元璋对宦官干政几乎是零容忍，甚至有的时候还会"未雨绸缪"。《明史·列传·卷一百九十二》中记载的两件事就佐证了这一点。一件事是，一个在皇帝身边供职很久的老宦官有一次无意中谈及政事，朱元璋听闻后勃然大怒，立即命令这个老宦官当天就返回原籍。另一件事是，一个叫杜安道的老宦官，当时在御用监当差——这个御用监后面会讲到，它是明朝内廷"十二监"中的一个，是专门负责造办或者督办明朝内廷所需物品的机构。这个杜安道伺候朱元璋多年，小心谨慎、性格沉稳，伴君数十年，参加的各种"高层决策"不计其数，对此他从来不提也不说。看到大臣们，他只是行礼，然后弓身告退。朱元璋很是喜欢，后来怕他恃宠而骄，忍痛将他迁出内廷，派往光禄寺，负责祭祀、朝会、酒宴等事，从此远离权力中枢。

从这两件事情可以看出，明朝的开国皇帝朱元璋在使用宦官这个问题上做得很好，秉承"任用他们为其服务，决不能让其识字或掌重权"的原则，把宦官们压得死死的。按道理说，如果照这条路发展下去，大明应该能走得更远。但是，朱明王朝也逃不过每个王朝的规律，开国之初的很多禁令到后期就渐渐废除或者走样了，而开这个大规模任用宦官先河的就是明成祖朱棣。

当时，朱棣不满其父朱元璋传位给朱允炆（即建文帝）而不传给他这个儿子（朱允炆是朱元璋的孙子、朱棣的侄子），再加上建文帝裁撤诸王的步子迈得有点儿大、有点儿乱，逼着朱棣带着手下打着"清君侧"的旗号，发起"靖难"。在这场耗时四年之久的"靖难之役"中，太监们功不可没，其中有类似郑和那样在战场上出生入死立有战功的，还有那些从建文帝身边跑出来向朱棣报告宫内实情的。总之，凭借他们的协助，燕王朱棣愣是从北平（今北京）打到南京，最后自己如愿当上了皇帝。朱棣坐稳了江山后，重用太监或者说宦官也就成了顺理成章的事情。

刚才说了，唐朝的宦官只是掌握了禁军的指挥权，但是没行政权力。明朝可不一样，太监渗入了国家机器的方方面面。

首先，大明一朝在宫廷内设十二监、四司、八局，合称为"二十四衙门"。这"十二监"分别为司礼监、内官监、御用监、司设监、御马监、神宫监、尚膳监、尚宝监、印绶监、直殿监、尚衣监、都知监。这"十二监"里的主管都叫掌印太监，其中以司礼监的掌印太监地位最高。"四司"则包括惜薪司、钟鼓司、宝钞司、混堂司。"八局"分别为兵仗局、银作局、浣衣局、巾帽局、针工局、内织染局、酒醋面局、司苑局。这些部门的职责太过庞杂，此处不作赘述。这里面除了浣衣局外，其他二十三衙门都在紫禁城里面。这些衙门在明初就设立了，里面的主要官员和负责人基本上都是太监。这些宦官的人数在明初有很严格的限制，但是到了后来，由于限定放宽，宦官人数急剧扩张，顶峰时有上万人。

前文说到，这些部门中司礼监掌印太监地位最高、最为尊贵，这一职位的"尊贵"来源于它与最高权力之间无限亲密的关系。

明朝开国皇帝朱元璋怕皇权旁落，所以废掉了宰相这个"一人之下万人之上"的官职，裁撤了中书省，自己直接掌管六部（吏部、户部、礼部、兵部、刑部、工部）。可是朱元璋忘了，即使他有这体力和精力，也不能保证他的子孙都和他一样。这不，到明成祖朱棣时便出现了内阁，之后又发展出明朝特有的"票拟"和"批红"制度。

所谓"票拟"，说通俗一点儿，就是各部各地呈上来的奏议先送到内阁，内阁的各位高官和各部主管在一起商议，有时特殊情况甚至是与皇帝一起商议，大家把解决方法或者参考意见写好了，夹在奏议里一同交给司礼监，通过司礼监呈交皇上，由皇上决定用不用这些参考意见。这些写在纸上的参考意见就是"票拟"。如果同意"票拟"上的意见，皇帝就用红笔御批，不同意的话就用别的颜色的笔标识。当然，皇上同意的"票拟"越多,越说明内阁的重要。比如"三杨"(即杨士奇、杨荣、杨溥)所拟的"票拟",还有万历朝前期张居正所拟的"票拟",几乎就是圣旨的底稿,可见当时皇帝对内阁的倚重以及内阁权力之大、地位之高。而皇帝的御批(当时叫作"批朱")就是"批红"。

一开始,这套制度还能良好运行,但这明显是一种"君逸臣劳"的模式,皇帝勤于政务还行,如果来个万历那样的"千古一帝",整个权力中枢的运作就落入旁人之手了。落到谁手里?当然是太监的手里啊。

这个事情也不是一蹴而就的,它有个演变的过程。通常,"票拟"是要由皇帝本人批的。后来皇帝嫌烦,批几本之后,就交给司礼监的太监代批。司礼监的太监又分掌印、秉笔、随堂等太监。再后来,就索性由秉笔太监给皇上念奏议及票拟,皇上口述处理意见,再由秉笔太监代批。再往后,皇帝觉得这样还是不太舒服,干脆连说都不愿意说了,而是直接由司礼监负责了。本来这种"票拟"制度就给了宦官们上下其手的空间和机会,现在皇上都撒手不管了,他们就更明目张胆了。这时候到达司礼监的"票拟"就由司礼监的公公们分类,挑出来哪些是需要给皇上看的,当然这个挑选的标准就要看公公们的心情了。比如弹劾他们的,肯定不能给皇上看;损害他们利益的,即使是为了国家社稷,那也不能给皇上看;无关痛痒、对他们无害或者大臣打点过的,就挑给皇上看。所以查看史料,尤其到了明朝中、后期,经常可以看到"不报"和"留中"这两个词,这两个词的意思说白了就是司礼监那帮太监把奏议压下来了,直接存档了事。可以说这一步就把好多反映国家真实情况的奏议给屏蔽了。

这些精心筛选过的奏议交到皇帝那儿,皇帝也不看,一般会让秉笔太监念,秉笔太监念完再给个大概意见。如果皇上一听觉得没意见或者连脑子都不想,就随秉笔太监写。按照常理,这个经过"御批"的奏议应该交给内阁或者各部起草正式诏书了吧?不行,司礼监的太监们还得看看,这时候咱们前面说的司礼监掌印太监就隆重出场了。他得把"御批"的奏议看一遍,如果没问题,他就盖个大章,这个奏议就发往内阁或者六部,开始正常执行程序;如果觉得不行,他有权力打回去重批(当然,这拿捏的尺度与分寸是相当讲究的)。没错,在他这儿,皇帝的"御批"都可以不认,虽然这"御批"也不都是皇上批的。这也就是司礼监的掌印太监在二十四衙门里地位最高的原因。这样的事也就发生在明朝。不过,别看他们这么嚣张,这些太监却威胁不到皇权,因为这个批阅奏章的权力是皇上给他们的,一旦皇上觉得他们威胁到国家的统治,收回权力是分分钟的事。正因如此,大明太监闹得再凶,皇权还牢牢地掌握在皇帝手中,没有出现汉、唐时期宦官可以随意废立甚至加害皇帝的事情。

　　到这里,咱们把第一个大问题中的第一个方面,即关于宦官制度的事情大致说完了。接下来,我们就要说第一个大问题中的第二个方面了,也就是由宦官们把持掌握的厂卫制度。

第四章 | 大明天子的"左膀右臂"

　　宦官之所以在大明一朝如此飞扬跋扈,除了皇帝的支持以外,掌握了国家机器也是重要的一点。咱们平常了解到的国家机器无非就是法庭、监狱、警察和军队。但是,这些"普通"的机构显然给不了大明皇帝充足的安全感,于是大明特有的国家机器——厂卫制度诞生了。

　　所谓"厂卫",就是东厂、西厂、内行厂和锦衣卫四大机构的统称。其中,锦衣卫历史最为悠久(朱元璋时期暂停过一段时间,明成祖朱棣又把它恢复了),它的前身是明太祖朱元璋在明朝建立之初设立的拱卫司。

　　说锦衣卫这个机构历史悠久,那是有据可考的。大明王朝随着崇祯帝在北京自杀宣告覆灭了,但是锦衣卫在南明还存在,直到1661年"咒水之难"中,锦衣卫指挥使(最高长官)马吉翔与掌卫事任子信被杀,才意味着这个情报机构的彻底灭亡。时隔半年,南明末代皇帝永历帝朱由榔就被清军用弓弦勒死了,南明彻底灭亡。大明国祚276年,假如算上南明大约是294年。而锦衣卫的历史如果从它的前身拱卫司算起,大约有290年;倘若从洪武十五年,也就是1382年锦衣卫正式设立开始算,也有大约279年。可以说有明一朝,锦衣卫的身影贯穿始终。

　　锦衣卫这个机构不仅历史悠久而且职权特殊,它直接对皇帝负责,职责就是保护皇帝安全、设置出行礼仪、执行廷杖、搜集各种军政情报等，而且逮捕人犯（包括王公大臣）可以不公开审判。但是，跟那三个"厂"比较来说，锦衣卫算是外臣，有什么事都得上奏议才能向皇帝汇报。而"厂"有事直接当面和皇帝说就行，和皇帝的关系要远远近于锦衣卫。而且到了明朝中后期，锦衣卫的实力远不如东厂，甚至要依附于东厂，看东厂的脸色行事。

说完了锦衣卫，下面说说"厂"里面的东厂。

东厂的全称为东缉事厂，是由明成祖朱棣于永乐十八年（1420）设立的特权监察机构、特务机关和秘密警察机关。东厂是整个厂卫里面混得最好的，它直接对皇帝负责，而且权力在锦衣卫之上，它的负责人称为厂公或者督主，是皇帝亲信的宦官，一般由司礼监秉笔太监担任——就是那个给皇帝读奏议并替皇帝"御批"的太监。这个厂公或者叫督主的太监地位仅次于前面说的司礼监掌印太监，属于宦官体系里面的二号人物。大明朝宦官掌握特务、情报组织就是从这里开始的。

明成祖之所以设立这个机构，主要是心虚。首先，他的帝位不是正大光明地由他的父亲朱元璋指定的，而是抢他侄子朱允炆的。虽然叫"靖难之役"，但是也洗脱不了他谋朝篡位的实质，所以他得暗地里搜集情报、排除异己，因为这些事永远不能放到台面上。其次，建文帝朱允炆手下旧臣除了齐泰、黄子澄、方孝孺等人以外，大部分都投降于他，但是难保这些人没有二心，所以暗中对他们加以监控也是必要的。再次，当时朱棣把他父亲朱元璋暂停的锦衣卫又复立了起来，但是锦衣卫这帮家伙是外臣，有什么事吩咐还得从紫禁城外叫进来，而且此时锦衣卫势力逐渐膨胀，甚至开始私造上万件的兵器，有谋反之意，因此必须有个更为强大且更亲近皇帝的机构压着它、看着它，甚至在必要的时候灭掉它。综合考虑，由亲信太监管理的东厂就这么横空出世了。

东厂名声显赫，一方面是因为它的职权高于锦衣卫，另一方面是因为它的"寿命"又长过后续成立的两个厂。可以说，比它职位高的"活得"

没它长,"活得"比它长的职位又没它高。除了这两点,东厂的名气大还因为它的诸多头目都是当朝赫赫有名的大太监,比如王振、刘瑾、冯保、魏忠贤这一干人等都统领过它。说到这些大太监,我们不能用常人的标准来往他们身上套。诚然,这些人里除了冯保还算是有功于大明,其他的都算是大奸大恶之人。但是,即使冯保曾协助张居正进行改革,推行"一条鞭法",使明朝出现了著名的"万历中兴",历史承认他对明朝中兴做出的贡献,但同时也记载下了他"性贪""骄横"的劣迹。

再回到"厂"的话题上。上文咱们说了东厂,接下来再看看设立时间比较晚且几经停用的西厂。

西厂是在明宪宗朱见深(1447—1487)于成化十三年(1477)年初设立的,短短五个月就被裁撤了。裁撤之后一个月又被复立,五年后又被裁撤。到了明武宗朱厚照(1491—1521)正德元年(1506)又被复立,结果五年后,也就是正德五年,这个短命的机构被彻底裁撤,永远消失了。

为什么西厂这么短命?主要是它的提督太张狂,所以一共就存在了两任。西厂全称"西缉事厂",第一任提督叫汪直,就是成化年间那五个来月的提督。西厂刚建立的时候,人数比东厂多了一倍,也比锦衣卫多,人员和东厂一样,都是从锦衣卫里挖过来的,它的职权范围比东厂和锦衣卫都要广,几乎没有它不干的。只是大奸臣汪直为了功绩不顾一切造假,而他所在的机构和所从事的勾当决定了他的"造假"就是制造冤狱和冤假错案。他"造冤"速度之快、范围之广无人能出其右,结果引起公愤,西厂五个月就"关张"了。

之后,明宪宗时时感到空虚寂寞,总是后背冒凉气,看谁都像谋朝篡位的。经过一番思索,他明白是自己缺乏安全感。这时候有奸臣戴缙揣摩出皇帝的心思,就主动上书,大肆吹捧汪直,说汪直能排除各种隐患,消除皇帝的顾虑。宪宗听后大喜,立刻下令恢复西厂。其实对于皇权受到威胁的恐惧,每个皇帝都有,只不过宪宗自己说的"关张",不能说话不算数,而当奸臣上书正中下怀时,他正好就坡下驴重开西厂。

就这样，西厂在"关张"一个月后又重新"开张"了，汪直也重新上任。但他重新上任后，行事依然不低调，顺手还把上次奏请皇上裁撤西厂的大臣全都惩办了。这样一来，因为有皇帝护着，大臣们也就不敢再提什么意见了。直到五年后，皇帝感觉这药的副作用大于药效，甚至有点儿严重的副反应了，于是就把汪直逐出京城，西厂也随之解散。西厂这个阴魂当然不会就此罢休，它冷冷地看着紫禁城，等待着有朝一日卷土重来。

果不其然，大约二十四年后，西厂又回来了。复立它的是明武宗朱厚照。这次的提督是谷大用。说起这个谷大用，他可是个大奸臣，武宗朝内侍"八虎"之一。"八虎"的老大是著名的宦官刘瑾，此时他位高权重，是司礼监掌印太监。谷大用在他的领导之下。虽然刘瑾管着所有的厂卫，但是谷大用跟他争权，彼此之间互相拆台。刘瑾见自己管不了谷大用，干脆另起炉灶，建了最后一个厂——内行厂。这个内行厂负责的范围包含东厂、西厂、锦衣卫的全部职权范围，而且可以监督、管理甚至捉拿这三个厂卫的人员。然而，这么厉害的机构随着刘瑾的倒台也就彻底消失了，跟它一起消失的还有西厂。

从时间上看，锦衣卫存在的时间最长，其次是东厂，再次是西厂。不过西厂存在的时间再短，也比内行厂存在的时间长。西厂有十年左右的历史，内行厂连五年都不到。但是若按照职权范围排列，这个顺序就得倒过来了。

您看，厂卫里面权力范围越大的，"关张"就越早，这就叫作"物极必反"。封建时代，总有些人想权倾天下，压过别人，以此来保证自己可以千秋万代风光下去。可是别忘了，当手下人的权力大到一定地步就会威胁到皇权，皇帝岂能坐视不理？

第五章 ｜ 不忠不贤的魏忠贤

兜兜转转，我们插个空来说说"九千岁"魏忠贤。

毫无疑问，魏忠贤是个十恶不赦的奸臣，虽然他名中带有"忠""贤"二字，但他的所作所为几乎成了这二字的反义词。估计您会说，魏忠贤至少对明熹宗是忠诚的呀！您这话说得对，但也不全对。为什么呢？主要是时间不够长啊。假以时日，魏公公再有时间多折腾几年，您觉得他还会这么忠于皇帝吗？况且"民为贵，社稷次之，君为轻"，对百姓如此残暴、对权势如此贪婪的无耻之人，何以配得上"忠"字呢？

给这位"九千岁"掘墓的崇祯皇帝朱由检（1611—1644）评价他"擅窃国柄，奸盗内帑，诬陷忠良，草菅多命，狠如狼虎"。您瞧瞧，这评价不仅到位而且非常狠，甚至可以让我们感受到崇祯皇帝说这话时那恨不得生啖其肉的心情。

的确，魏公公作恶多端、祸国殃民、残害忠良，被处死实属活该，罪无可赦，在这点上向来是没有什么争议的。不过德国 19 世纪哲学家黑格尔说过一句名言"存在即合理"，说明时势不仅能造就英雄，也能造就奸臣。魏公公如此横行，重用他的明熹宗朱由校（1605—1627）也就是天启皇帝，难道一点儿也没有察觉吗？当然不是！明熹宗宠信魏忠贤的主要原因是想利用他的阉党势力去制衡当时朝廷上的东林党，对于其他事情他只能睁一只眼闭一只眼，假装糊涂。

明朝灭亡，党争是个重要因素，但是党争并不是在魏公公这时才有的。要是往前清算的话，明朝的第一任皇帝朱元璋绝对是"党争"的缔造者。他在位的时候，明朝廷就分为淮人和非淮人两大阵营。这些淮人都是帮助朱元璋立国的功臣，他们背后的靠山就是朱元璋。所以在当时的政坛上，淮人处处排挤非淮人。就连朱元璋的谋士刘伯温，也因为不是淮人而被处处迫害排挤，最后含恨而死。有一种说法是，刘伯温是被当时淮人的领军人物胡惟庸毒死的。不管他究竟是怎么死的，这运筹帷幄之才堪比诸葛孔明的一代神人是被淮人害死的，这个一点儿不假。朱元璋重用淮人，又利用非淮人来监视淮人，以此达到加强和巩固自己权力的目的。到最后，朱元璋连淮人都觉得碍事了，直接手起刀落，"蓝玉案""胡惟庸案"将淮人功臣诛了个干净，顺带将丞相这一千古不动的职位废除。从此以后，朱元璋大权独揽，好不痛快。

有道是"天道好轮回，苍天饶过谁"，朱元璋的继承者们除了明成祖朱棣以外，其余没有一个在理政能力上能比肩甚至超过他的。到了明熹宗时，满朝官员绝大多数都已经成为"东林党"的党羽。此时的熹宗想复制他祖宗朱元璋的方法已经不可能了，满朝文武没有一个心腹，那就只能找从小到大朝夕相处的太监来帮忙了。熹宗心想，这帮朝夕相处、知道许多顶级"皇室机密"的人应该就是自己的心腹吧。于是乎，大明朝堂上就经常出现宦官与大臣"同场竞技"的场景。直到崇祯皇帝朱由检出场，宦官出局，东林党一家独大，这事才算告一段落。

说到东林党，有人说他们一点儿实事不干，堪称"空谈误国"的典范；也有人说他们一身正气，是实干的模范、道德的楷模，代表就是熹宗一朝的"东林六君子"。其实公允些说，东林党里正气凛然的君子不少，但是钻营政治投机的伪君子也颇多。崇祯皇帝挂在煤山（今北京景山）歪脖树上殉国以后，这帮人中除了为数不多的几个大臣从死，其他人都快马加鞭地投入了新主子的怀抱。至于这帮人最鄙视的宦官之流,其中有司礼监秉笔太监王承恩陪着皇帝以身殉国,还有司礼太监方正化、司礼监掌印太监高时明、司礼监秉笔太监李凤翔、提督诸监局太监褚宪章、张国元等人死战不退,杀敌殉国。不过这些就是后话了。在明熹宗的时候,东林党的势力很大,这是个不争的事实,大到足以威胁到皇权的地步,大到皇帝必须用太监势力去制衡他们的地步。魏忠贤这个宦官,心思缜密、下手阴狠,皇帝正是看中了他这一点。

魏忠贤不负天启皇帝的殷殷期盼,上台之后,对东林党痛下杀手,改变了朝堂之上东林党一家独大的局面。除了这一点,他还有一个本事为熹宗最爱,就是能敛财。要知道,明朝晚期的几位皇帝最头疼的就是国库空虚,魏忠贤在这方面的确颇有手段。相比之下,崇祯皇帝就差得远了,他为了国家向皇亲国戚"借钱",还被耍得团团转。

魏公公从东林党人垄断的矿产、漕运、丝绸交易等行业下手,攫取大量利益。当然,东林党人一开始是很不配合的,但是魏公公可是东厂的大统领,东林党人也无法与之抗衡,几个回合下来,就乖乖任由魏公公处置了。

东林党人的这些产业虽然让魏公公收获颇丰,但是未伤及他们的根基。因为这些产业跟他们在富庶江南的工商产业比起来,就是九牛一毛。下面我们就详细说说。

要说东林党人,我们得先说一个外国人——克里斯托弗·哥伦布。没错,要想说清楚东林党这事,就得从这位外国人说起。这是一位意大利航海家,但是他成就了西班牙人的海外殖民事业,谁让是西班牙王室资助他完成了发现美洲的壮举呢。按照约定,哥伦布发现的美洲大陆都成了西班牙的领土,当时的美洲盛产白银,大量的银子被开掘出来,却没有按照正常的逻辑返回西班牙,而是不远万里来到了中国,也就是当时的大明。因为大明有欧洲人为之疯狂的茶叶、瓷器和丝绸,这三样在当时只有中国有,只有中国的好,所以倚仗这三种商品近乎垄断的地位以及西班牙王室的败家,大量白银流入中国。这对当时银资源匮乏又深受宝钞折磨的大明来说真如"久旱逢甘霖"一样。既然是"久旱",那甘霖来了肯定全被吸收了,就像清泉流入沙漠一样。日本作家上田信在《海与帝国:明清时代》一书中对此种情况有很精准的描写:"从16世纪开始白银连续不断地流入中国,几乎没有走出去。从世界的角度看,中国被比喻成'白银的坟墓'。"

那么问题来了,这三种商品的产地在哪里呢?回答是,绝大多数都在南方地区。不像一直战乱不断、刀兵不绝的北方边境,在明朝,南方始终是国家的大后方,除了最后明亡的时候有过战乱,在大明国祚276年里(不算南明),南方几乎没发生什么大的战争。大量的工商业在此得以发展,尤其是刚才说的大明三宗宝:茶叶、瓷器和丝绸。通过这"三大件"和其他商品的生产与贸易,南方很快就出现了大批富豪。这些富可敌国的工商业主虽然有钱,但是社会地位不高,咱们常说的"士农工商"出自《管子·小匡》,这里四种社会分工的先后顺序其实就是旧时中国社会地位的排序,从左至右地位越来越低,"商"排最后,可见经商之人在过去中国的社会地位之低。再有钱的商人也被压制在社会的底层,在他们上边的当然是代表当时社会主流的封建地主阶级,这个阶级的老大自然就是皇帝。

商人们要想改变这种情况有两条路可以走:一条路是造反,一条路是科举。显而易见,第一条路的成本太高,还不能保证一定成功。赔本的买卖商人们自然不会去做,他们是精于此道的。这样一来,第二条路就成了商贾们的必然选择。

这些富家公子不用为吃喝穿戴发愁,有佣人伺候,也不事生产,时间有的是。只要他们有进入仕途的决心和毅力,再投入大量的金钱,想要考取功名,总归是比寒门子弟要容易得多。

而这些通过合理、合法、合规的方式夺取功名进入仕途的富二代们,会反过来保护自己所处阶层的利益,也就是这些富有的工商业者的利益。这些工商业者,或者我们可以称其为富商,会继续将自己人通过以上方式送到朝中做官。如此一来，朝中这些相同利益的人结成了朋党，共同维护他们所代表的利益集团的利益。年深日久，这群人渗透到了国家官僚体系的方方面面，发展到最后，已经可以在很大程度上影响明朝廷的决策了。

朋党对于国家来说有百害而无一利，"一旦结成朋党，不管近在咫尺还是远在万里，朋比胶固，牢不可破，祸端丛生。是其党者，不管贤与不贤就百般庇护；不是一党，不管好与不好，就百般攻击。视朋党荣枯为性命，置国家大局于不顾"。

毫无疑问，前文说的那些富商及其党羽所结成的朋党就是东林党。由此可知为什么东林党人一直致力于废除对工商业的征税了，因为这触动了他们的根本利益。

"九千岁"的眼很"毒"，他看出了这一点，于是下令在江南地区恢复以前东林党人废除的各种税收，不过这次他敛财的对象多是士绅、富商阶层。这倒不是因为他多么体恤底层百姓，而是因为当时开征的税种很多，且这些税是向工商业者、地主等富裕阶层收取的，所以政府获利颇丰。换句话说，就是税源多，每种税收上来的钱也多，因此政府就不单独指望着农民缴税了，毕竟底层百姓的税相对少而且收缴也比较困难，就不怎么折腾他们了。这也就造成了一个假象——魏公公善待底层百姓。

当然，崇祯皇帝扫平魏忠贤及其余党之后，满血复活的东林党又变着法地把这些面向士绅、富商阶层的税收都取消了。这些人不缴税了，但是国家不能没有税收，对于东林党人来说，谁缴税都可以，只要不是他们缴就行。于是农民再一次成为税收的主体，富商士绅要缴的税都压到了他们的肩上，至于农民能不能缴得起税、活得下去，则完全不在东林党人的考虑范围内。这就造成了崇祯时期明朝廷税收锐减、税源单一、偌大的国家全指望农民缴税来养活的奇怪现象。辽东战事的吃紧又使得明朝廷加税越来越频繁，再赶上那个时候地球正处于小冰河时期，粮食连年歉收、灾害频发，所以大量农民破产、成为流民，加入闯王李自成的队伍中。

不过，如果您认为魏公公是多么为大明的前途操心，殚精竭虑充实大明的国库，那就错了。魏公公的初衷还是为了敛财、打垮东林党人、扩张自己的势力。充盈大明国库只不过是顺手而为的事。评价一个人做事的目的还是要看他做此事的出发点，而不能被过程和结果蒙蔽。经过魏公公这一顿猛如虎的操作，他个人的财富应该升到大明排行榜的首位了，同时我们也看到，大明的财政危机解除了，官员之间扯皮的现象少了——都听魏公公的了，也没有党争了——宦官一家独大了。

所以说啊，看人看事得从不同方面着眼。有句话说"魏忠贤死则大明亡"。依我看，魏忠贤不死大明也得亡。不过他如果不死，大明还会不会迅速灭亡，这就真不好说了。但是这句话也说明了一点，魏忠贤的死，意味着权力制衡的消失，从此崇祯皇帝朱由检只能独自面对东林党人的一家独大和背叛。而此时的这帮人除了空谈和误国，什么也做不了，以至于崇祯在朝堂之上急切询问众位爱卿对于危机的应对措施时，底下的"爱卿"都是同样的表情——痴、傻、呆。那意思就是，大明王朝的事，还是皇帝自己做主吧。明哲保身是他们此时一致的做法，他们不愿为穷途末路的大明再出一丁点儿力。正因如此，崇祯皇帝求爷爷告奶奶却连100万两白银都讨不来，而李自成大鞭子狠劲抽就轻松地从这些人手里拿走了7000万两白银。

其实这个问题从根儿上说还是大明王朝的事。不过基于文章的连贯性，这个话题咱们还是放到后面专门讲。

回到刚才说的魏公公那儿。崇祯皇帝扳倒魏忠贤的时候，举朝上下秉承"敌人反对的我们要支持，敌人支持的我们要反对"的原则，把魏公公所做的事——无论对国家有利还是有害的——都推倒清算。关键是，推倒了以后要有替代措施啊！结果没有，崇祯皇帝和东林党一干人只能互相大眼瞪小眼。

要说在用人这点上，崇祯皇帝真不如明熹宗朱由校。熹宗拎得清，他就把魏忠贤当作一个看家护院的奴才,这个奴才虽凶,但是对主人忠心。而那帮东林党人都有自己的小算盘,他们的心始终跟皇帝是两条路的,所以对这帮人只能先打压再利用。但是崇祯上来就把看家护院的奴才给弄死了,信任东林党这帮人。事实证明,这些人在党争的时候无所不用其极,遇到外敌入侵却长吁短叹、束手无策,甚至为了"留名青史"不惜破坏当时的国家方略,即使这个方略在当时来说是最可行的(可参看杨嗣昌议和与崇祯南迁)。

这么看来,当皇帝还真是一门高深的学问。

估计细心的您又该问了,包括东林党人在内的那些文官都是饱读诗书之人,披荆斩棘、历经磨难才获得了官位,难道他们的能力真的不如这些宦官?

这的确是个问题。其实,成功与否和是不是宦官没有太大关系。比如写下《史记》的太史公司马迁家,世代为史官,据说可追溯到周朝,司马迁在其父司马谈死后顶替出任太史令,着手写《史记》也是在遭受宫刑之前。也就是说,即使不受刑,太史公也是要完成这部著作的。

当然,太史公是个特例,毕竟绝大多数太监在入宫之前都是地位低下之人,但凡有别的出路,也不会选择做宦官。

事实上,所谓宦官比文官能力强,也只是看起来如此。归根到底,其实是双方处事原则、办事方法和所代表的利益不同,与办事人本身能力的关系没有我们想象的大。

宦官是皇帝身边的亲信,代表皇帝的利益,直接向皇帝负责,他们不属于六部里的任何部门,唯一的领导就是皇帝。正因为如此,宦官们干起事来不受部门之间各种关系的牵绊,他们办事只看结果,因为出了再大的事,都有皇帝给兜着。再看文官们,他们干起事来得层层汇报,处处被各方势力、规则束缚,他们大部分精力都用来平衡、疏通地方、中央以及各个部门间的关系。

所以在解决实际问题时,往往是宦官一到,好多事情就迎刃而解了，他们还能调动各方资源，谁让人家直接代表皇帝呢！而文官要想解决一件事，光内部错综复杂的关系和程序就能逼死他，更别说调动各方面的资源了。在这方面，大家可以参考一本叫《丝绢全书》的书，这里面主要讲述了发生在徽州的一桩跨越十几年，历经隆庆、万历两朝的丝绢案。从此案中，您可以一窥大明官僚体系的错综复杂。

我们接着讲。

所以说，并不是文官们办事能力不如公公们，实在是公公们手握的资源和背后的靠山比文官们高出了好几个等级，这就造成了双方办事效率和结果的大不同。这里可以给您举个例子，明朝嘉靖年间，南方徽州府歙县呈坎镇罗氏一家与寺院就祖坟问题前前后后打了八年的官司，审理反反复复多达七次，最险的时候，受害人罗氏一家反被诬告、祖坟被平。到最后，罗氏一家走投无路去告御状，恰逢嘉靖皇帝想给自己的亲爹弄个庙号（参看嘉靖皇帝"大礼议"事件），这起案件的处理正好可以代表皇帝对于此类事件的态度，算是给弄庙号这件事和相关一系列操作做个铺垫，所以在皇帝的会意下，案子几天就出了结果，罗氏一家大胜。您看看，这还不是皇帝亲自指挥、参与，就是"会意"一下，事情处理的效率和结果就有了突破性的进展。以此为参考，皇帝上心、亲自安排的事，您说有办不成的吗？

再说到"大礼议"事件中官员被廷杖的事，罗家的胜利从某种意义上来说是沾了"大礼议"的光。"大礼议"这三个字看似平常，其实字字带血。这一事件中有很多人被廷杖甚至伤重而亡。"廷杖"说白了就是在朝廷之上打大臣的屁股，不过这可不是嘉靖皇帝开的头儿，是他的老祖宗朱元璋首先发起的。这些挨板子的官员就算幸运的了，要是放到朱元璋在位的洪武年间，估计他们就不仅仅是挨板子这么简单了。说到这儿，也就牵出了咱们刚才说的崇祯皇帝苦苦哀求却得不到银子，而李自成严刑拷打却搜刮得盆满钵满的事。此事的深层原因，即朱元璋制定的严刑酷法。

第六章 | 严刑酷法治天下

　　"可怜"的崇祯帝怨不得别人，要怨就得怨他们家的老祖宗朱元璋。这位开国皇爷曾说过："奈何胡元以宽而失，朕收平中国，非猛不可！"此话在刘伯温写的《诚意伯义集》中有明确记载。由此可见，"刚猛治国、严刑酷法治天下"是朱元璋深植内心的坚定想法。由此，他为新生的大明开了个不好的头儿，即残酷对待臣下。按照吴晗老先生的说法，朱元璋善用严刑重罚，杀了大约十几万人，被杀的包括国公、列侯、大将，还有宰相、部院大臣、诸司官吏、州县胥役，以及进士、监生、经生、儒士、文人、学者、僧人、道人等。

　　到这里估计您又会问了，朱元璋打仗杀了十几万人这还可信，毕竟他打元朝、打陈友谅、打张士诚，那都是尸山血海，死的人远远不止十几万。但是对待自己的臣民，他能杀这么多吗？您别急，我给您细细算算。

　　胡惟庸一案按照《明史·列传·卷一百九十六》中所述，"帝发怒，肃清逆党，词所连及坐诛者三万余人"。蓝玉案按照《明史·列传·卷二十》里记载，"蓝贼为乱，谋泄，族诛者万五千人"，在这句之后书中又写了一句"于是元功宿将相继尽矣"。这说明此案之后，北逐元朝的功臣被诛杀殆尽了，照吴晗老先生的话说，"这一案把军中勇武刚强之士差不多杀个干净"。

这两案之后的空印案和郭恒案又诛杀了大约七八万人。胡、蓝两案诛杀功臣多是以家庭为单位，一人获罪即杀一家子，"绝户杀"。而空、郭两案，被杀的多为各级官员和地主。比如郭恒案，户部左右侍郎以下官员都被处死，各布政使司官吏被杀了几万人，全国各地大地主、中产以上地主破产的不计其数，以至于南方地区"豪民巨族，划削殆尽"。

这还不算完，除了上面说的"四大案"之外，还有洪武四年（1371）录（甄别）天下官吏、洪武十三年（1380）连坐胡党、洪武十九年（1386）逮官吏积年为民害者、洪武二十三年（1390）罪妄言者这四次有计划的诛杀。

仅仅前面提到的四大案的被杀人数就已经超过十万了，再加上后面这四次屠杀，可见吴老先生所说不虚。

除了这些大案和大规模的屠杀以外，朱元璋也没闲着。文字狱就是他的"爱好"之一。他由于早年混社会的经历，最讨厌"光""秃""僧""生""贼""寇""则"等字，用了这几个字，铁定严办。当然，你用了别的字，也不见得就安全。受不受罚，完全取决于阅读文章时他的心情和理解能力。这还没完，朱元璋还变本加厉地将个人的禁忌发展成全民的忌讳。《明太祖实录》里就记载了，洪武三年（1370），他禁止平民百姓用天、国、君、臣、圣、神、尧、舜、禹、汤、文、武、周、秦、汉、晋等字取名。到了洪武二十六年，也就是 1393 年，他又宣布禁止百姓取名太祖、圣孙、龙孙、黄孙、王孙、太叔、太兄、太弟、太师、太傅、太保、大夫、待诏、博士、太医、太监、大官、郎中等字眼，甚至还规定医生只能叫作"医士、医人、医者"而不能叫作"太医、大夫、郎中"，梳头的人只能叫作"梳篦人、整容"而不能叫"待诏"，诸如此类。如果你不小心用了这些词，那就得大刑伺候了。

何为"大刑"呢？在洪武年间，一般指凌迟、枭示、种诛、刷洗、秤竿、抽肠、剥皮、黥刺（在脸上纹字）、劓（割鼻子）、刖（砍去脚）、阉割、挑筋、剁指、髡发、文身、挑膝盖、锡蛇游（将锡溶解成高温的锡水从犯人口中灌到腹部）等。

要是犯的罪没到"大刑"的地步,怎么办?犯罪较轻的官员有的会被安排做苦工。仅在洪武九年(1376),被谪发到凤阳屯田做苦工的就有一万多人。

这里需要重点说一下一种刑罚——廷杖。据《明史·志·卷七十一》记载,"廷杖之刑,亦自太祖始矣"。这里说的"自太祖始",不是太祖朱元璋始创的意思,而是指由太祖第一个施行。也就是说,朱元璋是明朝第一个实行廷杖之刑的人,而且从此以后,这种刑罚就成了明朝的"传家宝",一代代传承了下去。

追根溯源,开廷杖文武百官先河的是建立了元朝的蒙古人。在元朝之前,汉人是没有廷杖大臣的传统的,"士可杀不可辱"的观念早已深入人心,朝廷上下也都能深刻体会。可是到了元朝就不一样了。建立元朝的蒙古人是马上民族,他们根本不了解"士"在国家中的地位与作用,文学功底又太差,只知道要把整个北方变成大草原以开展畜牧业,所以也就没有用中原王朝那一套理论体系和礼仪制度来维持庙堂的庄严。当时身居元朝庙堂之上的官员,几乎都是元朝军队的将领转过来的。在军中,这些骑马的汉子只知道下属犯错就拉出来打一顿,打完接着办差,下级没觉得有什么不对,上级也没觉得有什么不妥。所以,这"好传统"就顺理成章地从军队之中带到了庙堂之上。就连中书省长官这样的高官,也有在朝堂之上被廷杖的记载。

到了明朝始创,号称"复汉官之威仪"的明太祖朱元璋选择性遗忘了以前汉人"士可杀不可辱"的传统,习惯性地把廷杖之法继承了下来并发扬光大。

廷杖之法在大明也不是一成不变的。按照历经四朝(从万历朝到崇祯朝)的明代文学家沈德符的说法,在成化朝之前,受廷杖之刑的人是穿着衣服的,从明武宗正德朝的宦官刘瑾开始,受刑之人都被扒了裤子挨打,而且这种新规定一直到明朝灭亡都没更改。

沈老先生还说:"带衣裹毡,不损肤膜,然犹内伤困卧,需数旬而后起,若去衣受笞……名贤多死……"您看看,这穿着裤子挨打,肌肤受损有限,主要是内伤,调养几个月仍可康复,而脱了裤子挨打,板子直接贴着屁股打,这内、外伤加一起,人就呜呼哀哉了。而且,朝廷大臣在大庭广众之下被扒了裤子,大臣的脸面是没了,这国家朝廷的脸面也随裤子被扒了下来。大明皇帝以此告诉世人,"在我这儿士不仅可以杀,更可以辱"。君臣之间的距离也就越来越远了。这么看来,到了明末,君臣之间离心离德也就不奇怪了。

从朱元璋定了廷杖的刑罚开始直到大明灭亡,在午门门口被廷杖打死和打得屁股开花的大臣不计其数。单单在嘉靖三年(1524)著名的"大礼议"事件中被廷杖的就有一百三十四人,其中十六位因伤情严重而死去。

如前文所说,这廷杖就算是"轻罚"了,按照朱元璋"刑用重典"的指导思想,他制定的《大明律》中还有好多骇人听闻的刑罚。以至于他的孙子,大明第一任皇太孙朱允炆都看不下去了,要求亲自修改。朱元璋爱孙心切,同意孙子改,改完的《大明律》被称为(洪武)三十年版《大明律》,而被朱允炆修改的老版被称为(洪武)二十二年版《大明律》。朱元璋是个好爷爷,同时也是个"好"皇帝。为了既不挫伤孙子的积极性,又始终贯彻他"刑用重典""刚猛治国"的原则,在推出(洪武)三十年版《大明律》的同时,他又推出了《大诰》。按他的话说,"《大诰》每户一本,家传人诵。家有《大诰》者,犯笞、杖、徒、流之罪减一等;无《大诰》者,加一等;拒不接收者,迁居化外,永不令归。"这本《大诰》变着法儿地把《大明律》中删减掉的严刑酷法又重新收录进去。从此,大明的司法要同时依靠《大明律》和《大诰》。不过,别看闹得声势浩大,朱元璋死后,《大诰》也就废止了,倒是《大明律》从始至终被使用,成为大明法律的基础。

朱元璋制定《大诰》之后,又推出了其姊妹篇,分别为《大诰续编》《大诰三编》和《大诰武臣》。翻开这"《大诰》四部曲",我们就能一窥朱元璋对于酷刑到底执着到了什么地步。

这些书里面记载的凌迟、枭示、种诛就有几千起，获罪杀头以下的案件一万多件。《大诰三编》里记载的案件算是四本书里定罪最宽大的，即便如此，诸如"进士监生三百六十四人……三犯四犯而至杀身者三人，三犯而诽谤杀身者三人，姑容戴斩、绞、突流罪在职者三十人，一犯戴死罪、徒流罪办事者三百二十八人"这样的记录也比比皆是。"戴死罪"与"徒流罪"是朱元璋首创，因为官员获罪太多，没人干活儿了，所以让官员戴着脚镣审案、挨完板子做事。

滥杀重罚使得官场人人自危。据说上朝的时候，如果朱元璋的玉带在肚皮底下，那就意味着今天要大杀特杀；如果在胸口那儿挂着，那今天就算是天下太平。（"太祖视朝，若举带当胸，则是日诛夷盖寡，若按而下之，则倾朝无人色矣。"——《翦胜野闻》）您说这种状态下，这些官员们还能好好上朝吗？以至于当时许多官员一早上朝或者出门前，先跟家里人诀别、安排后事，要是晚上命大回家了，则一家欢庆，祝贺又多活了一天（"时京官每旦入朝，必与妻子诀，及暮无事，则相庆以为又活一日。"——《廿二史札记》）。

那么，究竟是什么原因让朱元璋如此执着于"严刑峻法治天下"呢？

主要原因有两点。首先，他是为子孙考虑。这点主要体现在诛杀功臣上。朱元璋虽然贵为天子，但是和普通百姓一样，也为孩子的未来操心。只不过寻常百姓想的是多给孩子留点家底，让孩子有大好的前途，能平安健康地过完一生。朱元璋不一样，他是皇帝啊。他考虑到太子朱标生性仁慈、宽厚，自己手下这帮老将功臣都是随自己出生入死、久经沙场的人，精通兵法、老谋深算，为官许久，都已修炼成"人精"。而且多年下来，这些人的门生故吏早已遍布朝廷、军队，自己活着还能镇住他们，一旦自己驾鹤西游，这帮人要是造起反来，那天下可就大乱了。每每想到此事，慈父朱元璋就直冒冷汗。那有没有好的方法呢？有，全杀干净了就省心了。况且现在四海升平，边疆重地都有自己的儿子们重兵把守，再也不需要这些老将功臣了。于是乎，胡惟庸、蓝玉等人被杀了个干净。看前文您就知道，在这两案中，一共牵连被杀了将近五万人。胡案发生在洪武十三年（1380），蓝案发生在洪武二十六年（1393）。除这二人外，被杀的功臣故人还有不少，如下表所示。

爵位	姓名	被杀时间	
		洪武年号	公元纪年
德庆侯	廖永忠	八年	1375 年
永嘉侯	朱亮祖父子二人	十三年	1380 年
临川侯	胡美	十七年	1384 年
韩国公	李善长	二十三年	1390 年
江夏侯	周德兴	二十五年	1392 年
定远侯	王弼	二十七年	1394 年
永平侯	谢成		
颍国公	傅友德		
宋国公	冯胜	二十八年	1395 年

这里面并没有记载被杀的全部功臣。比如大明第一开国功臣魏国公徐达，《明史》中记载他是因为得了背疽，也就是背上长毒疮而死的。但是据明代文学家徐祯卿所著《翦胜野闻》记载，徐达这病不能吃鹅，偏偏朱元璋赐给他一只蒸鹅，结果徐大将军吃完鹅之后，没多久就一命呜呼了。言外之意，徐达是皇帝给害死的。但既然《明史》没提，咱就不记到这个表里了。

当然，这些功臣中的不少人的确飞扬跋扈、目无法纪甚至为害一方，挨罚被杀也不冤。但是如此大规模地屠戮功臣，着实说不过去。但朱元璋怎么也想不到，后来他的儿子竟然为了皇位和自己的孙子打了起来，要是开国功臣还都在，估计燕王朱棣也未必敢有造反的心。历史不能假设，自己种的因，却让自己的孙子吞了这苦涩的果。

不管怎么说，朱元璋把他的后世子孙安排得明明白白的，就是享福。朱棣这一代还肩负着在边疆重地保家卫国的重任，再往下几代，除了吃喝玩乐，就什么也不做了，到最后完全沦为国家的包袱和蛀虫。从某种意义上说，明朝是被这帮人拖垮吃空的，这么说一点儿也不为过。

话说回来，朱元璋作为一个王朝的开创者，肯定不希望他的子孙们受苦，尤其是受他小时候吃过的苦。他小时候到底有多苦，咱就不细说了。不过这一点正好引出了他热衷严刑酷法的第二个原因，即他本人的出身。

幸福的人用童年治愈一生，不幸的人用一生治愈童年。对于朱元璋来说，他的童年甚至青少年时期就是场挥之不去的梦魇。饥饿、贫穷、孤独、亲人去世、无家可归都是描写他那个时期的词语。在他心里，造成这一切的根源只有两个字——"人祸"，而这人祸的罪魁祸首就是贪官污吏。多年以后，那个曾经的小放牛娃或者说是皇觉寺的小和尚当上了大明的开国皇帝，他曾经亲口跟臣子们说："朕昔在民间时，见州县官吏多不恤民，往往贪财好色，饮酒废事，凡民疾苦，视之漠然，心实怒之。故今严法禁，但遇官吏贪污蠹害吾民者，罪之不恕。"（《皇明典故纪闻》）

不难想象，这样一个底层出身、从小深受官府迫害的人，会对官员们有着怎样一种近乎偏执的厌恶。所以，他一旦掌控了官员们的生死，就会变本加厉地进行报复。比如有官员贪污八十贯就判处死刑——"八十贯，绞"（《大明律·刑律·受赃》），要知道，历朝历代都没有这样重刑惩处贪污官员的。这要是明初，贪污这个数值相对来说还值得，毕竟当时一贯相当于一两银子；这要是明朝中后期，收了八十贯宝钞就被判处死刑，就太不值当了。

但是越这么严厉惩处，贪官反倒越多。朱元璋晚年自己都承认"朝治而暮犯，暮治而晨亦如之；尸未移而人为继踵，治愈重而犯愈多"。为什么呢？其中一个原因就是给官员们的俸禄太低了，以至于大明的官员，尤其是占了绝大多数的中、下级官员不贪就无法生存。在后面的章节里还会详细讲到大明宝钞,它贬值的速度非常快。为什么在这里突然提到它?那是因为明朝廷把它当作俸禄的一部分发给官员们。官员们微薄的俸禄里面还包括不断贬值的宝钞,您说还让不让人活?以至于到了宪宗时期(1465 年到 1487 年,年号成化),一品官员每月的俸禄还不如唐朝的一个七品官员,高级官员尚且如此,就更别提中、下级官员了。

反观被称为文官、士大夫的黄金岁月的宋朝,皇帝对待大臣从没有当廷杖毙或者当众打死这么一说,大臣可以反驳皇帝的意见,甚至口水都喷了皇帝一脸,皇帝也仅仅是无可奈何地笑笑、擦擦脸,对待官员最重的惩罚也就是流放、充军(真正作奸犯科的除外)。如此宽仁待臣下,才会有崖山之战时的十万军民宁死不从、跳海殉国。众多封建王朝中,也只有大宋才能让其臣民这样至死追随。

在古书《孟子·离娄下》的第三章里,孟子对齐宣王说:"君之视臣如手足,则臣视君如腹心;君之视臣如犬马,则臣视君如国人;君之视臣如土芥,则臣视君如寇仇。"这段话翻译成白话,大概意思是"君王把臣子当作手足兄弟一样爱护、信任,那么臣子们也会把君王看作自己最亲密的亲人、兄弟、朋友,一定会死心塌地地辅佐、效命于他;如果君王把臣子视为狗、马等牲畜,只知道驱使、利用他们,则臣子们也只会把君王当作普通人一样,听命但不会效忠于他;如果君王把臣子们当作野草,不信任、不重视,肆意打骂、凌辱、摧残甚至动辄要他们的性命,那么臣子们也就把君王视为贼寇仇敌,不仅和他离心离德,还要置他于死地"。

大明对待大臣的做法就和孟子说的第三种情况类似,虽然有"仁、宣"二朝十年的"文官们的春天",但是相对于大明将近三百年的国祚来说,这十年真的可以忽略不计了。

崇祯皇帝挂在煤山歪脖树上的身体还没凉的时候,北京城内的大明官员们就在李自成脚底下"呼啦啦"跪倒一片,山呼万岁。此情此景就是对大明皇帝们驭臣之术的最好回应。

第七章 | 千疮百孔的基石

太监们将内廷、监察机构、特务机关、情报机构这些国家机器都渗透、折腾完了，他们的手又伸向了大明国防的基石——军队。"枪杆子里面出政权"这个千古不变的真理，这帮宦官也明白。只不过由于明朝特殊的社会环境，他们染指军队还真不是为了造反，至少主要的动机不是。说他们之前，咱先大概说说明朝的军队和武将。

大明的军队——确切地说应该是武装力量——可以分为三部分。第一部分是"军"，也就是卫所的士兵，他们是大明武装力量的主体，不过到了明朝中、后期，逃兵众多，战斗力低下，不堪重用。第二部分是"兵"。咱们现在说的"军人""士兵"都是一回事，在明朝可不是。在大明，"军"指的就是具有"军籍"的人。明代户口分三种：军籍、民籍和匠籍。军籍归都督府管，民籍归户部管理，匠籍归工部负责。一个人一旦入了军籍，则他这一支，子子孙孙都是军籍，住在被指定的卫所里。一旦这个人死亡或者因年老、生病不能参军了，则儿孙顶上；如果儿孙都死了，那么朝廷就会去原籍把他家里的族人或者亲属抓过来，顶替他加入军籍。而"兵"不是这样，"兵"没有军籍，什么人都可以报名。"军"有永久性的国家编制，有一定限额，有固定的卫戍地。"兵"是临时招募的，用完就解散,也没有固定驻地,属于"临时工"。

明代早期的卫所制度运行良好,大明卫所里的"军"能自给自足,屯田、训练、戍边、出战都不耽误。对于屯田条件不好的地方,明朝廷还实施了开中法,也就是允许商人输送米粮等物资至边塞,然后由朝廷给予商人食盐运销权,这也称为"商屯"。据《明太祖实录》记载,洪武二十五年(1392),大明卫所军数超过一百二十万人,洪武二十六年(1393)以后由于新增了卫所,军数应该在一百八十万人以上,到了明成祖永乐年间(1403—1424),大明军数保持在二百八十万人左右。如果单从人数这一点上来说,供养如此大规模的军队所需的钱财、物资肯定是海量的。即使在军数相对较少的洪武年间,动辄百万以上的军队也不是每个朝代都能供养得起的,并且在这期间朱元璋还打北元、镇压叛乱、降服割据势力、扫平元朝残余。成祖和宣宗两位皇帝也没闲着,这两位加起来六次打蒙古、三次打安南、七次下西洋,这么折腾,当时大明的国库不仅没有崩溃还能应付自如,都是卫所屯田的功劳。可以说,当时大明的军队是自己养自己,此时的"兵"只处于非常次要的地位。

明初打仗的时候,朝廷征调相应卫所的"军",再派出统帅领军作战。战事终了后,统帅被朝廷召回,"军"归各自卫所,这样兵权始终在朝廷手里,将领无直属的部队。但是到了中后期,卫所制度逐渐衰败,长官吃空饷、豪绅高官侵吞军屯土地等现象使得卫所屯田制度名存实亡。"军"整日疲于为权贵阶层出苦役,疏于锻炼,所以人人畏敌,不堪所用。无奈之下,朝廷只能招募"兵",加以训练,派上战场。此时因为屯田制度崩溃,商屯则因制度改变而废弛,卫所不能像以前一样自己养活自己,所以朝廷只好给卫所补贴。一开始还是暂时性的补贴,从正统年间以后,每年明朝廷都要给卫所、边军补贴,名为"年例"。

说到这个"年例",这里得多说几句。

大明初期,国家大事诸如军需等费用有国库专门划拨,内廷则有内承运库来支付大内花销。国家财政与宫廷费用分开,军饷又由屯田和开中(商屯)支付,所以国家财政应付起来没有问题。但是到了后期,卫所边军屯田愈困、收入愈少,所以年例一年多过一年。此时内廷的各种所需也都向国库伸手。这就奇怪了,明明内廷的花费都由内承运库来承担,为什么还要从国库支取呢?这是因为皇帝把内承运库看得比自己的江山还要紧,库中的所有钱都算是他的"私房钱"。"私房钱"当然越多越好,所以皇帝什么事都要向国库伸手。在皇帝眼里,国库的钱是给外人花的,反正自己不花别人也得拿去花,所以还不如自己都拿走花了;在皇帝心里,除了钱是自己的,剩下的江山社稷跟自己一点儿关系都没有,想怎么折腾就怎么折腾。比如万历朝前期,国家每年收入大约四百万两白银,但是支出却高达四百五十万两,其中九个边防重镇的年例就达到了三百八十余万两。在这种情况下,万历皇帝他们家婚丧嫁娶、结婚生子依然从国库中拿银子,结果是作为国库的太仓库、光禄寺库和太仆寺库片毛不剩,万历皇帝自己的"小金库"却帑藏山积。大明中后期的皇帝绝大多数不仅不懂事,还都是财迷,从万历三十八年(1610)到天启七年(1627),大约十七年的时间,朝廷欠付九边的年例多达白银九百六十八万余两。《明史·志·卷十六》有云:"其边陲要地称重镇者凡九:曰辽东,曰蓟州,曰宣府,曰大同,曰榆林,曰宁夏,曰甘肃,曰太原,曰固原。"此九个边陲重地即为九边,是大明北部边疆至关重要的据点,关系到大明的生死存亡。欠了这些重镇官兵这么多银子,大明皇帝却一点儿也不急。兵部、户部实在没辙了,请求皇帝打开自己的小金库,发银子救急,可是任凭怎么呼吁,皇帝都坚决不理。

国库没钱,皇帝的内承运库也不出,那只有向老百姓榨取了。礼部右侍郎冯琦在万历二十七年(1599)九月上书写道:"比来天下赋额,视二十年以前,十增其四。而民户殷足者,则十减其五。"这句话的意思就是现在比20年前的税赋增加了40%,家境殷实的人家少了一半。从这里可以看出明朝廷压榨百姓之深。

明初的时候,卫所基本上可以自给自足,国库没有太多负担。到了中后期,卫所收入日益减少,国库需要承担越来越多的卫所军费,而且此时边境战争日益增多,军费开支暴涨。此时大明军队的精锐都在九边重镇把守边关,内地卫所战力低下,形同虚设。这就是百十来人的倭寇从沿海登陆可以一直杀到南京的原因。卫所不堪,就得募兵来用,这募兵又是一大笔费用。于是乎,此时的明朝廷不仅要负担巨额的卫所年例、战争花费,还要承担大量的募兵费用。这些"募"来的兵本就是冲着军饷而来,所以一旦欠饷,不是跑路就是哗变,更有甚者,领了银子就一哄而散。散了之后,明朝廷还得再募,之前的钱就算是白花了。这里面还没算将领官员们私吞、贪污的。所以,漏洞这么多,挣多少钱都不够花的。比如,从泰昌元年(1620)十月到天启元年(1621)十二月,将近14个月的时间,仅辽饷(明朝末期驻辽东明军的军饷)一项就用去了白银九百二十五万余两,是当时国库收入的三倍多。这么多钱从哪里来的?当然是靠增加赋税啊!反正皇帝的小金库不能动,那就从农民下手吧。于是加税成了明朝廷屡试不爽的手段,从万历末年到崇祯十二年(1639),明朝廷增加的各种赋税总计一千六百九十五万两白银!这可是在正赋以外的新增赋税啊!可以想象当时大明农民的惨状!不过,这无限加赋的手段也有玩不转的时候。这不,李自成一句"从闯王、不纳粮"就断了明朝廷的财路,推翻了大明将近三百年的江山。

除了前文说的不同之外,"兵"还有一点与"军"相异,就是"军"属国家,而"兵"一般都属于招募他们的将领。赫赫有名的戚继光的"戚家军"和俞大猷的"俞家军"虽然都算是两位将军的私兵,但是都听命于朝廷。到了明朝后期,将帅自行招募的"兵",就成了将帅的私兵,这些将帅也相当于藩镇统帅了。

除了上面说的"军"和"兵"之外,大明武装力量的第三部分就是形形色色的地方武装力量。这里面包括民兵、民壮、义勇等地方警备兵,包括土兵、达军、苗兵、狼兵等土司兵,也包括将帅自己的家丁、家兵和亲兵,还包括各地的矿兵、盐兵、少林兵、伏牛兵、五台兵等。此外,还有以特殊技艺成兵的,例如葫芦兵、习短兵、长竿手、箭手、蚂螂手、镖牌兵等等。

说完了大明武装力量的组成,咱们再详细说说它的主体——"军"。

不过在说"军"之前,还是先说说"军"的基础——卫所吧。

卫所是明朝军队的基本编制,一般一府设一所,一卫管辖几个所,卫所士兵平时就在卫、所两级的军营中训练、屯田。那作为全国军队的基础,大明有多少卫所呢?

据《明史·志·卷十六》记载:"计明初封略,东起朝鲜,西据吐蕃,南包安南,北距大碛,东西一万一千七百五十里,南北一万零九百四里。"这么大的国土上"所属卫四百九十有三,所二千五百九十有三,守御千户所三百一十有五"。

至于卫所的人员编制,《明史·志·卷六十六》里写得明白:"千人为千户,百人为百户,五十人为总旗,十人为小旗。天下既定,度要害地,系一郡者设所,连郡者设卫。大率五千六百人为卫,千一百二十人为千户所,百十有二人为百户所。"隶属关系是一卫下辖五个千户所(前、后、中、左、右),一个千户所下辖十个百户所,一个百户所统领两个总旗,一个总旗管理五个小旗,一个小旗管十个人。卫上面的机构是都司,都司上面的是大都督府。要说再往上,算算也就是皇帝了。

大都督府在后来的史料中不再出现,因为它的存在时间较短,从龙凤七年(1361)到洪武十三年(1380),才十九个年头。如此"短命",都"归功"于创立者朱元璋的"被夺权妄想症"。专职节制中外诸军事的武将领军机构——大都督府从成立之初就为朱元璋忌惮,无奈当时强敌环伺、四面征战,直到天下太平的洪武十三年,朱元璋借"胡惟庸案"裁撤了中书省,顺手将大都督府拆分成五个平级的都督府,统称"五军都督府"。

简单说完了"卫所",我们开始说依附于卫所之上的"军"。

在大明,参军并不是一条好的出路。所谓的参"军",是指加入军籍。明朝"军"人在明朝的待遇用六个字就能概括,即"地位低、待遇差",明朝中后期更是如此。

在明朝参"军"有四种途径。第一种途径是自己报名,叫作"从征"。比如在朱元璋打天下的时候,自愿加入他的队伍里;或者明成祖朱棣单挑建文帝时,加入两边的队伍。这种情况一般发生在建国初期或者有大型战争的时期,平常很少。

第二种途径是归附。就是敌方临阵倒戈或者因为被俘而加入明军的。这种情况不打仗是不会发生的。那大明朝上百万的军队兵源怎么保证呢?主要靠后面说的两种,一种称为"谪发",另一种称为"垛集"。

咱先说"谪发",这是第三种参"军"途径。这个"谪"字本意就是把犯错的高官贬职、外派到边远的外地任职。"谪发"可以简单地解释为充军。《水浒传》里,林冲受的刑罚就是这个。《明史·志·卷六十九》记载:"充军者,明初唯边方屯种。后定制,分极边、烟瘴、边远、边卫、沿海、附近。"朱元璋还给由充军的刑徒组成的军队起名"恩军",意思就是,这些人要怀有感恩的心,感谢皇帝、朝廷的不杀之恩,在这支队伍里要好好改造,争取早日报效朝廷,做个对国家、对朝廷有用的人。按照以博学闻名的"娄东三凤"之一的陆容在《菽园杂记》中的说法,因为谪发之人充军属于一人充军、世代充军,所以"恩军"又被称为"长生军"。您估计会有疑问,仅靠犯罪的人充军,就能支撑起明朝这么大规模的军队吗?撑不起来,它得和"垛集"配合才行,但是它本身也的确给明朝军队贡献了大量的兵源,尤其是和平时期。明人黄瑜在他的《双槐岁钞》中就写到,"靖难之役"过后,成祖将建文帝的谋臣齐泰、黄子澄的九族和九族之外的姻亲都抓来充了军,以至于有一整个县都被抓空了,甚至还殃及临近的村、县。再比如,《明史·列传·卷六十六》中记载,成化四年(1468),右都御史项忠受命总督军务,镇压、平叛荆、襄农民暴动,俘获了贼寇八百多人及家眷三万多人。作为惩罚,这三万人里每家出一人充军去湖广卫边,余下的回原籍耕田。

平心而论,刚才说的这些被谪发的人犯的罪在当时的明朝廷看来都属于重罪(如谋反、叛乱),被充军也属于"量刑适度"。本来"充军"这个刑罚在任何朝代也都算是重刑,不是说犯个错就充军。但是明朝除了犯重罪充军之外,普通百姓稍有不慎也会被判充军。这种情况多发生在朱元璋在位的时候。前面讲过,朱元璋刚建立大明的时候,刑罚尤其严苛,比如你到了年龄不结婚,按现在的标准这纯属个人问题,法律不会过问,国家也不会强制,但是在明初,这种情况二话不说就判你个充军。当时的老百姓因为一点儿过失就会被判充军,这些人到了军队里,可以说是怨气冲天,和当初朱元璋想的"恩军"一点儿也不挨边,而且当时的军队成了一个惩罚性质的组织,约等于监狱。别管你是好人坏人,参了军就相当于是罪犯,这又无形中把士兵的社会地位降到了最底层。就这样,当初设想的"恩军"变成了"怨军"。

第四种"参军"的途径叫作"垛集",说大白话就是抓壮丁,此种方法是卫所"军"员的最主要来源。当时老百姓以三户为一垛,其中哪家适龄当兵的男丁多就为"正户"。正户负责出人,剩下两户为"贴户"。正户出一人当"军",为"正军",正户一家除参"军"人员之外,可免一个人的徭役;贴户不出人但出钱,帮着贴补正军的军费,因为当时参军,路费、军服钱都得自己出。得胜回来一切好说,如果正军阵亡、伤残或者逃跑了,总之就是在服役期间打不了仗了,那么接着征调正户家的第二个、第三个男丁,直到把这家适龄男丁都征完。如果到这个时候仗还没打完,那就开始抓贴户的男丁,直到贴户的男丁也征完了。假如这个时候仗还没打完,那就真不用打了。明成祖时正户、贴户可以"更代",即这辈人是贴户,下辈人会转成正户,这个措施部分解决了"正户"成"绝户"的问题。

我们总结一下,在明朝参"军"这四种方式,无论哪一种,一旦参"军",参军的人一家就会被编为军户,而且不止他自己,他的儿子、孙子、子子孙孙,只要不出意外的话,就都是军户。这个"意外",指的是他做到兵部尚书的职位("户有军籍,必仕至兵部尚书始得除")或者皇帝特许(称为"特恩")才能更改。这个门槛实在是高。估计有人会有疑问,按咱们现在的情况，"一人参军，全家光荣"，家人参军对于一个家庭来说那是无上的荣光啊！如今的确如此，但放在封建社会的明朝的话，就完全不是这么回事了。

前面说了，明朝给老百姓的户籍分了三个大的类别，即军籍、民籍和匠籍。明朝对户籍的区分、管理极为严谨、细密和严格，可以说"史上罕有"。军籍就是刚才说的卫所当兵的，这个不多解释。民籍就是儒户、医户等等。匠籍就是有手艺的匠人之类。三种户籍中，军籍地位最为低贱，大量的罪犯充斥在明朝的军队。

这还不算什么，您再接着看。明朝规定，谪发的军队调往边疆，垛集的部队在内地调动，而且卫军必须有妻，不许独身不婚，士兵必须住在卫所里。这样一来，被征发之人只能携家带口，离开祖辈生活的地方去卫所报道。离别时，亲友、父母送别哭号之声，不绝于耳。

到了卫所一切稳定、步入正轨就好了吧？您如果这么想就错了。按明朝卫所制度，到了卫所不是屯田就是戍守，说白了要么种地要么站岗、操练。种地的收入由士兵和国家分配，边疆的比例是三比七，内地是二比八。一般每月士兵能得粮大约一百二十斤，这个可不是磨好的精细米面，而是带皮带壳的谷物。如果遇到征调、出兵之类的，还得自己预备粮食等军需，可以说是苦不堪言。

这还不算完，如果真是让士兵们这么踏实地种田戍边，士兵的日子也会慢慢有一些起色，至少能对明天抱有希望，国家的国防力量也不会松懈。在这里，我们先科普一下一会儿要提到的名词——"京营"。

京营就是驻扎在京师的军队，也称为"京军"。初期设在南京，后来明成祖迁都北京，就分为北京京营和南京京营。北京京营在成祖朱棣时期指的就是著名的"三大营"，包括五军营、三千营和神机营，即步兵、骑兵和火器兵，其中神机营是世界上第一支专业的火器部队。"三大营"在明成祖朱棣时期战斗力很强。

所谓"人无千日好，花无百日红"，三大营在明英宗时期经"土木堡之变"主力尽失,虽然后又重建,但是实力每况愈下。万历皇帝时因整顿军务,也中兴过一阵,但是朝廷腐败,连累明朝军队成了重灾区,士兵战力持续低迷。据记载,京军出城和李自成部队作战时,一听炮声即四散奔逃,早已不复当年之勇。

相比北京京营,南京京营因为远离边疆,规模不大,名气也没有北京京营大,一般来说包括大、小教场及神机营。大、小教场是用来轮训当地卫所士兵的场所,也就是说南京的京营包括两个部队训练机构和一个火器营。北京京营和南京京营实力都已不如从前。

这回您明白京营的意思了吧?当初朱元璋在大明开国之初,就把全国的卫所精锐都调到首都,保卫南京。一旦遇有战事,就以京营(京军)为主力,卫所士兵为辅。到成祖的时候,京军指的就是三大营。从明初到正统年间,也就是"土木堡之变"以前,京军实力最强,在此之后就每况愈下了。

在京城里,除了京营或者叫京军外,还有"班军"。这帮人是每年从各地都司卫所里抽调出来到京城进行例行训练的军队。高峰的时候,每年到京城的班军多达 16 万人。来做客的客人都这么多了,主人自然也不少。在明初,京军人数约有 80 万以上。

不过一场"土木堡之变",大明五朝积攒下的家底都被明英宗给败干净了。当时跟着他"游行"的队伍号称有 50 万人,实际是 20 多万人,这里面有京营的精锐、班军的骨干和各卫所紧急抽调来的精壮军士。这几乎就相当于当时大明全部军队的精华了。结果这些人伤亡了一半,跑了一半。"时京师劲甲精骑皆陷没,所余疲卒不及十万,人心震恐,上下无固志。"(《明史·列传·卷五十八》)

在京城和京营都濒临崩溃之时,兵部尚书于谦挺身而出,组织防御、训练京营。他抽调 10 万精兵分成十营集中操练,组成了新的京营。到了十几年后的成化年间,京营又分成了 12 个营,共 14 万人。到了嘉靖年间,京营又恢复了三大营的旧制,不过兵员从原来的"世军"变成了

"募兵"，可以说虽然名字和编制恢复了，但这已经不能算是三大营了。况且，此时明朝廷也就募来了4万人充伍，人数仅仅相当于洪武年间一个五军营人数的五分之一。

别看士兵数量越来越少，可京军军官的数量却越来越多。洪武二十五年（1392）京军实力尚强之时，京军军官总数是2747名，对应80万的士兵数量，即一个军官对应大约291名士兵。到了景泰七年（1456），军官数量猛增至3万多名，是原来的11倍。又过了十几年，到了成化五年（1469），京军军官数量激增到8万多名，是当初洪武年间人数的将近30倍。到了正德年间，虽然此时朝廷大刀阔斧地裁撤冗员，但是京军军官数量仍"岁增月益，不可悉举"。到了万历年间，京军军官数量突破了82000名，看着好像和正德年间相差不大，但是，您别忘了，这数量是经过裁除冗余之后又增长上来的。到了天启年间更不得了，此时正值魏忠贤把持朝政，武职溃烂的程度可谓登峰造极。到了崇祯皇帝在位时期，内外交困，想整顿也不可能了。

您估计会问，这么多人都是哪儿来的呢？按道理说，士兵好招募，军官可不好培养。军校连轴转也不可能在短时间内培养出这么多军官呀。如果真是军校培养或者真枪实弹地凭军功擢升的，那样的军官越多越好。不过，大明这些京军军官的升迁之路不外乎"边功升授、勋贵传请、曹局添设、大臣恩荫，加以厂卫、监局、勇士、匠人之属……"，意思就是说，除了一少部分是在边境作战的有功之士外，其他的都是拉关系当上的。不过明朝边军将领冒功领赏为常态，这"作战有功"也得打个折。所以作为精锐的京军或者说京营，养着将近十万不打仗光吃粮领饷的累赘，您说它战斗力能强得了吗？也难怪"土木堡之变"后，随着军官数量的增加，京军的战斗力直线下降，虽经于谦训练整治，战斗力有所回升，但是也达不到以前的水平了。从成化年间开始，它是一年不如一年、一月不如一月、一天不如一天、一阵不如一阵、一时不如一时，直到大明覆灭。

从睥睨天下到临阵畏敌，京军(京营)只用了不到百年的时间。一场"土木堡之变"最多只能让京军三大营损失惨重，但是打断京军脊梁，让京军堕入泥沼的却是明朝廷自己。

此话怎讲呢？

您还记得前面说的班军吗？就是从地方调到京城训练的部队。这支队伍到后来完全由"进京轮训"变成了"进京务工"——成了明朝廷和权贵们的苦工。以至于明朝官兵们听到"进京"，都吓得赶紧拿出钱来贿赂将领，以求免其入京。发展到最后，班军已经完全不去操练，而是去干苦役了。在不干苦役的时候，士兵们就开小差、做小买卖，将所得收入交一部分给管理他们的将领即可，到了需要干苦役、操练或者行军打仗的时候，他们就去找乞丐顶替。

如果说班军遭受的苦难是初级版，那京军就是加强版。首先，京军从成化年间就归内臣也就是太监管理，各级的长官也都是由权贵阶层、有功勋的皇亲国戚以及各种托关系走后门的人担任。这帮人的功勋不是凭着祖上的荫庇就是倚仗身份的特殊取得的，几乎没有靠自己的真本事从尸山血海里打拼出来的。京军的各级官职成了权贵阶层拉拢关系、答谢人情的礼物，人数也因此扩充得飞快。可想而知，在这种情况下，这军队能好得了吗？这帮人对军队全无感情，军中士兵成了他们的奴隶。他们差使京军士兵做劳役，这军饷可是每月由国家出，自己不出一分钱。军人虽然在籍，但是不给国家出力，成为权贵阶层的私人劳役。

按道理说，这支作为国家战略预备队的精锐部队应该战力强悍、训练严格、粮饷充足。但这种情况只发生在明太祖朱元璋、明成祖朱棣以及建文帝朱允炆在位的时候，到了明英宗朱祁镇在位的时候，三大营已经彻底沦为权贵阶层的"包工队"了。

京营充当权贵私人劳役不是从英宗一朝开始的，却是从他在位期间愈演愈烈的。到了他的孙子明孝宗朱祐樘即位的时候，"是时(京)营军久苦工役"。"汉修宫，明修庙"，京营不要工钱、任劳任怨，成为权势修庙的首选。当时的大太监王振修豪宅、建庙宇,调动军力不下十余万,其阉党范宏修一座甘露寺就"费银七十余万"。钱和军人都给宦官们修宅子、建寺庙了,哪里还能用在军队身上?军人们没日没夜地被拉去当劳工苦力,军队的日常训练又怎能保障?

除了白使唤人,这些勋戚蛀虫还会多拿钱。他们让自己的门人、家丁、家人、贴身奴仆等冒用京军的名额,等于不干活,但每月可以从国家领取丰厚的军饷,属于虚冒军籍却不应差。

只私占军力、冒领军饷这两项,在稍微正常点的朝代那都是掉脑袋的重罪,但是在大明却是军队的常态。这些勋戚军官们不仅薅大明的羊毛,对待普通士兵也毫不手软。比如,在军士交替的时候,有钱的士兵可以重金贿赂军官,逃离苦役,没钱的,即使再老再弱也得咬牙勉强干下去。到了操练征调的时候,有钱的往往可以通过贿赂留守军中,没钱的老弱军士则随军出征。老弱军士终年劳作、疲于奔命,根本无法训练,而精壮军士通过贿赂不需训练劳作,长此以往,营伍日亏、军力衰耗,走向崩溃。

成化末年,京军实际人数比在册人数少了超过 75000 人。到了武宗继位的时候,京军实有人数不到 90000 人,这其中所谓的精锐士兵才约 60500 人。到了武宗末年,京军精锐人数进一步降低。按照军籍,当时应该有 38 万人,大约相当于明初京军的一半。但是,这个人数还只是账面上的数字,实际去掉老弱病残一共才 14 万人,是账面人数的三分之一多一点儿,是明初人数的六分之一左右。虽然从表面上来看,总人数比起武宗继位时是增加了,但是这其中可作战的精锐士兵人数却减少到原来的三分之一,即 2 万人左右,剩下的 12 万人都是只领军饷不堪大用的累赘。到了嘉靖朝,京军人数又下滑到 107000 余人,这个还是账面数字,实际人数也就相当于账面数字的一半,50000 人左右。到了嘉靖二十九年(1550),北方游牧民族俺答汗兵临北京,史称"庚戌之变",此时的京军士兵算在一起不足 60000 人,这些士兵被驱赶到城门口准备迎敌的时候,都痛哭流涕,不敢前进。到了崇祯朝,已经无军可用,即使是勉强招募成军,征发出调,也是游民乞丐充斥军中,领了军饷就跑。此时京军即溃军,何谈杀敌!

而"杀敌无用"的京军(营)和班军正是百万明军的缩影。他们的遭遇是每个大明的"军"和"兵"都会遇到的。尤其是服苦役这点,无论是卫所的士兵还京军(营)的兵士,都毫无悬念地成了有编制的苦工。

除了不给钱、白干活、自掏腰包贿赂军官以外,当时明朝军队连士兵的肚子都不管饱。前文说到,士兵屯田戍边,一般自留和上交国家的粮食比例是三比七或是二比八,算是能混个温饱。但是,到了明英宗在位期间,饱饭都吃不上了。军队屯田一般都是开垦荒地,荒山野岭经过士兵们辛勤劳作成为熟田,但是士兵们没有所有权,只有耕种权,屯的田是"国有资产"。到后来,这"国有资产"被那些贪官看上了,在这些贪官看来,贪"国有资产"不仅方便,还带免费的劳动力,怎么想都合算。可怜那些屯田的士兵又成了这帮贪官的苦力。于是大量的屯田被收入了这些贪官的腰包,导致国家的屯田收入锐减。永乐三年(1405 年,也就是郑和首次下西洋那年),国家屯田收入约为 2246.77 万石,到了宣德年间(1426—1435)该数字骤降到了 100 万石左右!要知道,卫所卫指挥以下的所有人都靠屯田收入发饷、过日子,屯田收入的急剧减少就是动了军队的根本,说明此时军队的后勤保障已经到了崩溃的边缘。

可以看出,明朝时期当兵的人,首先社会地位低,其次需要无偿地长期服劳役,最后还可能食不果腹、累及妻儿。《明史·列传·卷七十三》中就记载过这么一件事:"(成化)二十二年,擢右副都御史,巡抚延绥……出见士卒妻衣不蔽体,叹曰:'健儿家贫至是,何面目临其上。'"您瞧瞧,这兵士的妻子都衣不蔽体了,兵当到这个地步,不想办法那是不可能的了。可这是当时的社会大环境,个人改变不了,改变不了怎么办?那就只能携家带口逃跑了。这逃跑的方式有好多种,有秘密逃回原籍的;有公开请假离伍的;有被谪发的,预先安排好,改换籍贯,到了卫所就逃跑的;还有在军营为伍的,以新兵身份转投别的卫所,两边混取薪饷的。各种视军纪为玩物的乱象比比皆是、不一而足。

而这逃跑的人数则经历了从逐年上升到井喷式激增的一个过程。

从大明还没开国的吴元年(1367)十月到洪武三年(1370)十一月,这三年左右的时间,明军"逃亡者四万七千九百余",到了上文说的大兴军队劳役的明英宗正统三年(1438),您猜跑了多少人?120万!这时大明才开国70年啊!到了正统十四年(1449),也就是"土木堡之变"的那一年,全国军队跑了163万多!这里面固然有战败的原因,但是当时军队的一多半人都跑路了,这就无法按常理解释了。按照《大明英宗睿皇帝实录》里面的记载,正统三年(1438)十月,巡按山东监察御史李纯报告说,他所视察的一个百户所内,按军籍编制应有两个总旗,军士120人,但实际他发现只剩1人。

至于边关要塞,右副都御史李承勋在正德六年(1511)巡抚辽东时发现"……士马才十二,墙堡墩台圮殆尽。将士依城堑自守,城外数百里悉为诸部射猎地……"(《明史·列传·卷八十七》)。陆防都这样了,长期实行海禁的大明海防更不值一提。《明史·列传·卷九十三》中记载,"而浙、闽海防久坠,战船、哨船十存一二,漳、泉巡检司弓兵旧额二千五百余,仅存千人……浙中卫所四十一,战船四百三十九,尺籍尽耗。"这还真符合朱元璋在明初定的政策——"片板不许入海"。

所以说大明国祚276年,真是上天眷顾,清八旗要是早一百多年打到关里,估计都看不见成建制的明军。不过,清军没来,倭寇可没闲着。从洪武二年(1369)开始,大明就与日本海盗作斗争,这斗争贯穿了整个明朝。

言归正传,士兵要是逃跑了,军官不应该严加追查吗?如果这么想,您就大错特错了。军官愿意士兵跑路,因为只有士兵跑路了,他们才能赚到钱。士兵跑路,不是随便跑的,那是要给军官交"买闲"钱的,交了钱才能跑。那要是上级来查呢？也好办，花点儿小钱，找点儿地痞无赖充个数就行。那如果检查的官员要查看、核对花名册呢？不好意思，军队压根儿就没有花名册，就是有也是明成祖时期的老文物了。一般来审查的官员也是走走过场，大家相安无事，也就不了了之了。

按说当官的素质和职业素养要高于普通士兵，尤其是面对明朝这种由壮丁和罪犯充数的军队。但是，如果理想是营养过剩的，那么现实往往就会因为消化不良而奇瘦无比。明军的军官之所以这么没皮没脸、不顾军队的死活来贪污腐败，是因为他们早已对明朝朝廷和军队死心了。"哀莫大于心死"是当时绝大多数军官的心态。因为当兵的苦，当官的更苦，说"苦大仇深"都不为过。令他们"苦"的是明朝的制度，让他们"仇"的是明朝的宦官。

明军军官的处境准确地讲，除了"苦"还有"委屈"。明朝军队始终是由文官集团和宦官集团争夺指挥权，而作为军官的武将们则一直处于"靠边站"的境地。这一切的根源又要追溯到明朝第一位皇帝朱元璋身上。前文讲过，这位皇帝可是从元末乱世走过来的，他看到过官员腐败、鱼肉百姓，也见识过武将篡权、割据一方。所以他当了皇帝之后，最恨贪官，甚至对整个官员阶层都没有好感。出于对文官的不信任以及专权的需要，朱元璋还把宰相一职裁撤，在他看来，权力还是集中在他的手里最为稳妥。

朱元璋对于军队的态度也是如此，他简直将分权做得有些丧心病狂。宋朝那种"兵不知将，将不知兵"的情况又在明朝重演，甚至更加夸张。举个例子，明朝军队最小的军官是小旗，掌管大约10人，小旗之上是总旗，掌管大约50人，相当于5个小旗。总旗之上是百户，顾名思义，掌管百十来人，相当于2个总旗、10个小旗。百户之上是千户，这个军官就比较大了，相当于现在的团长，管着千人左右，大约相当于10个百户、20个总旗、100个小旗。之所以要说这些枯燥的数字，就是为了把后面的事讲清楚。如果一个千户要调动部队，按常理他能把这一千个人都动员起来,听从他的指挥。但是,明军的实际情况是,一个千户能调动200人就算不错了。一个团长只能调动大约两个连的兵力?没错,明朝卫所制是军队的基本制度,士兵屯田戍边,训练和干活的人员比例与他们上交的粮食比例一样,边境是三比七,内地是二比八。处在战略要地的部队,二者的比例会是五比五,或者训练人员多于种田人员,但是这种情况比较少,毕竟战略要地就这么几个。

要调动部队,九个边境军区的军队调动不了,那个是随时保卫国境的。战略要地的部队更不能调动,能使唤的只有内地的部队,也就是那20%的训练部队(这20%的人员可能是固定的,也有可能是随机抽取的,当然,随机抽取的士兵训练程度肯定不如固定的士兵,这就完全看当地将领的责任心了),一个团长只能调动两个连就是这么来的。另一个令人头疼的问题就是这两个连的士兵凑在一起谁也不认识。按现在的标准,部队士兵得在一起训练、生活,彼此熟悉,到了战时可以默契配合、互相信任、彼此依靠。但是明军不是,统属一个卫或所的士兵被拆得七零八落、四处驻扎,平时谁也见不到谁。有事一征调,大伙儿才第一次见面,名字还没记全就上战场了,训练得再好也是一盘散沙。您说,一个团里若士兵不认识班长、班长不认识排长、排长不认识连长,还仅有两个连,这样的部队可怎么打仗?

底下部队这么乱,上面的指挥系统也好不到哪儿去。在这方面,朱元璋活生生地把明军这"一个拳头"变成了"五个手指头"。这话怎么说呢?指挥军队最忌讳令出多方,多家指挥。可是朱元璋偏不,这个刚烈的汉子满脑子都是元末乱世的惨状,他觉得那都是由武将专权造成的,唯一的解决之道就是分他们的权。于是他设置了中国历史上空前绝后的五军都督府(左军、右军、前军、后军、中军)。这是五个平级的司令部,一个国家的军队由五个平级的司令部指挥,这倒好,要造反得五个司令一起来,可能性远低于一个司令独自来或者两个司令商量着来。这还不算完,五个都督府管辖的区域互相交错,辖区之间彼此相围,甚至你中有我、我中有你，都顶着彼此的软肋，这么做就是防着武将凭着有一块完整的地界而造反。

话说，这五个都督府都是平级单位，谁也管不了谁，但是总得有一个上级部门吧？理论上讲，该由皇帝统管这五个部门。但是，皇帝也是人啊，"真龙天子"也有精力不够的时候。那就找个部门秉承皇帝旨意，代皇帝领导这五个都督府吧。"兵部"这个六部之一的文官机构顺理成章地接下了这个差事。

不过，兵部这个"顺理成章"还是颇费些了周折。

在五军都督府初创的时期，也就是洪武朝，无论从哪个方面来说，兵部都被五军都督府死死地压在底下。当时，这五个司令部的权力很大，它们不仅管理着卫所的生产和训练，还能在明朝廷最高级别的军事会议中占有一席之地，甚至能参与最高统帅的军事决策。而此时的兵部连过问五军都督府事务的权利都没有。

就在兵部憋着一口气的时候，转折出现了。

正统十四年（1449）七月，明英宗带着一众高官、皇族，跟着大太监王振去攻打瓦剌首领也先。结果在土木堡大败，明军精锐尽失，高官死伤殆尽。这件事的直接后果之一就是让五军都督府失去了大量身居要位的武官，以至于根本没有能力再领导接下来的北京保卫战。

而代表兵部的于谦在这危难时刻站出来力挽狂澜，救了大明于水火之中。此时，于谦声望愈隆，地位也迅速上升。为了保卫北京，他总督全部军务，原先属于五军都督府所掌握的军队的管理权和指挥权也顺理成章地都归于了于少保。也就是说，五军都督府的权力很大程度上转到了于谦手里，归了兵部。

这本来是个应急的举措，但因五军都督府战后无人，权利归还的事就没人提了，特例就顺理成章地成了惯例。从这儿开始，兵部独揽大权成为常态，直至明朝灭亡。兵部上位后，五军都督府日渐式微，让五军都督府恶心的事开始翻倍出现。首先，兵部一把手兵部尚书是正二品，副手兵部侍郎是正三品，他们都比五军都督府的主管官级要低（五军都督府几位管理者的官职比他们高一级，为了行文方便，咱们放在后面说）。品级低的管着品级高的，让品级高的还无话可说。其次，理论上兵部能调动士兵，但是没有统兵的权力，而五军都督府可以统兵，但是没有调动士兵的权力。看着挺完美，彼此制约，互相钳制。但实际情况是兵部（文臣）掌握了所有大权，五军都督府没有任何实权，按照《明史·志·卷六十六》所说，"五军府如赘疣，弁帅如走卒"，这里的"五军府"就是五军都督府，这句话的大概意思就是五军都督府跟身上长得不碍事的小疙瘩一样无用，（五军都督府的）军官从大到小都跟办差的杂役一样无权无势、任人驱使。将惨兵更惨，其统领的卫所兵丁也只剩下老弱病残，最后这五个衙门完全变成了空壳。

如果说明军被朱元璋折腾得从一个拳头变成了五个指头，一旦遇到战争，一个拳头还有可能变成"六指"，这多出来的一个指头就是后勤。因为明朝军队没有自己的后勤部门，所以日常所需都需要户部来操持，遇到战争，所用物资数量激增，到时候户部觉得不爽了随时可以撂军队的挑子。您看看，这大明的军队成了受气包，谁都可以上来欺负。

这还不算完，朱元璋继续折腾明军，折腾出来个"双长制"。"双长制"就是在每个都督府里让两个级别相同、权力相同的人一起当一把手，这两个人也都是一品大员。除此之外还有两个从一品的都督同知、两个同是二品的都督佥事，一共六个人。您别看后四个人比前两个人品级略低，但都由皇帝钦命，即为"同官"（可"以下克上"，从兵部就有的"传统"）。这么做的目的就是要让五军都督府中的每一个都督府内的将领彼此之间互相牵制。您看看，一个都督府里就六个主事的，这天天的戏得多热闹。

这种"同官"体制一直延续到明军的中层。而且军队外出作战，除了一名主帅外，"必选二、三人名位谋勇相等者，相参用之"。这也是为了相互制衡、互相监督,因为"将在外,君命有所不受",三人同级指挥即使"不受",也不能让主帅独自做主。除此之外,明朝还有一项传统,即武臣出兵,文臣参赞。这事一开始还是武臣为主,文臣为辅,毕竟领军打仗是个专业性很强的事情,非专业的干不了。此时的文臣也只是帮武将处理一些军务之外的事,武将统领一切。到了正统(明英宗朱祁镇在位时的年号)年间,文臣地位日渐提高,这时候出征打仗,就是文臣任总督或者提督军务、谋划一切,武将只负责领军打仗。到了成化三年(1467)讨建州的时候,武靖伯赵辅充总兵官,左都御史李秉提督军务,从这开始,文臣统帅,武将领兵,便成了定制。明眼人一看就知道,明朝廷这么做的目的就是为了以文抑武,防止武将跋扈造反。这"夺你权两板斧"下来,手握重兵的将帅造反的可能性就降为零。但在朱元璋的心里,这还不是完全没有可能,还是会有一点儿可能的,而这一点儿可能也是朱元璋无法容忍的。于是,宦官监军就应运而生了。

第八章 | 问题的答案

　　前文说到，朱元璋对宦官管理得极为严苛，但是严苛不意味着不能用他们，毕竟是个皇帝就离不开太监。何况太监算是皇帝身边最亲近的人，朝夕相处、唯命是从，比那些不听话、可能造反的文官武将强得多。从皇帝内心来讲，宦官也算是家奴，而大臣就算再忠心耿耿也是外臣、外人。所以，派太监去监督军队在朱元璋看来是最合适不过的。当时明军作战，出战部队的指挥部里有一个大将军，还有两三个甚至四个副将军。您还别不信，朱元璋为此还多设立了一个叫作"副副将军"的职位。这件事发生在洪武三年，也就是 1370 年，那一年，立国不久的大明继续与元朝北逃的残余势力作战，大将徐达为大将军，李文忠、冯胜二位为副将军，朱元璋觉得事关重大，安排两位副将还不行，就创造了这个搞笑的"副副将军"并任命邓愈、汤河二位将军。您瞅瞅这满满一帷幄将军，连坐的地方都不够了，这还不算完，最后还要再配一个细嗓光脖的"公公"。

　　一开始朱元璋派去宦官的作用就是传令和视察，但是，这个人是皇上派来的，光这个来头就能让你畏首畏尾、不知所措。洪武十一年（1378）四月，现在湖南、贵州交界的思州（今贵州岑巩）发生叛乱，十月叛乱平息,朱元璋派宦官吴诚前去"观兵阅胜"。这就是明朝宦官监军的开始。明代著名史学家谈迁在《国榷》中写道:"此内臣监军之始,即不预军事,恐为所怵也。"您看,谈老先生也说这话了,就是不干预军事,你也会因为这来人的名头吓得战战兢兢的。

这么折腾完军队,朱元璋算是舒心了,因为军队叛变谋反的可能性没有了。也的确是这样,明朝快三百年的历史中,还真没有发生大规模的军队叛乱。但是,他忘了一点,如果当皇帝的都像他一样能征善战、雷厉风行、杀伐决断、善于理国,而且手下文臣、武将、宦官、太监都俯首帖耳,那这样安排还行,毕竟皇帝强大皇权就强大,有这么厉害的皇帝撑着,万事不愁。事实证明,他高估了他的子孙,有明一朝就他和他儿子朱棣能做到这点,其他皇帝治理国家的能力基本不在线,要么太仁慈、太文弱,要么太刚、太能折腾,反正是花样百出、治国无望,不过好在这二百多年中总会有治世名臣或者一两个在位不长但还算有点儿作为的皇帝出现,而且那些能力不在线的皇帝还会间歇性"正常",天佑大明,同时周围强敌又少,所以国祚才能将近三百年。但是明军"人为"造成的低到不能再低的战斗力却贯穿始终("戚家军"算是大明军队的异类,且存在时间不长),朱元璋死后的"靖难之役"就证明了这一点。

还有一点是朱元璋没想到的,就是随着宦官势力的壮大,这帮阉货已不满足在皇帝和军队之间仅仅发挥"传令和视察"的作用,他们想要真正的"监军"。太监染指军队指挥和统帅权的潘多拉魔盒被力求消灭一切威胁其后世子孙统治的人或事的朱元璋亲手打开了。

可以毫不夸张地说,宦官监军始于明太祖朱元璋,发展于明太宗朱棣,质变于仁宗(朱高炽)、宣宗(朱瞻基)二朝(所谓"仁宣之治"也不是理想中的那么完美)。宦官们经过仁、宣二朝集体回春之后,可以跋扈到什么地步呢?举个例子,正统朝时期(也就是明英宗朱祁镇在位时期)的英国公张辅,这位老人家是明成祖朱棣的小舅子,在仁宗时期就是太师了,战功卓著,位极人臣,到了英宗时期又被皇太后定为辅臣之一,这么一位正儿八经、货真价实的皇亲贵胄，当朝英宗的太爷爷辈的人物，在大太监王振面前也仅仅是享受不下跪的礼遇。除了他，大臣们（包括王爷、驸马等）见了权阉王振都得下跪，山呼"翁父"（也就是干爹的意思）。除了不跪拜，庄园田地被权阉霸占、家人被打、惨遭陷害和侮辱，凡此种种张辅一样也没躲开。皇室老臣尚且如此，满朝文武就更不用说了。这时的文官们被宦官压得死死的，明朝的军队又向来是文官指挥军队、武将靠边听令，那么毫无疑问，此时宦官们在军队中的职权早已不仅仅是"传令和视察"了，他们可以轻易地指挥军队。原先军队中有文帅、武帅和宦官监军，甭管前面两者怎么变换顺序，宦官都是最后一个，但是到了成化（明宪宗朱见深在位时的年号）时期，大军军中升帐，宦官居中，文左武右，从这时起，宦官在军队指挥中枢排第一的情况就彻底坐实了。这样的结果就是明朝军队的战斗力每况愈下。

看到这里，我们就明白宦官们能掌握军队指挥权是当时的大环境使然，他们掌握军权的最初目的也不是为了谋反，而是为了谋权和财。权有了，钱财自然会来。守着军队，卖官、吃空额、贪功造假、虚报战果、倒卖军用物资等等手段都能为宦官们聚敛巨额财富。明军没有自己的后勤部门，所需物资都需户部采购，这中间就有很大的空子可以钻。这里咱们仅从多如牛毛的事件中举出一例，以小见大。有个叫郭敬的宦官被派到九边重镇大同。原来的总兵官是征西前将军武安侯郑亨。这是个响当当的汉子，也是一个非常称职的指挥官。他镇守宣府镇、大同镇边关三十年，体恤部下、身先士卒、军纪严明，可以说他在边关的这三十年，边境太平。宦官郭敬来了之后，郑亨也不待见他，甚至还与他抗礼。郭敬也没辙。到了宣德九年，也就是1434年，郑亨死在任上，郭敬算是"熬出了头"。他开始胡乱插手明军事务。作为一个外行，他把郑亨原先集中使用的火铳三千门分散到总长八百余里共计十八处地方使用，当时的火铳精确度差，只有大量集中使用才能发挥威力，这样分散到如此广的地区，这些火铳几乎发挥不了什么威力了。别看郭敬在军事上瞎指挥，走偏门捞外快却比谁都精明、胆大。他和瓦剌做生意，倒卖铁器，要知道这是大明明令禁止的。尤其是铁器，在冷兵器时代那可是重要的战略物资，受国家管控，不允许出口交易。郭敬为了捞钱全然不顾，而这还是在九边重镇之重的大同，其他地方的边军怎样，就更可想而知了。

　　说了这么多，可以看出，明朝军事最强盛的时期也就是朱元璋所在的洪武年间和朱棣所在的永乐年间。宦官之中"出类拔萃"者，也几乎都出在这两个时代。而国力最为强盛的也当属永乐一朝。所以，郑和下西洋的壮举也只能发生在明成祖朱棣当政的永乐时期。虽然在宣宗当朝的宣德年间，郑和进行了最后一次下西洋，但是规模已不可与永乐时相提并论，实属强弩之末，况且此时明朝的国防政策已经由成祖时的积极防御转为消极防御，国力和国际影响力也开始衰退了。虽然史学家公认明朝国力的最高点在"仁宣二朝"的十年间，而衰退也是从那个时候逐步开始的，但是就像维多利亚女王的去世带走了日不落帝国的国运一样，明成祖朱棣的去世也带走了大明的国运。而大明朝并吞寰宇、睥睨天下的傲气和雄心也已随着明成祖一同埋入了长陵。

　　这就是"环境使然，国力使然"的意思。派郑和去是当时重用宦官的大环境决定的，当然郑和的个人条件也足够优秀，这点后面再说。永乐之后，除了宣德年间最后一次下西洋之外，明朝廷再没有大规模派船队远洋，这是由此时明军已不堪重用、宦官已集体"黑化"、国力衰退、国家再无可用之才等实际情况所决定的。

　　大环境说完了，接下来，我们就要说说郑和这个人了。

第九章 | 天选之子

　　《明史·列传·卷一百九十二》中有云："郑和，云南人，世所谓三保太监者也。"郑和本姓马，家里排行老三，小名被唤作"三宝"，叫多了以后就被称为"三保"。郑和的祖父和父亲都被人称为"马哈只"。"哈只"的意思为"朝觐者"，是阿拉伯语的音译，据说专门用来尊称前往伊斯兰教圣地麦加朝觐、并按教法规定履行了朝觐功课的男女穆斯林。这里就透露出两点信息。第一，郑和他们家非常富裕，即使不是大富之家，也是富裕阶层。从中国到阿拉伯半岛路途遥远，没有一定的财力实现不了，古代更是如此。举个例子，当时行进路途中要穿越大片沙漠，沙漠里有卖冰块的，一块冰有多大不清楚，反正每块冰价值黄金五钱（约合 16 克）。第二，郑和家族人的身体都非常好。在没有现代化交通工具的古代，进行这种长途旅行需要消耗大量的体力，没有好身体就只能永远留在途中了。而郑和的祖父与父亲两代人都能长途跋涉去朝拜而且还能安全、健康地返回，说明郑和家族的好身体很有可能是遗传的。从后来郑和劈波斩浪数十年来看，他的确继承了家族遗传的好身体，这个也是他后来行军打仗、数次下西洋的保障。

　　只可惜，小三保的美好生活在儿时戛然而止。马三保十岁左右的时候赶上了朱元璋平定云南、诛灭残元势力的"平云南之战"。这仗从洪武十四年(1381)九月打到了洪武十五年(1382)闰二月,不到一年的时间,元朝在云南的势力基本上就消亡了。当时的小三保作为万千战俘之一被大将傅友德、沐英和蓝玉押回了南京,后来被阉割。由于他年纪尚小、聪明伶俐,遂被分到宫内当差。干了几年,他又随傅友德、蓝玉奉调镇守当时的北平府,也就是今天的北京。那个时候的北平府可是燕王朱棣的地盘,能干的小三保毫无悬念地又被选派到燕王府当差。后面的历史大家就耳熟能详了。"靖难之役"时,年轻的三保在这场战争中立了战功,被赐姓"郑"并升任为内官监(明朝内廷十二监之一,掌管督办皇室所需桌椅板凳之类家具)太监。

郑和早年的历史模糊不清,史书中并未有明确记载,包括他什么时候被阉割的、"靖难之役"中立的什么功、在什么地方立的功等等。要说他早些年是个无名小卒,史书无甚记载倒也在情理之中,但是后来随明成祖朱棣出征,立了功勋却也没有详细记载,就有点儿让人想不通了。

战争结束后,雄才大略的明成祖就开始策划他的远洋计划。于是,立有战功、具有军事经验与指挥能力、博辩机敏的郑和成为此项计划的不二人选。

第十章 | 上邦天威，无远弗届

关于朱棣派郑和下西洋的目的，历来有很多说法，国内国外的都有。比如法国著名的非洲历史专家福维勒-艾玛尔就认为郑和下西洋有两个目的：一是为大明宫廷采购奢侈品并记录这些奢侈品的来源和供应渠道；二是获得当地君主对中国皇帝臣服的表示，尤其是派遣使臣、进贡礼物等，不管君主们是否心甘情愿。其实这两点说的都算正确。因为从后面的介绍里，您会发现郑和与到访的港口或国家之间经常有大量的奢侈品交易；而第二点说的其实就是从古至今一直贯穿人类社会的"丛林法则"，别管"外衣"怎么变换，骨子里依旧是"真理在大炮射程之内"。虽然这两点说得都对，但是难免有些片面。

事实上，郑和下西洋的主要目的就是扩大中国的影响力，构建一个以中国为主导、有等级的、和谐的世界秩序。朱元璋在《皇明祖训》里罗列了"不征十五国"，即朝鲜国、日本国、大琉球国、小琉球国、安南国、真腊国、暹罗国、占城国、苏门答剌、西洋国、爪哇国、湓亨国、白花国、三弗齐国、渤泥国。这里面不少国家都是郑和下西洋途径、到访的国家。这种思想是农耕文明发展到一定阶段的产物。农耕时代，百姓基本靠天吃饭，粮食产量是一定的，文明的发展总是与饥荒相伴。明朝也是在万历年间番薯被偷偷引进后才初步解决了温饱问题，后来才有了清朝后期四亿五千万的人口。当时，粮食产量是限制人口的主要因素，所以农耕文明下的华夏民族攻城略地是有选择的，人们只占领战略要地和肥沃的土地，对于偏远贫瘠的土地则兴趣不大。毕竟占领这种地方对农业生产没有太大帮助，还要耗费大量物力和可以从事农业生产的劳动力。对于农业社会而言，耕地和可以从事农业生产的劳动力才是国家的真正财富。显然，武力占领这些边缘小国对于当时中国这样的农业大国来说很不划算。所以，利用本国强大的国力去威慑周边国家，使这些国家臣服于中国，进入以中国为中心的国际秩序中来，从而达到"不战而屈人之兵"的目的，这也是当时和平外交产生的基础。

至于流传已久的寻找建文帝的目的（"成祖疑惠帝亡海外，欲踪迹之，且欲耀兵异域，示中国富强。"——《明史·列传·卷一百九十二》），有待商榷。如果说第一、二次出使海外是为了寻人，还情有可原。那么后面四次（最后一次下西洋已经不是永乐朝的事，皇帝都换成明宣宗了，所以不计入统计）还去寻找，就有点儿不合逻辑了。明成祖朱棣寻找建文帝朱允炆说到底就是为了消除威胁他统治的隐患，而第三次下西洋已经是永乐七年（1409）的事了，那个时候他的江山早已坐稳，况且建文帝"性至孝""天资仁厚"，无论从谋略、军事才能等方面都无法与朱棣匹敌。所以，将寻找建文帝作为目的用在后几次的下西洋中就显得有些牵强了。

至于说炫耀武力的目的，倒是没有什么疑问。在七次下西洋中，郑和舰队不仅完美地展示了大明的军事实力，还真刀真枪地打了三仗并且大获全胜，西洋小国无不俯首称臣、视大明为天朝上邦，年年朝贡、岁岁称臣。至此，大明在亚洲大部分地区、南洋以及印度洋区域正式确立了以自己为中心的国际秩序和朝贡体系。

好啦，在讲郑和下西洋之前需要讲的就这么多了。下面咱们直接进入主题，我会带各位走进当时郑和经过的那些西洋小国，这里面的好多事情听起来匪夷所思，不过请记住，不要用现在的眼光来看待这些，毕竟这是六百多年前的人们记录的当时的所见所闻。

接下来，就让我们去看看当时的西洋各国吧。

第十一章 | 万世荣耀的第一站——占城国

我们大明的浩浩船队于永乐三年六月十五日（1405 年 7 月 11 日）从福建福州长乐北出发，开始了这次史诗般的远航。谁也不承想，这样规模庞大的远航会有七次之多，跨越两个年号，前后将近 28 年（1405—1433），很多人和国家的命运将由此改变，一个伟大时代的序幕由此拉开。

舰队出发后，往西南方向航行，第一站到达的是占城国。这个地方很重要，郑和七次下西洋，仅在此地就停留过五次。占城国是公元 2 世纪到 17 世纪印度支那地区的古国，又被叫作"占婆"或者"占波"。它的大体位置应该是在今天越南南部沿海地区。如果运气好，赶上季风一通猛吹，舰队出发后十天左右就可到达这个地方。

这个国家大致的范围是西连真腊（中南半岛古国，其领土一度包括今天的柬埔寨、老挝和越南南部，是当时该地一个十分强盛的国家），北挨交趾，东、南为海。

这里的"交趾"，是一个古地名，通常会被写成"交阯"，目前指的是现在越南北部地区。关于它的地理范围、历史演变等我们今天不讲，我主要跟大家说说"交趾"这个词。有一种说法，说的是"交趾"这两个字组合在一起是一个不太雅的词，用在对某一地区或者国家的称呼上，实际带有鄙视、侮辱的意思。《后汉书·南蛮西南夷列传》也称是因为当地蛮夷有男女同川共浴的习俗，所以《礼记》里才称"南方曰蛮，雕题交阯"。由此看来，无论什么原因，这两个字着实不是什么褒义词。

占城这个国家最主要的海港叫作新洲港，就是现在越南南部的归仁港。进港处有一个大石碑，你可以把它看作"下船石"。骑马遇见下马石就得下马步行，同样，开船的遇见"下船石"，就得下船步行。这不，石碑上明确写着告示文字，大意是船只到此处必须泊停，人员就此上岸等等。您如果说这荒郊野外的，大热天我懒得走，再乘船走二里可不可以？明确告诉您，那可不行。这里专门设有一个寨子，外国名字音译过来叫作"设比奈"。寨子里有五六十家，百十来口人，由两个大当家的管理，专治各种开船乱闯和不遵守规章制度的，有点儿类似于现在边防和海关的复合体。

从此地往西南走，大约走个一百来里就能到他们国家的都城，当地人叫作"佔"。此都城城墙为石砌，开有四个门，是不是仿照当时中国在城墙东、南、西、北四个方向开门，就不得而知了，不过每个门都有人员把守倒是确定的。

对于郑和舰队的到访，占城国国王及民众表现出极大的热情。毕竟自秦汉以来双方交往频繁，而且中原政权在绝大多数时间里都是占城的宗主国，尤其到了明成祖朱棣统治的永乐时期，双方的关系进一步紧密，在永乐五年（1407），也就是郑和第一次下西洋返航和第二次下西洋起航的那一年，明成祖还出兵帮助占城国夺回了被安南国侵占的土地，从此双方"同志加兄弟"的感情更加深厚。

此时，占城国国王带领文武大臣、五百人的仪仗队以及大量的民众在都城欢迎大明使臣的到来。郑和同样也带着五百士兵来到占城，随他们一同到来的还有永乐大帝的圣旨。这里，估计您会有个疑问，圣旨肯定是拿汉字写的，占城国通行汉字，大家还能明白，如果到了边远国家，不知汉字，双方交流都不在一个频道上，这圣旨该如何宣读呢？这个您不用担心，郑和既然能被选为远航的总负责人，说明他确有过人之处。对于交流的问题，他早有准备。他聘用了大量的翻译（当时称为"舌人"或"通事"）随舰队出航，用来解决沟通的问题。这些翻译也不是普通翻译，很多也是有着比较高社会地位的人员，比如《西安羊市大清真寺嘉庆二年重修清净寺记》中就有这么一段记载："郑和奉敕差往西域天方国，道出陕西，求所以通译回语，可佐通信者，乃得西安羊市大清真寺掌教哈三。"这里说的天方国我们后面将会讲到，而文中提到的这位掌教哈三，据史料记载，不仅回语不错，而且还是当地的名人。由此可知，有这种人才在，不仅使舰队对外沟通没有了障碍，而且在外事交往中也会给大明带来颇多好处。

除了这些外语方面的翻译专家、外事人员外，郑和还在途径的各国找了好多会闽南语、闽北语、潮州话、客家话的翻译人才。这样做主要是因为在西洋、南洋各地早已安家落户的华人绝大多数讲的都是上述几种方言。而这些"舌人"熟悉当地情况，与他们建立有效的沟通能够便于利用他们作为当地向导。

想得够细致吧？历史上不同文明之间的冲突、战争好多时候都是因为双方无法进行有效沟通，由此产生了误会而引发的。这么多专业的翻译人才，保证了郑和舰队在所到之国通行无阻，把因误会和沟通不畅而造成冲突的可能性降到了最低，所以郑和在28年中7次下西洋，真正爆发的战争只有3次。

现在回到圣旨的问题上。圣旨是汉字写的没错，但是郑和会派翻译用当地文字再抄写一份。郑和宣读圣旨的时候，也会有"舌人"（"通事"）在旁边翻译，宣读完之后，正本圣旨和译本圣旨都会交给当地国王。这样当地人就会明白郑和来的目的是进行和平访问与贸易，也会深深折服于（也有可能是畏惧）大明的实力，于是叩头谢恩，岁岁称臣、年年纳贡,这样宣慰工作就算顺利完成了。

当然,你光吓唬人家,达到的效果是不会长久的。毕竟大明不是家门口的邻居,出门就能看见。人家内心不服,你前脚一走,后脚可能就会翻脸。郑和不一样,所谓恩威并施,"威"当然就是那庞大的舰队和两万多人的"海军陆战队","恩"就是实心实意地去帮助当地人。就拿这次到了占城来说吧,郑和团队一下船就凿井,这也是以后他每到一地的标准动作,毕竟船队所到之地的科学技术相对中国来说都不算发达,免费给当地人凿井用于人畜饮用和农业灌溉,这是真心实意为当地人做好事。除此之外,郑和也知道"授人以鱼不如授人以渔"的道理,随船还带来了大量农耕器具,帮助当地发展农业。这还不算,船上还有"稳婆"(即接生婆),她们当然不是给舰队预备的,而是给所到之地预备的。到了目的地,稳婆下船给当地妇女,尤其是孕期妇女进行义诊,您看看,这想得多周到。

说到船上不能有女人,这个是自古流传下来的规矩,好像过去无论是中国还是国外,都是这样规定的。关于这样做的原因,大家听得最多的就是"女人上船会带来噩运"。我们现在知道这种说法纯属荒诞。其实,真正的原因是航程漫长,途中大多数的时间人们都很寂寞无聊,这个时候如果男女共处一室,难免有诸多不便。所以当时各国都不允许女性上船,尤其是年轻的。郑和舰队这些稳婆和老妈子都是上岁数的,而且独处一船,所以会相对稳妥些。不过,旅程漫漫,怎么打发无聊时光呢?其实,说起来也挺有意思的。出发前,朝廷发给舰队出海船员钱财用于安家,包括银子、宝钞(纸币)、布帛等,船员们一般将银子和部分布帛留在家中,自己携带宝钞和剩余布帛出海。没承想所到各处最通行的就是银子,布帛差一些但是也能换点东西,唯独那些宝钞像废纸一样没有了用处。没办法,大伙儿只能揣着它在船上玩叶子戏(古代类似于打扑克牌的一种棋牌活动),大赌特赌。郑和也曾三令五申禁止船员聚众赌博,不过念在一帮船员在茫茫大海上出生入死,只能靠这类活动消磨时光，也就没有深究。

在下西洋沿途各国都"无用"的宝钞被船员们玩叶子戏，其实不仅在海外无用，宝钞在当时永乐年间的大明也是没用的，到了明宪宗成化二年（1466）的时候，宝钞堆积到路上都无人注意。《明宪宗实录》中记载"新钱一贯时估不过十钱，旧钞仅一、二钱，甚是积之市肆，过者不顾"。

为什么会发生这种事？要知道，这时候明朝建国也就一百来年，连它国祚的一半还没过去呢。其实，道理很简单，就是自己"作"的，确切地说是朱元璋自己造成的。

朱元璋是个军事斗争、权力斗争的天才，也是个制定政策、规则的天才，他制定的规章制度在明朝将近三百年的时间里，都没有太大的变动，子孙们严格遵守，就算有张居正之流进行所谓改革，也无非是在局部小打小闹一下，不是真正从上到下、从里而外地革除一切弊端、推翻陈旧"祖训"的改革。但是朱元璋忘了一点，这套制度是根据他自己的才干量身定做的，其复杂程度是除了他别人都弄不清楚的，包括他儿子——明成祖朱棣。所以日后明朝的政策越来越僵化、行政效率越来越低，其根源就在朱元璋这里。

要说别管后世怎样，至少在朱元璋当政时期，甚至是明朝前、中期，这些规则、制度还是能够正常运转的。但是有一样是朱元璋在位时就崩溃了的，就是刚才说的宝钞制度。

事实上，在明朝开国初期，朝廷是发行过一些铜钱的，但是那时候整个国家还没有完全统一，战争不断，所以铜矿的开采也是时断时续，产量很不稳定。明朝廷为了此事也很头疼，甚至强行收缴民间的铜器来铸钱，引起民间极大怨愤。铜钱的铸造也是门学问。它需要铜矿持续稳定的供给，而且为了控制成本，制作铜钱的时候还不能完全用铜，得往里面加入其他金属。学问就在这儿了，受限于当时的技术水平，铜加少了，钱币不美观而且字迹模糊，通行的货币毕竟是执政政府的脸面，不能为了成本一味地降低铜的含量。含铜量高了也不行，美观是美观了，但是奸商们会把铜钱融了铸成铜器高价卖出。

　　当时的朝廷在金融领域遇到的烦心事还不止这些。大明初期不仅铜不够，银子的产量也出奇的低。硬通货都没有，好多地方甚至退化到了以物易物的地步。

　　到了洪武七年（1374），事情有了变化。有一天，正被铸钱之事扰得心烦的朱元璋在遛弯的时候，突然想到了幼年时候见过的元朝纸币，这个东西制作简单（主要是原料易取），而且上面的金额可以由朝廷"随意"制定，可比铸造铜钱、开采银矿省事多了。发行这个，简便快捷。于是，宝钞的事就这么操持起来了。朱元璋做事从来都是雷厉风行，当年就设立了宝钞提举司，设立提举一人、副提举一人。该机构专职宝钞的制作、发行、储藏等，下辖钞纸、印钞二局和宝钞、行用二库。转年，大明宝钞就开始流通了。毕竟皇帝亲自督办，执行速度岂能不快？

　　要说大明宝钞的设计看出来是用了心思的。首先宝钞高一尺（约 33厘米），宽六寸（约 20 厘米）。钞面图案精美，顶部印有"大明宝钞，天下通行"的字样（现存实物中也有顶部文字为"大明通行宝钞"的），上部印有面值，宝钞面值分为一百文、二百文、三百文、四百文、五百文和一贯（一千文）六种。考虑当时不认字的人居多，所以版面中上部根据面值画上图案，画上一串钱是一百文，五串就是五百文，一贯就费点劲，得画十串钱。在宝钞下半部，还印有"中书省（后期写'户部'）奏准印造大明宝钞与铜钱通行使用，伪造者斩，告捕者赏银贰佰伍拾两，仍给犯人财产"等字样。除了四周留白的地方，宝钞剩下的空间都画上了精美的花纹，正反面皆加盖了朱印。

　　宝钞的制作一开始是由中书省负责的，但是后来由于胡惟庸案，朱元璋就把中书省废除了。于是，原属于中书省的宝钞提举司就被划归到了户部，宝钞的制作、发行、储存等一系列事情也就从中书省转到了户部。这也就是宝钞下半部印的那些警告语句由"中书省奏准"改为"户部奏准"的原因了。废除中书省后，大明宝钞的事由户部负责，铸造铜钱的事则由工部负责。

我们再接上文。宝钞画面设计好之后，朱元璋又马不停蹄地设计了宝钞与各种硬通货之间的汇率。根据他的设想，民间的各种交易不允许使用金、银、实物等，只能使用铜钱和宝钞。一般一百文及以上金额使用宝钞，一百文以下都用铜钱，铜钱就相当于现在的硬币，主要当作日常的零钱使用。这样，人们大额交易起来会很方便，不用携带大量的铜钱，同时也降低了国家开采铜矿的紧迫性，减轻了政府的负担，这听起来很合理。另外朱元璋还规定，一贯宝钞相当于一千文铜钱，又相当于白银一两，而四贯宝钞即四千文铜钱相当于黄金一两。大家看看，连硬通货之间的汇率都算清楚了。这样从小到大、从贱到贵，一套完整的货币兑换体系就完成了。而且按照朱元璋的想法，宝钞是国家发行的，有皇帝的权威以及严刑酷法作保障，很快就会在民间流通起来。

不过现实往往和理想有着巨大的差距。朱元璋生于元末，在他生活的时代，元朝的中统元宝交钞已经到了崩溃的边缘。据史料记载，当时的元政府已经开始随心所欲地印制交钞，"军储供给，赏赐犒劳，每日印造，不可计数，舟车装运，轴轳相连"。钞票印的比报纸都多，以至于在元大都交钞十锭（按官方价格大约相当于铜钱五十万文）换不来一斗米！到了元顺帝至正十六年（1356），民间已经拒收交钞，开始物物交易了。到了至正十七年（1357），焦头烂额的元政府又发行了至正之宝大钱五品，希望以这种硬币来代替以前的交钞，挽回经济上的颓势，结果民间"软硬不吃"——硬币、交钞一概不要。为此民众还唱起了自编的歌谣："人吃人，钞买钞，何曾见？"

货币发行是很深的一门学问。生在元末的朱元璋只看到了元朝货币崩溃时的情境，再加上天生没有经济头脑，所以不分好坏，一股脑儿地将元末中统交钞的发行方法照搬了过来。他没有看到元朝前期交钞流通便利、受民众欢迎的原因。要说起来，元朝廷在前期发行货币这件事情上，的确比明朝廷高明了许多，也专业得多。首先，元政府会为要发行的货币预留出准备金，也就是金银和丝，没有准备金（即当时说的钞本）绝对不发行新钞。而且，百姓可以拿钞票直接向钞库兑换金银。也就是说，钞票与金银之间是可以流通、兑换的。估计您会说，这不是很正常的吗？您生活在一个正常的社会，所以觉得这一切正确的事情都是天经地义的。但是要是到了明朝，保准颠覆您的认知。怎么个颠覆法，咱们稍后会说。

回到元朝早期发行交钞这个话题上。元朝初期，元政府发行货币，也不是随心所欲、看心情发行的，发行数量是经严格核算当时全国商税收入的金额和烂钞兑换数量之后得出的。其中"烂钞兑换数量"指的是国家回收破烂不能使用的货币数量。这说明此时的元政府不是只管发不管收，对于不能使用的货币，政府是要回收处理的。除此之外，元朝廷还规定政府收取的丁赋和商税都用钞。这两点加在一起反映了一个事实，即元政府对于市面上流通的货币数量是有控制的。这样做的好处就是能在一定程度上控制货币的贬值和通货膨胀。只此一点，元朝廷就比明朝廷高明了不知多少倍。

后期交钞的崩溃，最主要的原因就是以上几个货币发行基础的崩溃。元末的交钞，无本发行、滥发超发、只发不收、不通金银、旧不换新、国税不收。这其中的任何一点，放到一个国家的货币发行上，都是天大的灾难。很不幸的是，朱元璋把这些要命的问题一个不落地都抄走了，用到大明宝钞的发行上。宝钞刚开始发行的几年，还算是能保持稳定。出于使用的便捷性和习惯，百姓们还能接受。但是，几年之后，宝钞的弊端一下子喷涌而出。大元中统交钞由盛转衰用了几十年的时间，而大明宝钞几年就做到了。

到底怎么崩的，咱们详细说说。

区别于我们现在用的信用货币，当时人们使用的纸质货币被称为"代用货币"，说白了就是代替金银等贵金属流通的货币，比如宋朝的

"交子"之类的纸币。明朝要发行的宝钞也属于这种。它发行流通的根本，也就是被人们认可使用的根本，是发行货币的朝廷得有非常充足的贵金属储备。也就是说，如果要发行代表一千两黄金的宝钞，朝廷得有至少一千两左右的黄金作为保障，当然实际数量可能到不了一千两，但是也不能差得太多。这样发行的钱才"值钱"，这个发行货币的朝廷才"有信用"。可是朱元璋只看见元朝市面上流通纸币，没想过这后面还有一套非常复杂的程序。他根本没有为宝钞准备足量的贵金属储备。也就是说，虽然大明宝钞有与黄金、白银之间兑换的比率，但是实际上它完全不跟这两种贵金属挂钩。

举个例子，有个人拿黄金去换宝钞，按照汇率，他拿一两黄金能换出来四贯宝钞。兑换完之后，他转身出了兑换点，刚出兑换点的门他就后悔了，转身拿着四贯宝钞去换回那一两黄金，到了柜台发现，根本换不了。不是兑换点故意为难他，而是明朝廷压根儿就不允许拿宝钞换黄金。也就是说只能单向地拿黄金换宝钞，但是宝钞不能换来任何贵金属。这样看来，宝钞成了明朝廷攫取民间财富的重要手段，而且还简单粗暴。

所谓"无知者无畏"，正因为明朝廷对货币发行和金融知识一窍不通，其在货币政策的操作上表现得相当的"任性"。一般来说，国家发行的货币，国家得先自己承认和使用。明朝廷可不是，他们使用宝钞的原则是"多花、少收"，即朝廷花钱的时候多用宝钞，收钱的时候少收宝钞。他们规定民间交税不能全用宝钞，宝钞占 70%，余下的 30% 要用铜钱或者金、银等贵金属缴纳。这样一来，大家都去拿宝钞兑换铜钱或者金、银。本来这三样市面上就极少，这么一折腾，这三样的价格越来越高，宝钞就越来越不值钱了，比如原来四贯宝钞可以换一两黄金，现在涨到十贯宝钞换一两黄金，黄金还是黄金，而宝钞就贬值了不少。

另外，在超发问题上，明朝廷显然也犯了严重的错误。他们大量印制宝钞，从不节制，也从不收回。

大明宝钞选用的纸材为皮纸。皮纸一般是指用桑皮、山桠皮等韧皮纤维为原料制成的纸，过去经常用作糊窗纸和皮袄衬里，可细分为棉纸、宣纸、桑皮纸等。其中桑皮纸美观耐用，民间主要用作高档书画装裱或者制伞、做鞭炮引信、包中药、制扇子等。大明宝钞用的就是这种桑皮纸。桑皮纸本身也分个三六九等，主要体现在原料上，宝钞用的是最上等的原料——白色的桑穰，也就是桑树的二层皮。从这点上来看，大明在宝钞的制作上可谓不惜工本。但是用料再考究它也是纸，再结实也受不住经年累月的磨损。明朝廷起初也没有旧币回收的业务（后期才有），宝钞通常用烂就算失效。这就导致了市面上宝钞一直处于供大于求的境地，也就出现了前面说的堆在路边无人问津的情况了。

刚才说的这些算是明朝廷使用宝钞四字原则里面的"少收"。咱们再说说"多花"。如果现在问您宝钞制度最伤害谁？估计您会回答普通百姓或者民间商人。的确，宝钞对民间的经济活动和普通百姓造成了很大的伤害，但是最受伤的人是大明的官员。咱们先罗列一下大明官员的基本俸禄（依据《明史·志·卷四十八》）：

品级	俸禄	品级	俸禄
正一品	一千四十四石	从五品	一百六十八石
从一品	八百八十八石	正六品	一百二十石
正二品	七百三十二石	从六品	九十六石
从二品	五百七十六石	正七品	九十石
正三品	四百二十石	从七品	八十四石
从三品	三百一十二石	正八品	七十八石
正四品	二百八十八石	从八品	七十二石
从四品	二百五十二石	正九品	六十六石
正五品	一百九十二石	从九品	六十石

这是洪武二十五年即 1392 年，朱元璋设定的文武百官的年薪。除

了表里列出的官职以外，还有一项未列入其中，叫作"未入流"，专指文官中连从九品都算不上的，这样的办事人员年薪为三十六石。在这些统计数据之后，原文里还有一句为"俱米钞本折兼支"，意思就是这些作为俸禄发放的米可以用金、银、钞代替。

金、银、钞与米之间的兑换关系不是一成不变的，根据《明史·志·卷五十四》里的记载，洪武九年（1376），银一两、钱千文、钞一贯，都可以换成米一石；到了洪武三十年（1397），钞一锭换一石米，金一两换十石米，银一两换二石米。

可以看出来，宝钞的确不值钱了，金银的价值上去了。

我们再来分析一下具体事例。

就拿一品官员举例，俸禄多才容易看出来变化。通过前面的表格，我们知道在洪武年间，当时一个一品官员一年的俸禄大约为 1044 石粮食，除了这基本年薪之外还有宝钞 300 贯。当时宝钞还很值钱，一贯宝钞大约相当于一石粮食。那么一品官员的年薪就相当于 1300 多石粮食，平摊到每月大约是 112 石粮食。到了洪武年间后期，官员们改为了发月薪，大约每个月 87 石粮食。到了明成祖的时候，朝廷规定高官月薪是四分米六分宝钞，小官是六分米四分宝钞。此时的宝钞已远不如洪武初年时值钱了。以此制度，到了宣宗时（距离洪武朝至少 27 年），一品官月薪只值 46 石，英宗时期（距离洪武朝至少 37 年）下降到 35 石，到了宪宗时期（距离洪武朝至少 96 年）一品官的月薪贬只到 20 石了，还不如唐朝的一个七品官。既然朝廷不管饱，那官员就只能自谋出路。"穷则思变"不仅适用于平民百姓，官员们也同样适用，而且他们手里有着普通百姓没有的东西——权力。所以正如前文里讲的，这就导致了官员与阉党合谋，贪污腐败成了大明官场的常态。

到了明朝中、后期，宝钞已经完全崩溃，民间使用银子作为货币，但是民间尤其是普通百姓用的多是散碎银两，付钱远没有现代方便。比如吃饭结账的时候需要二两银子，如果您拿出个三两的银块付钱，商家做的第一件事就是验验成色，看看是不是真银子，然后用戥子称一下重量，确定是三两的银块。下一步就是按照需要的银两数从大的银块上剪下合适的重量，也就是剪下二两的银子，然后将剩下的一两银子退给您。不过，因为很多时候不可能一下子就正好剪下需要的银两数，随着剪切产生的损耗也是个问题，所以更常见的情况是买卖双方一起"连称带剪"，忙得不亦乐乎。而此时的宝钞已完全沦为礼仪物品，作为朝廷或者说皇帝赏赐给群臣的礼物。大臣们明知宝钞不值钱，还得装作诚惶诚恐、毕恭毕敬地接受。

刚才说的这两点只是"多花"这方面的一小部分，明朝皇帝的聪明才智都用到这儿了。在金融领域，他们只会从小处着眼，从来没有大的格局和智慧，宝钞这事算是一件。

再举一例，作为贫银国的大明竟然把从西班牙等国输入的银子作为本国法定货币。

明眼人都看得出来，西班牙不是大明的一个省，美洲地区同样也不是大明的后院，它们的产银量可不是大明说了算的。大明朝廷这么惊人的操作相当于间接地将自己的货币控制权拱手让与他人。货币的发行权和控制权是一国主权的表现形式之一，从这一点上来说，大明朝廷已经丧失了国家主权。更严重的是，明朝廷的这项操作还顺手把自己带入了万劫不复的境地。

隆庆皇帝在隆庆元年（1567）开始解除海禁、调整海外贸易政策，史称"隆庆开关"，以这件事为起始，大批的白银通过贸易等方式从海外涌入大明，造成大明通货膨胀、物价飞升。我们知道在明初的时候，大明国内的银子产量很少。当时大明一年产的银子数量还没有一艘从美洲去往马尼拉的西班牙大帆船运的白银多。到了16世纪中期，大约是明朝嘉靖（1521—1566）、隆庆（1567—1572）年间，西班牙殖民者在美洲发现了储量惊人的银矿，到了16世纪末，即大明万历（1572—1620）年间，该地区的白银年产量达到20万公斤，约200吨。与此同时，日本也有大宗白银出产,产量多到欧洲人称之为"银岛"。这两处的白银都跑到了中国,也就是当时的大明。原因无他,主要是当时的西班牙、葡萄牙以及日本本身可以用来出口到明朝的货品很少。前面两个欧洲国家只有少量的毛织品、玻璃和枪炮可以用来出口。日本也是如此,按照顾炎武老先生的话说,"日本无货,只有金银",而"日本所需皆产自中国"。所以,这些国家只能拿白银来购买中国商品。当时的海外贸易可不是等价交换,那是可以获取几倍、几十倍甚至上百倍利润的暴利行当。中国在国际贸易中获利颇丰。隆庆开关之后的七八十年间,全世界流入大明的白银约有一亿两。嘉靖时期,大明国库每年收入多的时候有二百多万两,少的时候仅有七万两。而到了万历年间,平均每年国库可收银四百万两左右。可见明后期流入中国的白银大约相当于嘉靖时期国家五十年的财政收入或者是万历时期二十五年的财政收入。

出乎意料的是,这些流入的巨量白银大多数都没有用到投资生产和改善国计民生上,也就是说它们进来了却没有产生新的价值,百姓依旧贫困。那这些白银去哪儿了呢?被商贾巨富和权贵藏起来了。我给您举两个事例,您就明白了。第一桩,奸臣严嵩被抄家的时候,按照《天水冰山录》里的记载,只查抄白银这一项就获 2013478.9 两;第二桩,贼阉王振死后被抄家,抄出的金银无法用重量来计算,按照《明史·卷三百四·列传第一百九十二·宦官一》里的记载,"得金银六十余库"。虽然咱们举的例子仅仅是权臣贪官而非富商,而且这二位大奸之臣也非"隆庆开关"之后的人,但是这些事例说明面对花不了的巨量银子,当时的人们普遍采用窖藏的方法把金、银等贵重物品存起来。这就造成了大量银子在流通市场的沉淀,这也就是前面讲的百姓还得使用散碎银两的原因。除了窖藏,这些银子还被富人、权贵拿去兼并土地、购置房产,这样做直接推高了这两项商品的价格,以至于普通民众再也买不起,于是土地、房产就进一步被富裕阶层和权贵阶层垄断。

所谓物极必反,当这种"物贵银贱"发展到一定程度,就阻碍了对外贸易的进行,对外贸易萎缩之后,进入大明的白银数量不断减少,大明就迅速进入了"通货紧缩"——银子不够用了。而此时大明的税收是以白银为计量的,白银的短缺加重了百姓赋税的负担。比如农民甲原来一百亩地需要缴纳三两银子的税,大约相当于三亩地的收成。但是现在银子短缺,致使银子价格上涨,现在一两银子相当于两亩地的收成,三两银子就是大约六亩地的收成。那么无形中,农民甲的税收负担就翻了一倍。咱们只是简单地打个比方,实际情况更加严峻。国家收不上来银子,就会拖欠军饷,拖欠军饷,就会造成辽东前线军心不稳,后期明朝军费开支里还要加上围剿国内农民起义的费用。费用不够就得再加重农民的赋税,还要裁撤朝廷认为不必要的机构,削减政府开支。这第一项措施,"逼"出了农民军;这第二项措施,"裁"出了李自成。关外,后金(清)八旗虎视眈眈;关内,农民起义风起云涌。大明就在这内忧外患和满朝文武百官的冷眼旁观中走向灭亡。

在促成整个大明亡国的死循环中,回家满院子挖坑窖藏金银的富商权贵阶层以东林党人和其亲信为多,让农民独挑赋税重担的以东林党人居多,冷眼旁观的人里面,也以东林党人居多——谁让官员中的绝大多数都是东林党呢!

当然,说东林党这帮人是主因并不是说明朝的皇帝都没责任,而这一切的根源就在朱元璋身上。明朝是个非常尊崇祖制的朝代,朱元璋制定的政策措施后世子孙无人敢改。朱元璋在金融、经济领域的确是个门外汉,他又很鄙视商业,所以明朝这方面的人才寥寥无几。

朱元璋究竟有多么鄙视商业呢?我们举个例子。《明史·列传·卷第一》中有记载,明朝有名的富人沈万三有一次为了拍朱元璋的马屁,提出由他出钱犒劳三军。得知此事后,朱元璋大怒,骂道:"天子的军队,这一介匹夫也想犒劳,实属乱民,该杀!"这时,他身边的马皇后劝解道:"我听说执法者向来都是惩处违法乱纪的人,而不是不祥之人。普通平民富可敌国,这本身就是他的不祥。不祥之民,老天自会惩罚他,何劳皇上杀他呢？"朱元璋这才消了气，没杀沈万三，而是把他发配到了云南。

这位马皇后，《明史》中评价她"仁慈有智鉴，好书史"。各种史书对她的评论也都是正面的，就是这样一位贤德仁慈的皇后，竟然认为普通百姓"富可敌国"是要注定不幸的。这一方面可能是说有钱之后，树大招风，会给当事者带来祸害。更多的还是认为百姓富裕，尤其"巨富"是不对的，由此可以推测她对商人的鄙视与不满。毕竟那个时代百姓要想合法富裕只有经商一条路。朱元璋能被这样的理论劝说，说明他本身也是赞同这种说法的。明朝的皇帝和皇后都是这种想法，您说大明的商业和经济能发展得好吗？

说到大明的经济发展，已经不能用好不好来描述了。因为明朝统治者与众不同的想法，大明的经济从一开始就入了歧途。在这方面尤其突出的是对外贸易。给历朝政府带来巨额收益的外贸，在明朝却成了朝廷的大包袱。

按照明朝廷的逻辑，外国人来我天朝上邦只有一个原因，那就是仰慕、钦佩我大明；因为仰慕、钦佩，所以心甘情愿臣服于我大明；因为心甘情愿臣服，所以不远万里前来朝贡；因为是朝贡，所以双方之间就不是互惠互利的贸易行为而是皇帝单方面的赏赐和恩惠。正是由于这样的认知，明朝的对外贸易从一开始就跑歪了。

当时大明所谓的对外贸易主要分海上与陆上，咱们分别说一下。

先说海上。按照以往各朝各代的情况，中国的官员遇到外国来的商船，会表现得十分热情，尤其是对外贸易发达的宋朝。大宋为了促进海外贸易的发展，特地在广州、杭州、明州、泉州、密州（今山东胶县）、秀州（今上海）设立了市舶司或市舶务（相当于如今的海关）。这还不算，为了更好地服务外商，宋朝廷还在杭州、明州、温州等地设立了相当于涉外宾馆或者招待所的"怀远驿""来远驿"。此时人们出海做海外贸易相当简单，只需到市舶司登个记，领取一张"官券"，也就是官方开具的出海贸易许可证，就可以大大方方、肆无忌惮地出海从事进出口贸易了。当然,回来还得缴关税。

走出国门的手续简便,走入国门的更是会被朝廷奉为上宾。

来的客商不仅通关手续便捷,而且还会受到大宋朝廷的热烈欢迎。从海外来的商船,在宋朝官员的眼里,不仅是一座座移动的金山,更是一顶顶乌纱帽。宋朝规定闽、广的市舶司长官每抽解和博买乳香(药用香料)达一百万两,官秩则可转升一级。在南宋孝宗时朝廷还规定,市舶官员如果能招徕海商,抽解货物价值在五万贯以上的,亦可转升一官级。也就是说你招来了商,就能升职加薪。宋朝之所以拼命开展海外贸易,主要是因为国土面积小,西南方面原来通往西域的疆土和道路没有了,燕云十六州又都在"骑马的汉子"手中,再加上大宋著名的"冗兵""冗官"和由此带来的"冗费",所以再不抓紧"招商引资"就活不下去了。

因此,每当有外国的商船到来,当地相关的官员就会像上了发条一样鼓起干劲、拉住客商,最常见的方式就是宴请船上客商甚至船员。酒桌上,彼此关系拉近了,甚至到了称兄道弟的地步,好多事情也就好办了。除了大宋官员们卖力之外,宋朝廷对海商及国际贸易的掣肘比较少,政策简单、高效。当时对进口贸易实行的最主要政策就是前面提及的抽解与博买。

"抽解"就是朝廷对进口的货物抽取一定的实物,这些实物最后会被押往京城,比例一般是十分之一。也就是说外国商船来了之后得先造册登记,然后十分之一的货物被朝廷当税收收走。这个比例基本不变,不过北宋的时候偶尔有过十分之二,南宋的时候也曾执行过对细色物品十分抽一而对粗色物品十五分抽一的政策。

"博买"这项政策一般在抽解之后进行。我们先来说个概念,就是"禁榷",也就是朝廷专卖的意思。当然,朝廷并非白拿,官府是给钱的。早期禁榷的范围很广,客商经常遇到"这个也不能卖,那个也不能卖"的情况。不过,随着贸易的发展,禁榷的范围大幅缩小,最后只剩犀角、象牙等几种细色物品以及军用物资禁止售卖。对于禁榷这个环节,外国客商也不用担心，虽说是朝廷垄断，但是价格相当合理，买卖双方都会满意。禁榷之后，余下的货物就进入博买环节，外商可以自由交易，不受限制。

对于宋朝的外贸咱们就说了个大概，不过您也看出来了，在这种重商的环境中，宋朝的对外贸易能给朝廷带来巨量的财政收入。在南宋初年，市舶收入"动以百万计"，到了南宋末年更是达到一年"二百万缗（一缗为一千文）"，占当时国家年财政收入的五分之一，可谓获利颇丰。

说完了宋朝，我们再看看明朝的情况。

明朝在外贸方面也并非一无是处，明朝后期的"隆庆开关"虽说限制颇多，但是也给当时的明朝政府带来了可观的收益。不过，跟宋朝比起来，明朝还是差远了。

谈到大明的对外贸易，绕不过两件事，一件事是禁海，一件事是朝贡。

禁海一事几乎贯穿整个大明一朝。大明的第一个皇帝——朱元璋就曾说过"片板不许入海"，这在《明史》里记得清清楚楚。朱元璋这么做当然不是一时心血来潮，他之所以这么做，有以下三个方面的原因：

首先，大明是个商品经济不发达的朝代，尤其是中前期。大明开国之初，银子很稀缺，这就很影响商品经济的发展。您想，大家手里突然之间没了货币，直接用实物交易，经济能发展得起来吗？朱元璋为这事急坏了，直到有一天他茅塞顿开，想起元朝的中统交钞，于是照猫画虎也搞了一套，结果弄得鸡飞狗跳、一地鸡毛。这件事，咱们在前文讲过了，这里就不多说了。

宝钞这件事说明，大明不重视商业，也没有懂商业和金融的人才，元朝的中统交钞至少还辉煌了将近百年。大明的商业有多差，咱们可以看一组数据，就是宋朝和明朝的商税数据。商税是对各种商业征收的税收，在古代，它是国家重要的财政支柱，也是反映当时朝代商品经济发展水平高低的重要指标。一般来说，商税越高，国家的商业水平就越高，反之亦然。上文提到,大宋朝的对外贸易相当发达,而且它也是中国封建社会历史上商品经济发展数一数二的朝代。在北宋宋真宗景德年间(1004—1007),宋朝的商税有450万贯,一贯相当于1000文铜钱。到了宋仁宗嘉祐三年(1058),国家商业税收达到2200万贯,折合成银子约为2200万两。大宋的商业税在大约五十年的时间中增长了将近四倍。到了南宋宋高宗(1127年至1162年在位)末年,仅市舶收入一项就高达200万贯。

看完大宋的商税数据,我们再看看大明的。洪武十三年(1380),有大臣奏报朱元璋,大意就是现在全国有税课司(大明专门征收商税的政府机关)400所,其中364所全年征的税还不到500石米,建议把这300多所停了。咱们大概算一下,这400所里有收税收不到500石的,肯定就有收税超过500石的,如果都按500石来算,那么这一年大明商税收入约为20万石米。明初(洪武九年,即1376年)一两银子一石米,那么当年的商业税就是大约20万两白银。在《续文献通考》中,记录弘治年间(1488—1505)某一年的收税总额为"一十三万八千五百四十两有奇耳",也就是不到14万两白银。以这两例来比较,大明的商税收入还不到宋朝的百分之一!咱们只是大略比较了一下,对应年份的具体数字可能跟目前比较的数字不一致,不过这也能看出,大明商业远落后于宋朝,这是不争的事实。商业的落后给了朱元璋禁海的信心,毕竟大明的税收是以农业税为主的,在朱元璋看来,商业税这么少,即使全部损失了对大明也没什么大的影响,所以他才能这么痛快地下决心禁海。

说完了第一原因,再接着说第二个原因。

这第二个原因,就是大明恶劣的周边环境。

如果只是单纯的商业不发达,朱元璋也不会贸然提出禁海的。肯定是来自大海的威胁较大,大明应付不来,再加上禁海之后的损害不大,所以才出此招。

说到来自大海的威胁,从来没有哪个朝代像大明这么惨。大明面对的第一个威胁就是被打败的张士诚、方国珍的残余势力。话说这二位也分别是元末的一方诸侯，跟朱元璋在当时共分天下，有点儿三足鼎立的趋势。只不过，朱元璋更胜一筹，灭了这二位。这二位都是在南方以贩盐为生的，拉起来的队伍也都以水军为主。当家的脑袋丢了，大部队也被打散了，剩下的小股部队就化整为零逃到了海外。这些逃到海外的残兵败将自然就把大明当作敌人，这刻骨仇恨可不是靠朝廷宣传感化就能化解的，加之他们熟悉水战，每每都能把大明打个措手不及。《明太祖实录》里记载，在大明建国前一年的吴元年（1367）四月，就有上海人钱鹤皋勾结张士诚元帅府副使韩复春、施仁济，聚集了三万人攻打地方政府、掠夺财物。除了自己单干，他们还勾结倭寇以及国内的反明势力，一同殴斗大明。明朝人郑茂在《靖海纪略》中就写道："国初，既降张士诚，灭方国珍，其余烬亡入海者，每诱岛倭入掠。"这些顽固不化的恐怖分子让大明历任皇帝都非常头疼，只能采取简单粗暴的禁海，来应对这些来无影去无踪、常年在"环海千里"的海域上"交舶万艘，常候风潮，毒机矢以待"的缠人鬼。

　　除了这些起源于国内的水贼之外，还有来自境外的倭寇。倭寇可谓贯穿大明一朝，其实这里面真正的日本人只占十之一二，绝大部分都是中国人。这些人中为数不少的是被海禁政策逼得走投无路进而从事走私、劫掠的中国商人。到了明朝中后期，海禁政策放开，这帮人发现既然可以平平安安做买卖，又何必动刀动枪，于是倭寇中中国人的数量锐减，而日本人的人数比例攀升。倭寇扰得大明不得安生，尤其是在1552年到1563年这11年的时间里，这帮人甚至都打到了南京城。当时的大明军力萎靡、卫所糜烂、无兵可用，这之后才有痛杀倭寇的戚继光和俞大猷闪亮登场。在这之前，只有明成祖朱棣在位的永乐十七年（1419）六月的望海埚一战全歼了倭寇。虽然经这一战，倭寇老实了好几年，但是顽疾未除、骚扰不断，这也是大明实行海禁的主要原因之一。

　　最后，再说说第三个原因，即朱元璋的短视和明王朝的保守。

说到明太祖朱元璋的短视，禁海就是最明显的体现。作为明朝的开国皇帝，朱元璋的统治却处处透露着目光短浅和小家子气。前文说了他残酷虐待、屠杀功臣、士人，大兴文字狱。除此之外，大明对百姓的控制超过以往的各个朝代，甚至包括秦朝。商鞅通过变法严格管理百姓，其主要方法无非就是连坐法、户籍登记制度等，但是这些和明朝的规定相比，堪称温柔。比如，大明规定村民走出本村里甲，需要有路引。在各个关隘、主要道路上都有巡检司的人检查来往人员的路引。里甲（制度）是大明最基础的基层组织形式，一般来说是每一百一十户编为一里，这里面上交丁粮最多的十户轮流担任里长，一年一换，剩下的一百户则称为甲首，合起来就称为里甲制度。路引就是官府开具的通行证或者介绍信之类，也就是说你离开家在家附近行走没事，出远门就得找官府开路引，没有路引上路的，那官府就可以治你的罪，严重的话，真是可以让你"上路"了。所以这项措施就把老百姓死死地按在当地，不允许人口随意流动。除此之外，明朝廷还规定，你必须得知道街坊四邻在干什么，同样邻居们也得掌握你们家的动向，然后互相监督，看看谁出门逾期未归，谁违法乱纪等等，掌握了情报还要及时向官府报告。不仅如此，一里甲范围内还不能有无业游民（当时称为"逸夫"），一旦发现有无业游民，则游民处死，游民四舍邻居都得被迁到"化外之地"（即流放），很有可能就谪发去边关苦寒之地了。

说完了百姓，再来说说官员。明朝初期的朝廷官员可没有咱们想象的舒坦，官场对于他们来说就相当于刑场。按理说，官场这么危险，不干了总成吧？寒窗苦读十余年取得的功名不要了，保条命总可以吧？换了别的朝代，官员挂印而去真没什么问题。但是朱元璋是谁啊，哪能让官员这么轻易地就辞官而去？据载，"寰中士大夫不为君用，是自外其教者，诛其身而没其家"。意思就是说，不论是离职还是受聘后推辞不干的，只要是不当官、不为君主所用的，就诛杀并抄家。这官员的日子真是不好过，每天如履薄冰。于是就有了前文说的官员每天出门前立遗嘱、交代后事的荒唐场景。

从这点上来说,无论之前朝代的制度有多么残酷,但至少文人、士子的灵魂与人格是自由的。但是现在朱元璋把文人、士子从灵魂、思想到肉体全都牢牢控制住了。从此,这些人都成了没有任何思想与感情的统治阶层的工具人。对他们来说,谁统治都好,有官做、有钱赚就行,而当官只是谋生的手段,不存在民族大义和对国家、人民的感情。这些情感一开始是不敢有,后来就慢慢变成不会有了。

清代史学家赵翼在他的《廿二史札记》中就写道:"……盖是时明祖惩元季纵弛,一切用重典,故人多不乐仕进……武臣被戮者固不具论,即文人学士,一授官职,亦罕有善终者……"由此可知,洪武一朝,无论文臣武将都难得善终。死了容易,活着更难,此时的文臣可没有后来那么风光。朱元璋认为,开疆拓土、打败敌人都是靠着武将,所以文臣没什么作用,而且他所代表的淮人一派中"武多文少",因此朱元璋金口一开"文臣不能封公侯",就彻底截断了文臣晋升之路。开国的文臣中取得功绩最大的刘基(即刘伯温),才被封了诚意伯,也就是明朝最低的爵位,这可是朱元璋的军师,类似诸葛亮的角色,其余文人、士子的处境和前途就可想而知了。

说完官员、百姓、士子和文人的惨状,还得说说明初商人。朱元璋一向看不起商人,前文提过沈万三的事就是个例证。其实现实更残酷,就以两件事为例。第一件,朱元璋规定,商人最好的穿着是穿绢布,绢布指的就是丝麻制品,种类很广,但是属于很一般的衣料,而农户人家可以穿䌷纱,也就是一种高级的绸料。在古代,一个人的穿衣打扮能反映出其所处的社会地位,比如当官的着官服、戴官帽、穿官靴,普通老百姓着"布衣"。朱元璋这么安排,就是要把商人死死地按在社会的底层。第二件,就是无止境地替官府"买办"。"买办"的意思即商人要出钱出力为官府办事,对于商人来说这当然是赔本的买卖,所以大财主都贿赂官府或者自己出钱买官,倒霉的都是小门小户的商人。

此外，朱元璋还废除了丞相，强化中央集权制度。可是短视的他没想到，除了儿子朱棣之外，后代子孙长于皇宫之中，没有他的理政能力和体力，他不惜废除丞相换来的集权，最后却都便宜了太监。一方面，杀掉武将、分权军队，使大明失去了保卫自己安全的屏障；另一方面，酷法治臣下、大兴文字狱、广布特务网，离了文人、士子和大臣们的心。从此，大明只是大明天子的大明，它的好坏与臣子们无关了。

再有，就是后面要说的朝贡制度。朱元璋亲自定下后世子孙不可修改的"厚往薄来"（出自《明太祖实录》）的总基调，这项政策不仅使国家财政不堪重负，而且培养了一堆"白眼狼"，例如稍后要说的日本和瓦剌。

最后说到海禁问题，这也是倭寇横行的重要原因之一。因为大明本身对日本的商品需求并不大，而日本却需要从大明换取大量的生活必需品，所以在明朝廷眼中可有可无的中日贸易在日本人眼中却是不可或缺的。当正常的交易渠道取消时，人们就只能想其他办法了。再说在这种情况下，大明对日贸易应该是以顺差为主的，可就是在这种明明对自己有利的情况下，朱元璋却选择禁海闭关，这就反映出他目光的短浅和思想的狭隘。他在《皇明祖训》中写道："四方诸夷，皆限山隔海，僻在一隅；得其地不足以供给，得其民不足以使令。"这一方面说明了这些海外之地山高路远，占领它们得不偿失，也就是在前文中提到的"和平外交"的基础；另一方面，也说明了朱元璋缺乏对周边国家最基本的了解以及在国际关系等问题上的短视。在他看来，大明是世界的中心，属于天朝上邦，人口众多、物产丰富、无所不有，不需要从海外进口商品，也不需要百姓们开展海外贸易。假使任由私人出海贸易，则服劳役的人口就会减少，进行农业生产的人口也会减少，相应的农业税收就会减少，而且出海之后见过世面的百姓也不好管束，这些"刁民"如果纠集在一起，很容易让明朝的统治发生动摇，因此私人海外贸易完全就是"舍本逐末"，必须严格禁止。

于是，朱元璋隔三岔五就提出"禁海""禁市"的要求，随便一翻《明实录》《国榷》等史书，就能看到洪武四年（1371）十二月、洪武十四年（1381）十月、洪武二十一年（1388）正月、洪武二十三年（1390）十月等日期朱元璋发布禁令的内容。洪武二十七年（1394）一月，为了禁止海外香木进口，朱元璋甚至发布了两广所产香木只能自用的谕旨，这样做就是怕两广的香木流到外省，跟走私进来的香木相混淆，不好管理。禁令一出，除两广以外的省份，只要出现香木就是走私的。

从这里我们可以看出，至少在明朝早期，尤其是朱元璋在位的洪武时期，整个大明的对外政策都是非常保守的。

说完了禁海，就该说说朝贡了。朝贡分为海路与陆路两个方向。先说海路。

前文说了，朱元璋觉得泱泱中华物资丰富、无所不有，正因为有这种想法，再加上对种种实际情况的考量，他实施了禁海。禁海之后倒是清净了，但是一个天朝上国的巍巍天子无人来拜、无人来贺，这真的于自己和朝廷的脸面过不去。再加上中华虽大，但并非世间万物都不缺，尤其宫廷之中需要的大量奢侈品并非产自大明，许多只能在南洋、西洋各国才能找到。于是，朱元璋又遣使四处张罗，希望远朋近邻都来朝拜。

四方来贺的盛景不仅满足了皇帝的虚荣心，也为朝廷和朱元璋自己挣回了脸面，同时大明还能得到所需的海外商品。

于是，大明因禁海而形成的铁幕上被打开了一道缝，这道缝就是朝贡。伴随朝贡而来的海外商品，不管是不是贡品，都顺理成章地享受了贡品的待遇。因为明朝廷认为外国人来华是朝贡而不是做生意，这些外国人的货物就会作为贡品，由明朝政府统一收取、管理，押送到京城。然后，皇帝会赏赐给这些使臣（在明朝看来，所有来华的外国人都是使臣）远高于货物价值的财物。当时中国这种奇特的交易方式的确使这些外国人耳目一新：生意还能这样做啊！

既然是贡品，待遇就和普通商品不一样了。最主要的一点，进口商品需要征税,而贡品却不需要。通常跟随贡品而来的使团成员还会夹带着自己的私货在大明售卖,售卖这些私货的所得在明朝早期也是不收税的,这自然是美事一桩。那要来的人不挤破了头? 还真是这样。由于大明在朝贡政策上一直实行的是"厚往薄来"政策,所以朝贡一事对于进贡的这些国家来说,无论于公于私都是稳赚不赔、获利颇丰的好事。正所谓"无利不起早",所有听闻此事的国家都"争先恐后"地来大明朝拜,进贡的热情十分高涨。朱元璋一看这不行啊,偶尔来朝拜还能应付,隔三岔五一拨拨地来,大明再有钱也禁不起这么折腾,于是他给各国来贡都确定了贡期、贡道。

"贡期"就是朝贡的间隔时间。大明规定,有的国家是"三年一贡",有的是"两年一贡",像当时朝鲜跟明朝廷的关系很近,就规定它"一年一贡"。再比如日本,由于胡惟庸案中胡惟庸的罪行之一就是勾结日本谋反,再加上倭寇横行等原因,明朝廷给日本定的是"十年一贡"。

"贡道"则是明朝廷规定好的朝贡路线。大明在宁波、泉州和广州分别设立了市舶司,用来接待海外各国来明的贡使。海路来的使团,只能从这三个地方上岸。而陆路来的使团必须先到嘉峪关,办理完相关手续才能入境。

虽然规定好了贡期和贡道,但是很多使团并不遵守。比如规定三年来一次,结果还是年年来;规定好进京时间和路线,使团却故意在中途停留。要知道,使团所到各处都由当地官府负责接待、宴请,甚至征发百姓替使团运送物资,所以这些外国人耽搁的时间越久,当地官府和百姓的负担就越重。

使团停留可不是为了欣赏我泱泱中华的壮美河山,也不是为了报答深情厚谊而自愿参与经济建设,他们不走是为了销售私带的货物、采购所需商品。要知道当时来中国的使团从某种意义上来说,就是一个商队。队内真正的外交人员只占很少一部分,其余的几乎都是商人,造成这个现象的主要原因就是暴利。

一般说到暴利,离不开两个条件:一个是成本低,一个是获利丰。来大明朝贡,这两点都占全了。

首先说成本低。前文说了,来大明朝贡是免税的。一方面贡品免税,另一方面使团成员夹带的私货也免税。

当时外国的进贡使团来到大明,携带的东西会分为两份,其中一份是贡品。贡品也可细分成两部分,一部分是要上交给大明天子的,另一部分是贡使拜见太子、亲王和大明高官等权贵时作为礼物赠送的。除去贡品,剩下的物资,大明是允许使团公开售卖的,但是售卖地点和时间得遵循明朝廷的规定。一般来说,使团只能在京师的会同馆和沿海的市舶司进行交易。

前文说过,市舶司类似于如今的海关。使团抵达大明会先到市舶司,再从此处前往京师。市舶司会验证"勘合""抽分"货物,各种手续和检查完毕之后,使团才能开拔进京。在进京前,使团可以在市舶司内售卖所携带的商品,交易所得明朝廷是不征税的。

到了京师,接待使团的事情就由会同馆负责了。会同馆从属于礼部,使团来到大明的一切衣食住行、给赐、礼仪甚至交易的事,全都由这个部门负责。在完成全部进贡、赏赐、馈赠等事宜之后,会同馆会张贴告示,告知开市时间。到了时间,来交易的人就进入会同馆和使团人员进行交易。当然,在会同馆之外私自交易或者贩卖军用物资、武器等禁品的使团成员会被禁止入明,而帮助使团成员购买禁品的大明子民则会被法办充军。

可以看出,只要进贡使团老老实实按照大明的规定办,所有的交易都是免税的,挣的每一分钱都是直接进入他们自己腰包里的。

这种情况一直持续到大明正德年间。说到这里,咱们就得提一提前面说到的"抽分"。"抽分"是一种税收制度,在唐宋时期就有,当时叫作"抽解"。前文提到,大宋是从商品中抽出十分之一的货品当作税来收取。到了大明,这个抽分(抽解)就不一样了。首先,明朝廷要抽取进口商品的十分之六押解进京。看到这儿,估计您会惊呼:"居然这么多!一多半的商品都被拿走充了税了!"您别急,要真是这样,朝贡贸易早在朱元璋时代就戛然而止了,何至于等到正德年间。要知道正德年间也只是十抽其二,结果外国客商就撂挑子不干了。他们倒不是不做买卖了,而是自己组团,不跟着使团了。当时,大明的私人海外贸易刚开始发展,虽然还没达到"隆庆开关"之后的高度,但是相比明朝初期已经有了很大改观。明朝的地方官员也知道私人海外贸易无法禁绝,所以秉承"谁干都行,缴税即可"的原则,对此事也就睁一只眼闭一只眼了。那些外国客商不跟着使团来,贡使们也就不愿意来了。毕竟山高路远,当初的热情并非出自对大明的真心朝拜,而是被朝贡的暴利所吸引。现在明朝一征税,他们来的兴趣骤减,逐渐地,除了几个真心的铁杆盟友以外,其他国家的使团就不再与大明来往了,这就是正德年间朝贡贸易衰落的主要原因。大明按照常理征个税,外国使团就跑了,足以说明万邦都是"有利则聚,无利则散",大明的朝贡政策自然算不上成功。

接下来,咱们再回到大明的"抽分"上。这个政策的奇葩之处就在于拿走的十分之六的货物,大明是给钱的,而且给的还不少。相当于大明朝廷用高出市场价许多的钱把这十分之六的商品买走。举个实例,您就知道大明这钱给的有多高了。宣德四年(1429),日本使臣带来红铜和苏木两种货品,当时市价为红铜每斤白银六分,折合铜钱六十文,大的苏木每斤白银八分,折合铜钱是八十文。而大明给的价是红铜每斤三百文,大苏木每斤一千文!这就是百分之百的冤大头啊!而且对方收的这十分之六货物的货款也是不用缴税的!这不仅仅是冤大头了,确切地说是败家子了!

在"厚往薄来"的政策下,唐宋时期的海关关税制度到了明朝就变成了一种福利制度,直到明武宗正德年间,才恢复它作为关税的本来面目(当时税率为十抽二)。至此,"抽分"作为福利制度在大明实行了将近一百四十年的时间。

到此为止，说的都是官方允许、摆在明面上的交易，接下来要说的就是使团成员私下贩卖、采购的事。使团成员总是赖着不走，故意延误进京时间，目的就是要进行私下交易。

由于给大明朝贡的利润太高，各国进贡的使团里充斥着大量的商人。《明史·列传·卷二百二十》中写道："番使多贾人，来辄挟重赀与中国市。"虽然这说的是嘉靖年间的事，但体现了外国使团来明的传统。

代表国家脸面的外交使团怎么能加入这么多不守规矩的商人呢？这都是因为超高的利润使然。

马克思的《资本论》中有段名言："……资本害怕没有利润或利润太少，就像自然界害怕真空一样。一旦有适当的利润，资本就大胆起来。如果有百分之十的利润，它就保证到处被使用；有百分之二十的利润，它就活跃起来；有百分之五十的利润，它就铤而走险；为了百分之一百的利润，它就敢践踏一切人间法律；有百分之三百的利润，它就敢犯任何罪行，甚至冒被绞首的危险……"这些商人就是资本家的代表。明朝廷这种贸易方式必然引来大批追逐高额利润的外国商人。

进贡的"利润"到底有多高呢？这就引出了我们要说的第二点，获利丰。首先是来进贡的使臣们获利颇丰。比如，成祖永乐年间规定，来的外国使臣，除了国王、王后以外，其他人员都按照相应的等级来赏赐，"三品、四品，人钞百五十锭，锦一匹，纻丝三表里。五品，钞百二十锭，纻丝三表里。六品、七品，钞九十锭，纻丝二表里……"

大明宝钞以五贯为一锭，而一贯为铜钱一千文。这么看，单从纸面上的数字来说，给的钱不少。不过前文说过，宝钞在朱元璋当政的洪武年间就已经贬值得很厉害了。这里再举一个例子，洪武十八年（1385）二月二十五日到十二月，也就是从春节过后到当年腊月这将近一年的时间里，宝钞提举司里面580名制钞匠一共做出了发行额为9946599锭的宝钞。按刚才说的换算比例，相当于49732995贯。按照朱元璋制定的比率，一贯宝钞等于一两银子，这就相当于白银5000万两。可当时大明每年国库收入才几万两白银，一年的发行额竟然是国家财政收入的一千倍,这钱能不贬值吗？

插了几句宝钞,为的是说明这种在洪武年间已经不值钱的东西,到了成祖那个时候也就是个礼仪用品，赏赐之物里只有纻丝是值钱的高档货。具体多高档,后面的章节会专门介绍,这里就不多说了。

从这里我们可以看出,无论朝贡的人带来什么礼物,哪怕是树叶,大明也会按照等级回以厚礼。此外,还经常有特恩和加赐,遇到年节假日,赏赐更是不可胜数。对于所贡的物品,大明也是按照其几倍的价值回赠。就连抽分的货物,大明也都给以厚利。

既然成本低、获利丰,那么各国使团和商人来明的热情肯定就会持续高涨。如前文所述,大明给各国规定了贡期、贡道,无奈各国使团实在是"热情",拒不遵守,这里面最会钻空子的当属日本人。

日本国小,自然非常需要对外贸易,而他们对外贸易的主要国家就是大明。日本出口到大明的商品无非就是工艺品、木材、刀具等,品种少,数量也不多,而且,大明最喜欢的是南亚出产的各种奢侈品,对日本这些商品本身就不太感兴趣,再加上真假倭寇横行和禁海,日本想和大明做生意的路算是被彻底堵死了。因此,受贸易利益驱使的日本人开始想方设法地钻明朝朝贡制度的空子。办法很简单,比如虚报使团人数、夹带私货（据说当时日本人通常携带十倍于贡品的私货用于走私）、抬高贡品价格、增加进贡次数。

明朝廷发现这一情况后,也不含糊,来了"三板斧"：砍价（压到日本人报价的六分之一）、砍人数（每次朝贡最多两艘船、二百人）、砍次数（只能十年来一次）。这"三斧子"下去,效果立竿见影。但是,这种直接的方法带来了一个很严重的后果,就是倭寇泛滥。在此不再赘述。

提到对日贸易,"隆庆开关"这个话题不得不说。虽然这个政策可以看成是明朝廷对民间海外贸易的鼓励和某种程度上的"开放",但是限制颇多。此政策只允许在福建漳州府月港（现今福建海澄）一地实行,船舶出海必须申领"船由"（即船籍证书）和"商引"（相当于现在的营业执照，也叫"文引"），后期甚至还对出海船舶数量进行控制，所以这个政策只能算是明朝廷对倭寇横行这种现实问题的一种折中解决方法，不代表其对海外贸易认识的根本转变。

估计您会有疑问，为什么讲到对日贸易还要提到"隆庆开关"？很简单，绕不开呀！

"隆庆开关"后，明朝廷允许民间进行对外贸易，但对进行外贸的港口和贸易次数有着严格的限制，不过这些限制是对别人而言的。对于日本，大明政府的政策很简单，就两个字：禁止。您没看错，即使在"隆庆开关"时期，也就是大明对外贸易政策最开放的时候，明朝廷也是严令禁止海商前往日本的。但是偷着去的人还是很多，包括后期许多明朝的官员也参与到对日贸易中，因为朝廷越是禁止的，获利越是丰厚，以至于后来明朝廷也默认了对日贸易。

所以，"隆庆开关"以后，日本成为中国在东亚地区最大的贸易伙伴。当时全球有两大产银地，一个是美洲，一个就是日本，而因为海外贸易，这两个地方的白银源源不断地流入中国。整个明朝时期，中日之间虽然彼此不合，没怎么消停过，但是双方的贸易几乎没有断绝过。不管是官方正式的贸易往来、朝贡，还是暗处的走私、倭寇，双方始终有牵绊。所以就像说到亚洲历史不能绕开中日两国一样，说到"隆庆开关"这个话题，也绕不开日本。

但是，"隆庆开关"的局限性比较大，受限颇多，据此也能看出大明朝廷的保守。不过此举的确使大明私人海外贸易蓬勃发展起来，人们通过各种正规、不正规的手段获得"商引"，出海贸易。从此以后，中国商人遍布南洋、西洋，而中国商品更是遍布全球。"隆庆开关"之后，明朝廷对私人海外贸易也是睁一眼闭一眼，任由其发展。据估算，明朝后期大明平均每年进出口总额达到约一千六百四十七万两白银，而盈利高达九百四十二万两，海外贸易的发达可见一斑。

让我们说回各国使团、商人踊跃来明。在那个阶段,各国的"热情"没少让明朝廷头疼。比如规定某国三年以后再来,可是转年他们就带着贡品跑来进贡。如果把进贡使团赶出去,可人家是来进贡的,于情于理使不得;如果就这么接待了,那大明等于是向全世界宣布,他们的规定不算数,各国都可以不听。于是,为了整治包括日本在内的众多"不听话"的国家、使团,防止海商借机牟利,左右为难的大明实施了"勘合"制度。

"勘合"制度不是大明首创的,在中国古代就已经有了。所谓"勘合",一般来说就是将文书、契约之类的文件,在要撕下的位置盖章,撕开之后,双方各执一半。到使用的时候,两半合在一起,校验上面的文字和骑缝章,完全符合就能发挥其应有的效力。古时调动军队用的"虎符",就是一种特别形制的"勘合"。

大明发的"勘合"基本上也是这种形制,外国番邦一半,大明留有一半。番邦手中和大明自留的"勘合",明朝廷都分别登记造册,留底内廷备查。同时,番邦手中"勘合"的底簿,大明会照抄一本,交给异国番邦进贡时首先会到达的省份布政司留存,而大明手里"勘合"的底簿也会抄一份给番邦。

到规定的时间,外国使团来明,接待省份的布政司会首先拿出底簿来查验使团手中的"勘合",比如大明就发了该国一百个"勘合",一个"勘合"对应一个人,最多就能来一百人。没有"勘合"的一律不接待。这就把搭使团便车的商人清理出去了。查验没有问题的使团就可以启程去京城。到了京城,礼部官员把大明存的"勘合"拿出来和使团的放在一处对验,相合之后,使团就可以进行朝贡了。

这就是大明海路朝贡的基本情况,实际情形更加复杂。下面咱们说说陆路进贡的情况。

陆路进贡的使团要远少于海路,但是明朝廷为陆地上的"贸易"所花费的不比海路少。因为明朝廷得全权负责进行贸易的"外交使团"从边关到京城一路上所有的衣食住行等问题。具体接待事宜都由各地方驿站负责。那时候的驿站主要职责是处理军事信息和传递、收发政府公文，所产生的费用由地方政府和军队分摊。这些接待费用也由军队和地方政府负责，具体分摊比例是军队为二，当地政府为八。

当时的陆上贸易使团主要由西域而来，所有外国人都得在嘉峪关处等候，这时就会有好多的外国商人请求加入使团队伍，当然，加入不是无偿的。所有人组成一个大团，不同人根据实力大小也会被区别对待。大客商和使节可以一路去京城参见皇帝，领取高额的赏赐。小的商人虽然去不了京城，但是可以在边境地区把所带货物卖掉，虽然比不上去京城赚得多，但也能赚得盆满钵满。

关于这方面的描写，您可以阅读一本叫作《中国纪行》的书。这是一个叫作阿里·阿克巴尔的中亚人写的，他在1500年（明朝弘治十三年，即明孝宗朱祐樘在位期间。朱祐樘是明朝第九位皇帝，曾祖父是朱瞻基，朱瞻基的祖父就是明成祖朱棣）前后来到中国，在书中他记录了跟随使团进入中国的情景。他们当时管北京叫作"汗八里"，比较有意思。

我们看看他是怎么写的。书中写道，承接这些西域来的使团接待任务的主要是各地的驿站。这些来访的使团十人为一组，中国人为每一组人（包括他们所携带的物品）登记造册。十个人里只有两个人被允许前往汗八里（北京），其他人就留在甘州，也就是今天的张掖。所有去汗八里和留在甘州的人的衣食住行等一切费用都由明朝廷负担。去汗八里的人一路上的生活可以用"奢侈"来形容。驿站每天都会提供活羊，每五个人一只，每人每天还可以得到五升大米、面粉以及数量不等的柴火还有全套的炊具。此外，每个人还给发放十套全新的枕头、被褥等床上用品和睡衣，睡衣是用全新的丝绸或者绒布做成的，够使用者用个四五年的。这些被褥、睡衣等在使用者启程离开入住的驿站前往下一个驿站的时候，可以全部带走，除了一次性缴纳40银币的税钱外，没有其他费用。另外，驿站还给每个客人配备了彩缎绣织的高腰鞋以及一匹配齐马鞍和缰绳的马，还有两个童仆，童仆手里还拿着烧酒坛子。这还不算，为了让客人可以顺利地拿走这么多东西，驿站还配备了专门的马车，每个客人配两三辆双马驾辕的马车，最多一个人配了十辆！客人们就这么驾着马车奔向下一个驿站。

这位阿克巴尔在大明走了一百多天才到汗八里，据他说，每天都是这样，来回都是这样。这种"超国民待遇"让您听了是不是有些吃惊？别急，后面还有更让你瞠目结舌的。

陆上的客商一般都会带着马、狮子、豹、猞猁、羊毛、皮张、貂皮、钻石、玉石、珊瑚等贡品。当时的中国人会把外国使臣拉货物的马就近给边防士兵使用，进贡的良马送去汗八里。一路上，每匹良马都会有二十名杂役护送，马的前面有六个人开道，马的左右和后面都有人举着顶上挂着灯笼的各色仪仗一同行走。

良马的待遇就够高的了吧，狮子比良马珍贵十倍，待遇也好上十倍不止，但是怎么个好法，阿克巴尔没说，就说了豹和猞猁差一些，它们的饲料比狮子少一半。

阿克巴尔说，进贡一头狮子可以得到三十箱财物的赏赐，这里面包括衣料、缎子、布匹、鞋袜、马镫、铁马鞍、剪刀、针等，每种东西大约有上千件，而进贡豹和猞猁得到的赏赐是狮子的一半，进贡一匹良马所得也就三箱，正好是狮子的十分之一。除了这些，还会赏赐来使每人八身衣料绸缎，另外还有别的颜色的衣料三件，每件可以做男人衣服两件。

对于"进贡"的描述大概就这么多，当然还有许多详细的细节没有摘录进来。《中国纪行》这本书成书是在1516年（正德十一年，即明武宗朱厚照在位期间。朱厚照是明朝第十位皇帝，是阿克巴尔访明时在位的明孝宗的长子），也就是作者到访中国的十几年后。作者踏入中国的时候正好是明朝中期明孝宗时，此时经过孝宗努力，大明呈现出"弘治中兴"的景象，国力虽不如明前期（明仁、宣二朝被公认为明朝国力最强的时候），但也已开始恢复。

从这位阿克巴尔的记录中，也可以看到当时的大明国家安泰、民众安居乐业。"中国治理国家有方、法纪严明，这种情况除了中国在别处少见，在那里没有偷盗、违法乱纪和凶杀事件。"书中像这种对当时中国的赞美之词不胜枚举，在这里我们先谢谢这位国际友人。是他，让我们知道大明的辉煌与文明。当然，作为受益者和外国人，阿克巴尔看不到书中所写的这种进贡制度给明朝带来的危害。就连书中作者经历的那个"弘治中兴"时代的缔造者明孝宗，都对朝廷同西域的交往活动感到力不从心。

在这里要补充两句，刚才所说的阿克巴尔对我中华的赞美之情在那个时代的国际社会上很普遍。当时中亚人、阿拉伯人等西域胡商来到中国，他们看到了中国的实际情况，对中国的评价还算客观。但是，对于远在西边的欧洲人来说，他们对于中国的评价只能是从接触的丝绸、瓷器这些中华文明的物产上来想象。整个中世纪的欧洲都对中国以及中华文明有一种崇拜。在他们看来，自己的祖先茹毛饮血之时，伟大的中国人就已经在黄河边喝茶赏月，"从一种奇特的树皮里抽取丝线，织出美丽的丝绸"，甚至已经在轻巧的竹简和纸张上书写诗词了。这种比较给当时的欧洲人带来的是深深的自卑感。

这种自卑感在欧洲启蒙运动时期到达了顶峰，此时的欧洲刚经历了文艺复兴运动，走出了长达一千年的愚昧与封建，遍布着"东方优越论"——只要是中国的，就是好的。翻开那时的著作，"当中国已经……时，欧洲还……"的句式俯拾即是。

在当时欧洲的知识分子看来，没有教会把持的、统一的中国无论从政权体制还是文化、人民、经济、军事等各个方面都比四分五裂的欧洲要强得多。比如法国启蒙思想家、文学家、哲学家伏尔泰，这位"法兰西思想之王""欧洲的良心"说过中国人"具有完备的道德学，它居于各科学的首位""在道德上欧洲人应当成为中国人的徒弟"。他在《哲学词典》里"光荣"条目下赞扬中国是"举世最优美、最古老、最广大、人口最多和治理最好的国家"。他甚至在他的小礼堂里供奉孔子的画像,并对外宣布"世界历史始于中国"。你以为只有他这么"迷"中国吗?错!向往中国的人还有不少,比如德国哲学家、数学家莱布尼茨认为中国拥有人类最高级的文化和最发达的技术文明。他的学生,德国著名的哲学心理学家、数学家沃尔夫更直白,直接认为中国就是现实的乌托邦。

当然了,我们现在知道,没有任何一种文明、国家是没有缺陷的,所谓捧得越高、失望越大,这在后来英国人乔治·马戛尔尼出使清朝的时候得到了验证。这位仁兄赶上了著名的"康乾盛世",但这个"盛世"只是清朝政府的一厢情愿,"是堕入黑暗前的落日余晖",是一个行将就木之朝代的回光返照,也是封建王朝告别历史舞台的谢幕表演。西方人赶上这个时代来到中国,我们很难说,到底是双方的幸运还是不幸。

我们接着说回明朝,当时明朝的朝贡制度已经让明孝宗感觉力不从心了。无论是海上还是陆地,所谓的贸易,就是一桩桩赔本的买卖。这样赔本做买卖的目的就是为了"名",即名义上的"归顺",满足大明在国际政治秩序排序中位列老大的虚荣心。这种做法必然会导致财政上吃不消。补救措施通常就是削减开支。但实际情况是,当时中国周围有不少喂不熟的"白眼狼",他们来到大明不是因为多么尊崇或者敬仰中国,而是因为来到中国有利可图。当喂肉喂习惯了,一旦哪天不给喂了,先前的"好"就变成白眼狼们心里的"恨"了。海上的有日本,陆地上的就是瓦剌了。日本人当时最多就是多报点儿使团人数、夹带点儿私货、来的次数多一些,翻脸了也就是闹闹倭寇,对大明的统治不会造成根本性的威胁。瓦剌就不一样了,比如规定一百人的使团他们却来了两千多人,还是武装使团,最过分的一次来了两千六百二十八人。这两三千人一路上的吃喝住行都由所经各地官府、驿站、军队负担,而且大量拥入的瓦剌人使所经各地的治安情况恶化,瓦剌人殴打甚至杀害当地人的事情时有发生,各地官府苦不堪言。

明朝廷规定瓦剌最多一年只能来一次,但是他们偏要一年来两次。

除此之外,他们还用不值钱的东西充当贡品索要大量赏赐,朝贡逐步变成对大明的勒索,不仅要铁制农具(瓦剌人拿回家可以直接熔化了铸成兵器),还要大明的公主(强行和亲)。大明看瓦剌人如此无赖,立马要求据实核查使团人数,发现使团人数竟然只有瓦剌人申报人数的五分之一。于是,大明告诉瓦剌人,使团费用和赏赐据实结算。这样一来,理亏的瓦剌人倒先急了,他们的大统领也先命瓦剌骑兵攻击大明,从而引发了"土木堡之变",明英宗直接成了瓦剌的俘虏。要不是大明有个于谦,明朝很有可能就和宋朝一样分成"北明""南明"了。

　　知识的匮乏以及由此带来的政策失控,使得金融与贸易成了大明身上永远好不了的伤,一碰就疼,一看就堵心,这种心态让大明对金融、贸易越来越敌视,以至于到最后直接闭关锁国、圈界禁海(当然闹倭寇也是主要原因之一)。这样做使得大明的势力完全从大洋上消失了,郑和七次下西洋开创的航路和建立的港口、官厂最终都没有转化成贸易线路为大明所用,这种短视的决定也是基于明朝廷讳疾忌医的思想和官员们在金融、贸易领域的知识近乎空白的现实。而此时,西方探索世界的大航海运动正进行得方兴未艾,估计朱元璋也没想到,自己这些决策竟然影响了中国封建王朝未来四百年的国运。

　　我们再回到郑和舰队到达占城的时候。

　　前文讲到,水手们用打牌来排遣寂寞。说到空虚寂寞,这是远洋航行的水手都会遇到的问题,所以,好多港口都会有烟花之地。这个占城国的国王深谙此道,欢迎郑和船队的时候就带着大量的美女。迎接仪式上宣读完圣旨、接旨、双方互赠礼物等步骤结束后,船队官兵们就拥着一群美女饮酒作乐。

　　舰队到了占城,完成使命后,郑和派遣数百官兵驻留当地,一边拓展与当地的联系、维持大明势力在当地的存在,一边等待郑和返程时再随舰队一起回到大明。

　　过了一年多,郑和回程再次来到占城国的时候,发现那数百官兵跑了一大半,留下的人也以年龄大的为主。究其原因,其实很简单——在此地安家了。当地女子热情且貌美,当时出洋的明军也是身经百战的精锐,无论从外形、体魄、气势、精神面貌等都远胜当地男子,自然成了当地女人眼中的"香饽饽"。于是,不少明朝官兵决定留在此地,甚至官都不做了。郑和知道了这件事,也只能默许,这也算是最大限度地"拓展与当地人的联系"和"亲善"了。

再回到郑和为出航做的周到准备上。说到周到,船上还有雇来的老农。按理说宝船再大也没有大到有田地能耕作的地步,其实这些老农不是来耕田或者来照顾花花草草的,他们是负责查看天气的。靠天吃饭的年代,农民对天气变化最为敏感。不过,史料上这点记录恐怕有些不合常理,按说船上雇来的不应该是老农而应该是老渔民,毕竟陆地上的气候和海上气候不一样,老渔民貌似比老农更适合这样的岗位。

除了老农或者老渔民,船上还有一帮僧人、道士。郑和曾传令,船上僧、道占卜、解梦只许卜吉不许报凶。这些算卦的道士到了占城非常受欢迎,以至于摊位经常被围得水泄不通,这个估计多少有点儿出乎郑和与道士们的预料。

咱们刚才说的占城国王是锁俚人,从大的方向讲属于印度半岛东海岸那边的人。占城国从朱元璋的洪武时期起就朝贡大明,朱元璋"赐文绮、纱罗诸物甚厚,并赐《大统历》"(《明史·列传·卷二百十三》),之后成祖永乐年间,双方更是来往密切。在后文中大家会发现,郑和舰队途径的好多地方的国王都是锁俚人。

说完国王的老家,再接着说国王。此位占城国王笃信佛教。他头戴金嵌三山玲珑花冠,史书记载"如中国付净戴者之样",翻译成白话就是跟唱京戏的花脸戴的头饰一样,身上穿了一件五色如锦绸花番布长衣,下身围了一条色丝手巾。这位国王腿脚还不利索,走路有点儿跛。他出门不骑马,骑大象。除了骑象,这位好客的国王还坐两头黄牛拉的小车,经常在土道上一骑绝尘。大臣们的打扮总体来说和国王差不多,区别在于大臣们戴的头冠是拿棕榈类植物的叶子做成的，里面用金彩桩装饰并以此来区分等级，衣服全都是不过膝的长衫再围上小手巾。

另外，白色是王族独有的颜色，平民老百姓只能用玄黄、紫色的，用了白色就是死罪。老百姓平时无甚打扮，男的不梳头发，女的梳发髻盘于脑后，都穿抹袖短衣，下身当然还是小手巾，都光着脚。

说完了穿着，再说说他们的住所，先说王宫。王宫还没咱这儿同期县太爷的衙门好呢。虽说比不上咱们，但是王宫嘛，总得有点儿气势。屋高，但具体多高，史书上没提。屋顶上铺盖细长的小瓦，四周墙壁用砖和灰搭砌，大门选用硬木，上面雕刻着用作装饰的各种飞禽走兽。整个王宫虽然不怎么富丽堂皇、威严庄重，但也非常整洁，处处显着古朴。出了王宫，再看看老百姓家。百姓之家都是茅草屋，坐南朝北，不仅简陋，而且高度绝对不能超过三尺，也就是现在的一米左右，盖高了就有罪。史书记载，百姓"躬身低头出入"。

不用说，这个国家肯定四季炎热、树木常青。这里出产伽蓝香（沉香的一种）、观音竹、降真香、乌木。尤其是伽蓝香和乌木，是同类物品中的极品，只此地有，价格昂贵，常常直接用银子兑换。那个观音竹非常奇特，跟长藤一样，长度大概有一丈七尺的样子，通体似铁乌黑，一寸之内就有两三个竹节，也是当地独产。

除此之外，此地还有不少稀奇古怪的特产。下面是清单，您慢慢看。

1.玳瑁

一种海龟，它的角质板可以做装饰也可以入药。另外，它的胃出奇的好，是唯一能消化玻璃的海龟。

2.朝霞大火珠

一种形如鸟卵、类似水晶的物品，中午把它放到太阳光底下，能把草引燃。

3.菩萨石

水晶的别称。

4.蔷薇水

此物滴淋在衣服上,味道经久不散。

5.猛火油

此乃当地水战利器,遇水燃烧更猛。

6.苏木

这种木材既可做细料打家具,也可去皮晒干做燃料,还可入药,活血化瘀,主治跌打损伤等。

7.芘澄茄

一种中药,主治胃寒、腹冷。

8.白藤

一种植物,可用来编织藤器、制作家具等。

9.吉贝

此物就是印度棉花或者棉布,又称"劫贝"。

10.白氎(dié)布

指白色的细棉布。

11.贝多叶

一说是一种多罗树的叶子,另一说是写经用的树叶。

12.龙脑香

此物是龙脑香树树干中油脂的结晶,俗称冰片,具有开窍醒神、清热止痛等功效。郑和的船队途径的各国中有不少国家出产此类药品。

13.乳香

属于树脂的一种,古人一般都通过刀砍斧剁来获取。流出树木表面的起先是液体,然后就会凝结成固体。

此外,还有沉香、檀香、丁香、槟榔、茴香、胡椒、丝绞布、甘蔗、椰子、孔雀、山鸡等特产。

除了这些稀奇古怪、种类多样的特产外,占城这地方还盛产犀牛和大象。其实想想也是,这里属于热带地区,这两种动物也多生活在这种区域。这里的犀牛体大皮黑，身壮者得七八百斤，不吃草料，只吃当地特有的一种刺树上的刺叶。犀牛和大象多，自然犀牛角和象牙也很多。犀牛角最大可有"一尺四五寸"（半米左右）。此地犀牛长得个大，但是马却生得矮小如驴。

此外，这里的牛也不少，主要是黄牛、水牛。这两种牛每日辛苦劳作，帮人们干农活、运东西，但是有一种山牛，每天优哉游哉，不干活，还经常来到正在干活的黄牛、水牛面前瞎显摆，那两种牛也不生气。为什么呢？别看这山牛平时不干活，四处招摇，但是当地有一个习俗叫作"杀牛祭鬼"，杀的就是这种山牛，别的牛还不行。

除了牛，这个地方也有猪和羊，就是鸭子和鹅比较稀少。鸡也有，不过比咱们见过的鸡小不少，最大的才二斤。公鸡红冠白耳，煞是好看。这鸡在人手中也不惊慌，肆意啼叫，惹人喜爱。

此地和其他热带地区一样，盛产各种水果，比如梅子、橘子、西瓜、椰子、菠萝蜜、芭蕉子等。这里的菠萝蜜个大味甜，据说中间的核放锅里炒着吃跟栗子一个味。

此地人爱吃黄豆，但是也仅此而已，什么豆腐、豆皮、豆干之类的见都没见过，更别提做了。郑和来了之后一看，心想这事儿简单啊，舰队有的是大厨，手把手地教当地人，从此占城人民就过上了随便吃豆腐的美好生活。不过据说占城的豆腐发硬发粗，至于鲜嫩软滑的嫩豆腐，他们一直做不出来，不知道是工艺、水源还是豆子本身的问题。除了水果和黄豆，这边还有黄瓜、冬瓜、芥菜等蔬菜，种类比较少。

当地人以捕鱼为主业，从事耕种的人少，种植谷物的地方也不多。此地没有麦子，只有一种米粒细长，通体发红的米，据说非常耐贮存。当地人喜欢将槟榔和荖叶裹在一起，加上蚌灰不停咀嚼，传闻可以排毒、去瘴气。

此地风俗与中国不同。当地人非常凶悍，打架、作战从不含糊。像前文说的猛火油，他们用的比水还勤。当地每年还有"驱象逐邪、焚衣祭天"的大型群体性文娱活动。这项活动从每年的正月初一开始,当天人们牵着大象在自己家门口绕行,然后把大象驱离城市,这就叫作"驱象逐邪"。到了年底,也就是十二月二十五日的时候,要在城外搭建木塔,国王和民众将奉献出来的衣服、香料等物放到木塔上,然后点燃,一起焚烧,这个就叫作"焚衣祭天"。当然,这一年除了一头一尾的活动,年中也不闲着,比如四月有游船踏青的活动,十一月十五号是冬至,也算过节,大家互相庆贺,当然,少不了吃吃喝喝。

看到这里您或许会问,这么准确的日期,是用中国的历法还是占城当地的,抑或是占城他们改个称呼直接照搬咱中国的历法用呢?

这个其实想想就知道,占城用的当然是中国的历法。古代中国有着非常先进的天文历法,周边国家都以中国的立法为准,占城也不例外。史料记载,明太祖洪武二年(1369),大明王朝开国皇帝朱元璋在位的时候,就给过占城《大统历》。到了明成祖朱棣的时候,成祖又赐给了占城《大统历》,当然是由郑和带过去的。送去这套历法的时间应该是永乐十五年,也就是1417年郑和第五次下西洋的时候。

由此看来,中华文明的辐射范围还真不是一般的大,周边国家文化、生活的方方面面都有着中华文化的烙印。当然了,不同的方面还是有的,咱就拿"婚丧嫁娶"这些大事的"婚"来说说。当地的婚俗就与中原地区截然不同。中原地区是男方迎娶女方进家,而这个地方是女方先下聘书,相当于女的"娶"男的,正因如此在当地有"女贵男贱"的说法,《晋书》《南齐书》《梁书》等多有记载。除此之外,当地婚姻基本上都在同姓之间进行。这在当地属于约定俗成的民俗,这种流传下来的世俗观念很难被打破。

刚才说到,男方要先去女方家结亲办喜事,在女方家住半个月左右,之后再由男方家敲锣打鼓把新郎新娘一起接回男方家。男方家的亲戚朋友围坐一堂,饮酒作乐,共同庆祝新人喜结连理。这庆祝的喜宴上少不了酒,但是他们的酒也与中原地区的不太相同。中原地区是将酿好的酒拿来，大家喝完一坛再开一坛。而他们的酒是在粮食中加入发酵的药粉，装入坛子中密封保存起来，等发酵好了，拿出来供大家饮用。跟咱们拿碗喝、按照辈分和地位尊贵依次倒满酒不同，占城人围着酒坛子一圈坐好，拿一根长十厘米左右的细竹筒当作吸管，根据喝的人数往里面兑水，大家拿竹筒轮流吸。好不容易这轮喝完了，按常理该换个坛子大家接着喝了，但是主人家直接拿水过来接着兑水。大家抱着这个坛子继续轮着喝，喝完再兑水，如此反复，直到最后没有了酒味才算结束。

这样看来，这里的食品卫生好不到哪儿去。《明史·列传·卷二百十二》中对于这方面的描写比较直白——"饮食秽污，鱼非腐烂不食，酿不生蛆不为美"。

占城这个地方通行汉字，读书人读的也是《论语》《孟子》之类的儒家著作，甚至官方往来书信都用汉字书写，所行礼仪也都与当时大明相近。但是这里的人不会造纸和制作书写用的毛笔，文房四宝更是奢求。解决的方法因财力不同而不同，当地的有钱人把羊皮锤薄了当纸，没钱的把树皮熏黑了当纸，然后用白粉在这些"纸"上面写字。

这个国家的刑罚非常简单粗暴。惩罚犯了小错的人，就拿藤条抽背，一般抽个五六十下甚至一百下，具体数字得看犯罪的轻重程度。如果犯罪的人被处罚的时候已经死了，那就不是单纯被抽打了，毕竟死人感觉不到疼了，得再严厉些才能震慑其他犯罪者。行刑时，死的人犯会被绑在树上，该抽多少下还得抽多少下。接下来行刑的人会拿梭枪"舂"犯人的咽喉，力度极大，以至于捣烂脖颈，使受刑之人身首分离，场面十分残忍。比抽打严重一些的刑法是割鼻子；偷窃者被抓住了就会被剁手；故意杀人、抢劫杀人的，则会被专门训练过的大象猛踩或举高后砸向地面。

以上刑罚还算普通，还有一些比较恐怖的刑罚，比如从印度地区"引进"的"桩刑"（亦称"贯削木"），专门用来惩罚罪重之人，由于过于残暴、血腥，就不展开细说了。

面对令受刑者生不如死的刑罚，有没有方法能让犯人少受点苦呢？

当然有！金钱开道，百试百灵。比如清朝砍头，有钱打点刽子手的，刽子手会把刀磨得很锋利，并且找准两块颈椎骨之间的骨缝下刀，受刑者几乎没有痛苦，而且刀口齐整，方便事后二皮匠缝合、下葬。要是没钱或者被记恨，那犯人就会生不如死。比如，根据胡致廷所著《谭嗣同就义目击记》里的记载，"戊戌六君子"中的谭嗣同受刑时被砍了三十多刀，剩下的"五君子"也大抵如此。这一方面是因为清政府对谭嗣同等人抱有刻骨仇恨，另一方面是因为依据大清刑部定例，杀老百姓与杀官员用的刀不一样，犯人的官级越高，受刑时用的刀越钝，而"六君子"中除了康广仁以外，余下的都是朝廷官员。不过让清政府没想到的是，"戊戌六君子"受刑时的惨状，不仅没有吓退革命党人，反而激起他们不怕牺牲、将革命进行到底的决心与勇气，更让他们认识到推翻清朝腐朽王朝的必要性与紧迫性。在此之后，受"戊戌六君子"英勇就义的感召，各地革命运动风起云涌。

接下来咱们再说回占城。

这个国家一年分十二个月，但是没有闰月。夜里分为十更，也是有巡夜的人敲鼓为号。他们的国王如果当满了三十年，就要退位出家，让他的兄弟子侄去管理国家，自己跑到深山老林里去持斋受戒，吃素、独居一年。这期间这位前国王还得对天起誓："我（原）先为王，（如果）在位无道，愿虎狼食我，或病死之。"假如一年后这位国王没死，那么他就会再次登基，成为国王，国人称呼他"昔嚟马哈剌扎"，意思大概就是"吉祥王子"，这个就算是至尊至圣的称呼了。

不过，这个完美结局的背后并非如想象中祥和。据《明史·列传·卷二百十二》中的记载，占城国的国王在每年新年的时候，都喜欢用活人的胆泡酒并与家人共饮，甚至以此酒洗澡，对外宣称"通身是胆"。君王"爱好"独特，百官自然乐于迎合。因此，占城国的很多道路旁都埋伏着杀手，杀手杀人取胆必须出其不意，如果被目标发现，他们则立马收手、遁形而去。这不是因为胆小，而是因为受害人如果发现有人要杀害自己,必然惊恐万分,就会因惊惧而"吓破胆",这样的"残次品"就没法用了。大臣们每次进贡的人胆通常用器皿装着,其中中国人的胆被放在最上面,因为它最宝贵。所以每年到了"采胆"的黄金季节,中国商人来占城做买卖多成群结队、武装戒备。

这听起来匪夷所思的事情,不仅在《明史》中有记述,在《瀛涯胜览》里也有明确的描写,只不过我们不知道具体是哪一任占城国王干过这种残暴之事。做了如此暴虐之事,他们还在深山老林里持戒起誓,可谓权力游戏的"障眼法"。

下面我们看看当地是怎么审理冤案的。在当地,如果一起案件连审理的官员也搞不定,那么原告、被告就会被带到当地一个名叫鳄鱼潭的深潭边,双方骑着水牛在潭边贴近水面的地方来回走,理屈者会被钻出水潭的鳄鱼当作"下午茶",理直者则往返数十次而安然无恙。

海边除了会"断案"的鳄鱼,还有冷血的野牛。这群野牛原本是普通人家的耕牛,在某一天,忽然跑到深山老林里过起了自由自在的生活。它们成群结队地四处游荡,看见穿青黑色衣服的陌生人就追上来拿角把人顶死,非常可恶。

除了作恶的野牛,当地还有四座山,而且都很不一般。

先说第一座山,叫作金山。这个不是夸张,它真是座金山,山上有金矿,出产黄金,而且漫山遍野的石头都是金色的。到了晚上更是壮观,《梁书》中记载,满山的金子"夜则出飞,状如萤火",《南齐书》中记载,"金汁流出于浦"。

第二座山叫作不劳山,这座山的位置大概在林邑浦。林邑是占城的古称,而这个林邑浦是林邑(也就是占城)的首都,当地人称该城为"僧伽补罗",意思是"狮子之城",林邑浦只是咱们中国人的叫法。这个位于占城都城的不劳山确切地说是座监狱,而且是一个犯人进来就永远出不去的监狱。不是说刑期长,而是说犯人进里面就得死,有来无回。这山还不收本国人,只收外国人。送进去的人没多久就一命呜呼了,当然就不用劳动了,这么看来此山的名字倒是很贴切。

第三座山叫鸦候山,这个地方对当地人来说有点儿不大光彩。大约在 1283 年,元军攻打占城,当时占城的国王应该是因陀罗跋摩六世,他打仗不行,逃跑却是行家,一股脑儿跑到山林后就遣使求和。也难怪,这么小的国家,在元军面前也只有乞怜的份儿。这位亡国之君躲藏的地方就是这个鸦候山。

最后一座山是占城当地盛产香料的一座山。此处独产棋楠香,属于沉香的一种。大家知道,沉香是沉香木受外伤被细菌感染后,树木自身分泌出来的一种帮助愈合的树脂。由于沉香木本身就是一种珍贵的香料,其成才需要数十年甚至上百年,所以非常稀少。沉香是沉香木病变后的一种产物,其形成过程也是十分漫长,所以沉香就更加珍贵,甚至被列为"众香之首"。宋代沉香的价格就曾高达"一片万钱"。而我们说的这座山出产的棋楠香属于顶级沉香,是沉香中的极品,从汉朝开始一直是中国各朝皇室祭天、祈福、礼佛、拜神等重要仪式中最重要的香材,说它"一片万金"也不为过。

此地商品交易用金或者银,还有吉贝锦。通常中国的青瓷碗碟、玻璃珠、丝织品在这里最受欢迎,可以直接兑换成金子。此国在洪武朝初年,也就是朱元璋在位的时候就遣使到大明朝贡,当时的国王是阿答阿者,使者叫作虎都蛮。该国经常将犀角、象牙、伽蓝等名贵物品敬献给明朝廷,每逢新王临朝,都必定先遣使去明朝廷请命,获得朝廷册封才去继位,如此往复,成为惯例。

第十二章 │ "远得要命"的王国——爪哇国

　　现在到了我们在前文提到的爪哇国了。咱们中国人原来把彻底忘记什么事情说成"扔到爪哇国去了",这个爪哇国就是咱们现在要说的。

　　爪哇国可是个古国,中原地区早先称它为"阇婆",后来《元史》中称其为"麻喏巴歇国",《岛夷志略》称其为"门遮把逸"。这个地方比占城还往南,大约是在今天印度尼西亚的爪哇岛上,离著名的巴厘岛不远,北临爪哇海,南滨印度洋。咱要说的爪哇国可不局限于爪哇岛上,它最鼎盛时几乎占据了现今印度尼西亚大部分的岛屿,这还不够,它还捎带脚圈走了现在马来西亚的南部地区。可以说,当时爪哇国的领土范围基本上相当于现在印度尼西亚的国家版图,甚至还要大一些,毕竟现在印度尼西亚的国土还不包括马来半岛那一块。

　　这个国家当时有四座主要城市,奇怪的是它们都没有城墙。外国船只到来,第一站要去杜板,也称"赌班",现今叫作"图班",位于现在印度尼西亚东爪哇锦石西北;第二站是新村,即现在印度尼西亚的格雷西,在当时是一个重要的商业港口,由于中国人到此创业、居住,所以被称为"新村",村主是中国人;第三站是苏鲁马益,又被称为"苏儿把牙",即现今印度尼西亚东爪哇北岸布兰塔斯河入海处的苏腊巴亚,也被称为泗水;最后一站是满者伯夷。

满者伯夷在当地可谓历史悠久。早在宋朝时期,爪哇岛上有三个国家,其中实力最强大的是东爪哇国。要说这国家,尤其是小国,实力一强大就犹如穷人乍富,它得"作",国家"作"的表现多半就是疯狂扩张。东爪哇国也不例外,一下扩张到苏门答腊岛上,跟当地的三佛齐国杠上了,结果,三佛齐国一下子把东爪哇国吞并了。可怜又可恨的东爪哇国兵败亡国、国王被杀、下场凄惨。

不过天道轮回,爪哇岛上后来崛起的信诃沙里国又把三佛齐国赶出了爪哇岛,并以满者伯夷城为首都(在今印度尼西亚泗水西南),建立了满者伯夷王朝。满者伯夷的国王奉行"要么不做,要么做绝"的处事原则,率领军队杀向苏门答腊岛三佛齐国的老巢,三佛齐国兵败国亡,王子逃到马拉半岛,创建了满剌加国,这个国家我们后面会专门讲到,因为郑和在这里有一次大动作。三佛齐国亡国后,在其发源地苏门答腊岛的巨港,当地一千多华人自发推举广东南海人梁道明为新三佛齐国国王,建立新三佛齐国,这时候大约是 1397 年,也就是明洪武三十年。到了 1470 年,即明成化六年明宪宗朱见深在位的时候,新三佛齐国还是被满者伯夷给灭了国,掐指算算立国大约七十三年。

有明一朝都称满者伯夷国为爪哇国,根据以上史实可以推断,郑和舰队当时到访的爪哇国就是满者伯夷国。那么满者伯夷国的首都就是爪哇国的首都,也就是郑和他们在爪哇岛的最后一站——满者伯夷。

爪哇岛大统领,也就是满者伯夷国的国王就住在都城里。国王的宫殿外围是周长二百余步、高三丈有余的砖墙。院墙之内设有多道门禁,壁垒森严。宫殿算不上富丽堂皇,但是非常整洁,估计跟当地气候多雨潮湿有关,至少不会有漫天的飞沙。您一定有点儿纳闷儿,这个连首都都没有城墙的小国盖个小宫殿至于弄个十米高的围墙吗? 巍峨的紫禁城城墙掐头去尾、四舍五入也才将近十米高啊。

这事儿咱还真得从两方面说。第一,明朝的"尺"或者"丈"跟现在用的"尺"和"丈"表示的长度不太一样。现在的标准是十尺为一丈,三尺为一米,但是明代的实际尺码比咱们说的这个数值要小,小到什么地步呢?最小时差不多是现在数值的一半,也就是说明代的一尺大约相当于咱们现在的半尺。同样有趣的情况也出现在汉代重量的计量上。汉时的一两相当于现在的二钱左右,这也就是医圣张仲景的药方上每味药材的药量都动辄几两的原因。要知道一服中药是由好多味药材组成的,如果一味药材好几两,那整服药就得好几斤,显然不合理。其实这几两就是现在几钱的重量,这么一来,这药方的重量就合理了。当然,古代的史料浩如烟海,这里说的只是其中的特例,并不代表全部。咱们再转过头来说宫墙的高度。如果按照刚才所说,那么这个国家的宫墙高度也就五米左右,这个高度显然就比较合理了。当然万事万物没有绝对,具体宫墙高多少,咱们也无从考证,所以对于"下西洋"途中各国各地建筑物的高度,我只好从史料中选择比较靠谱的数据,按照现在的计量方式加以换算,以现在的尺寸作为参考,让您在阅读的时候有个比较直观的印象。

第二,就是王宫"其房如楼起造,高三四丈,即布以板",按照字面意思理解,也就是说宫殿本身盖得就和高楼一样,地板到地面就得三四丈高。您看看,跟楼一比,这墙还高吗?不仅不高,还稍矮了一些呢。

高度问题解决了,咱再看看皇宫的室内。如刚才所说,室内所谓的地板不是咱们想象的木地板,而是将布匹的两边揿直、固定好,上面再铺上藤席或者花草席,来人就在上面盘腿坐着。屋顶用"硬木板为瓦,破缝而盖"。

国王的深宅大院"耸入云端",老百姓的房子就没这么"高大上"了。明代马欢的《瀛涯胜览》记载:"国人住屋以茅草盖之。家家俱以砖砌土库,高三四尺,藏贮家私什物,居止坐卧于其上。"

这里人装扮与占城人差不多,只不过穿得更简单。身上的衣袍全无,"下围丝嵌手巾一二条,再用锦绮或纻丝缠之于腰,名曰压腰"。

这里的民风可比占城彪悍。男子无论老幼贫贱均在腰里别着一把"不剌头",这是爪哇语的音译,就是一种小刀。这把刀充分体现了爪哇人的人人平等。刀身均用兔毫雪花上等镔铁(这里的"镔铁"实则为钢,用它制作的刀剑非常锋利)制成,唯一不同就是刀柄,"其柄用金或犀角、象牙,雕刻人形鬼面之状,制极细巧"。另外,无论是谁都有可能被别人"两肋插刀"。这里的人无论男女最忌讳别人摸自己的脑袋。如果有人摸了别人的脑袋或者起了冲突,比如买卖起了纠纷、酒醉闹事、言语争论等等,双方就会拔刀("不剌头")相向。杀人者如果逃亡三日不被抓住,就不会被追究任何责任,死者白死。不过假如杀人者没跑掉,被当场抓住,就会被立即处死。

这个国家没有系统的刑法来处罚犯罪之人,无论犯什么罪,犯人都可以根据犯罪的轻重等级支付黄金来赎罪。不过此地对两种犯罪绝不姑息,非得重罚,那就是抢劫和偷盗。犯了这两种罪的犯人都会被用细藤从背后绑住双手,被人推着在刑场上行走数步,然后被刽子手用"不剌头"从腰眼或者软肋处捅上一两刀,被捅的犯人立马毙命。

通过该国人与人之间野蛮的交往方式和简单的法律制度,我们可以总结出以下四点:第一,这个国家每天都有死于"不剌头"的人,人数应该还不少;第二,这里的人们每天要做的最重要的事就是防止被别人或者官府杀;第三,"野蛮"与"恐怖"比"民风彪悍"更能准确描述当地人;第四,在此地自然死亡明显不是一件"自然"的事,那是要经过艰苦努力的,可以说是非常不容易的事情。

由此可以看出,该国人民做事大多很冲动,能动手绝对不废话,《诸番志》中描写当地人用了四个字,"尚气好斗"。普通人要是这种脾气秉性,很容易给自己招来麻烦;国家君王要是也这个德行,那就会给整个国家招来弥天大祸。这不,郑和第一次下南洋就赶上了这爪哇国的国王发怒。

事情是这样的。

话说永乐四年(1406)郑和一行浩浩荡荡下了南洋,来到爪哇国。郑和事先知道此处不太平,该国的东王和西王正打成一锅粥。秉承不干涉别国内政、少惹不必要的麻烦的原则,郑和舰队很低调地靠了岸,官兵们上岸忙活补充物资、对船体修修补补以及和当地百姓交易,总之一切都以安全为第一。谁承想,这个时候爪哇国的内乱出现新的动向,东王被西王打败了,地盘被西王占了,他的人也被西王杀得差不多了。西王正在全国肃清东王的势力,追杀他的人马。可巧的是,郑和舰队停泊的地方就属于原来东王的地盘。这时,西王的军队看见在东王的故土上出现了一批与西王军队穿着不一样的军人。于是,这帮人骨子里鲁莽好斗的基因开始蠢蠢欲动。他们认为,这些陌生的军人是东王请来的外援,必须除之而后快。所以他们二话不说,上来就砍杀明军将士。事发突然,当时场面十分混乱,还有好多平民在场,明军猝不及防,无法组成防御阵形,一下被砍死一百七十多人。这一百七十多人可都是随着明成祖身经百战、出生入死的精锐部队啊,就这么惨死异乡,而且死得还这么莫名其妙。

　　爪哇国这帮人砍完人就四散逃走了。明军赶快下船组织防御,舰队全都进入临战状态。天朝上邦带有两万多军队的庞大舰队,第一次远洋出行,居然就被这么个小国来了个下马威。

　　这时的舰队司令部里,喊杀声一片。负责作战的军官已经把刀、枪、剑、戟、斧、钺、钩、叉等十八般兵器都搬了出来;负责工程的军官已经拿出了《大明·爪哇新城》的建设草图;来自京城三大营中专门掌管火器的神机营的军官已经召集手下,准备把火药堆到西王床边,烧了他的老窝;来自户部的官员已经在起草《爪哇军民更换大明身份证的操作流程》;来自礼部的官员正在研究、草拟关于郑和入城时的若干礼仪庆典活动如何举行等事项。总之,明军舰队官兵决心打垮不知天高地厚的西王,给死去的兄弟一个交代,还巍巍大明一个尊严。

　　能理智看待问题、不被大多数人的情绪左右的人向来少之又少,郑和就是其中之一（从这点来说，朱棣选人的眼光还是很厉害的）。他力排众议，道出了事情的本质。第一，这事很有可能是误伤，因为西王再疯也不可能疯到与大明开战，其中肯定有误会，如果不调查清楚，就凭一时之气，真相永远不能水落石出，大明一方也从处于主动地位的受害者变成处处被动的加害者，毕竟爪哇西王的实力摆在那里。第二，如果一出国门我们就打了这么一仗，灭了爪哇国，那么南洋沿途各国都会怀疑我们此行的目的。到时候消息传到各国，绝对不会是爪哇先攻击大明，而是大明如何灭掉爪哇国，那我们肩负的使命就无法完成了。毕竟大明这种体量的舰队，是可以随时灭掉当时南洋上绝大部分国家的。所以，大家一定要冷静，见机行事，切不可轻举妄动。

郑和这边的思想工作做完了，我们再来看看西王这边。

西王在得知自己手下杀了一百七十多名明军官兵后，吓得从宝座上摔了下来，到底他是怎么收拾那帮手下的咱们就不得而知了，我们只知道这个西王一路痛哭，跪倒在郑和脚下，一把鼻涕一把泪地忏悔自己的错误。郑和见状只好作罢，让西王准备金子，拿钱了事。西王千恩万谢，赶快回去凑金子。

这事后来由郑和禀报给明成祖朱棣，朱棣对郑和的做法非常满意，送了"正合我意"四个大字给他，并且发布谕旨给西王，痛斥西王，严令他赔偿六万两黄金，而且一分不能少。

话说西王回家一通搜刮，才凑出来黄金一万两，而且用了大约两年的时间。当郑和船队于永乐六年（1408）再次来到爪哇国的时候，西王战战兢兢、毕恭毕敬地将郑和一行人引到贮存罚金的地方。查验过后，负责清点金子数量的官员发现数额缺失，准备按律将西王下狱，西王顿时跪拜在地上吓得浑身发抖。这时，郑和才不紧不慢地开始传明成祖朱棣的谕旨，大概意思就是，知道你这蕞尔小国凑不齐，你以为我上邦大国就稀罕你那点儿金子吗？伤亡士兵我们都已经抚恤完了，找你要六万两的黄金就是为了惩戒你，让你长点儿记性。金子拿走，好自为之！

西王一看这气势，瞬间就臣服得五体投地了，从此为大明年年进贡、岁岁称臣。事情至此算是圆满解决了。

在这件事中，西王手下把"能动手绝不动嘴"的民族个性发挥得淋漓尽致。当然，此地奇葩的事情还不止这些，我们从前文说的那四座城市开始，一起看看还有什么令人目瞪口呆的事情发生。

第一个说的就是杜板，这是爪哇国的第一站。此处人口千余户，大概四五千人，有两个管事的。常住居民里有很多中国广东、汀州、漳州和泉州的人。当地的鸡、羊、鱼和蔬菜都非常便宜。

这里的海滩上有一处泉眼，终年不干，泉水甘甜可口，传说是圣水。至于它的来历就有点儿传奇了。想当年，元朝大将史弼、高兴奉命征讨爪哇国，几个月都无法向内陆推进，也无法找到水源。船上的淡水用尽，兵士们饥渴难耐，生不如死。这时史、高二位将军向上天祈祷："我们奉命征讨蛮夷，天若助我则生出泉水，若不助我则不生泉水，活该我们倒霉，自生自灭。"说完，二将用枪猛扎滩头，泉水随即涌出，全军将士因此得救。其实这二位喝完泉水，最后还是被爪哇人给欺负了，具体情况后面会讲到。

说完杜板，接着往下说。按照爪哇岛常规的行进顺序，从杜板出来，向东船行半日左右到达新村，当地土语叫作"革儿昔"。这个地方原来无名，因为中国人来到此地并开辟了居住的地方，所以才叫"新村"。当时的村主就是广东人。此地居民千余户，三四千人。各国的商船都到村里交易，这里贩卖金银珠宝和各国商品，村民甚是富有。

离开新村，往南船行半日，就到了苏鲁马益（就是著名的泗水）的港口。这儿的港口应该是淡水河的出海口，所以沙浅水淡，大船无法通行，只能换作小船。划小船得走二十余里才能到达真正的苏鲁马益。此处的居民以当地人为主，里面有中国人，管事的是村主。这个地方的特别之处就是临近港口的地方有一个小岛，岛上树木茂盛，有万余只长尾猢狲在此生活、栖息，甚是热闹。

离开这块猴子出没的地方，小船行七八十里就到了泗水另一个有名的贸易中心——章姑。在这儿登了岸，往西南步行一天半，就到了爪哇岛的首都满者伯夷。这地方除了刚才说的王宫，还居住着当地人二三百户，共千余人。国家有七八个大臣辅佐国王。此处大臣每天必须觐见国王三次，估计军国大事在这期间就都和国王说了，国王接受朝臣朝拜的时候很有气势，他梳发髻、戴金铃、穿着丝质的布料和皮鞋坐在方形的床上。国王出行不是乘大象就是坐一种高度及腰、用手挽的轿子，当然还有五百至七百人的"禁卫军"担任仪仗和保卫的工作。和中国皇帝出行时官民跪拜不太一样，当时爪哇国国王出行，路遇的官民让道到路两旁，坐在地上就行，等国王一行走了之后起来就可以。

大家看到这儿，应该发现这些地方都有我们中国人在居住、劳作。当时下西洋或者说下南洋是很艰苦的，不仅可能会付出生命的代价，而且还不被当时的中国政府承认。您别看中国封建社会的皇帝对这些番邦小国的国王、统领又是奖赏又是赐封，但是对于来此地谋生的普通中国百姓则不闻不问，不给提供保护，尤其是清朝的皇帝。乾隆皇帝对于这些海外的中国人就下过定义："天朝弃民，不惜背祖宗庐墓，出洋谋利，朝廷概不闻问。"在他们眼里，这些出外谋生的百姓就是天朝的弃民，国家不承认、不保护他们。从另一个方面来说，这也是清政府放弃海外利益的表现。

但万事总有个例外，明成祖朱棣在这方面做得就比清朝的皇帝要好得多。他派郑和下西洋壮了国威，有强大的国家做后盾，海外的中国人就更有底气，而与沿途各国政府的交好又使得中国人在当地的境遇得到良好的保障。从这点可以看出，清朝皇帝的眼光真的不是一般的短浅。

有人说明成祖朱棣谋朝篡位、好大喜功、连年征战、复立锦衣卫、开办东厂等等，单看这些，这位永乐大帝就是个暴虐的昏君。但是，做皇帝的标准跟咱普通人做个好人的标准是不一样的。发动"玄武门之变"的唐太宗李世民,你能说他不是个好皇帝吗?如果他不这么做,后世就不会出现"贞观之治","开元盛世"能否出现也只能看运气了。还有公认残暴的秦始皇,"穷兵黩武"耗光文景之治积攒下来的家底的汉武帝。前者结束了长达五六百年的诸侯国割据、混战的分裂局面,第一次建立了一个统一的中央集权国家,后世中国的版图就是在秦帝国的版图上扩张的。后者北逐匈奴,南破闽越、南越,东平卫氏朝鲜,西征大宛、楼兰等西域各国,开辟丝绸之路。有了他打下的基础,后世才能说出"汉兵方至,毋敢动,自令灭国矣""明犯强汉者,虽远必诛"这类硬气的话。所以,评价一个皇帝要看他的所作所为对国家、民族有什么好处,而不是拿圣人、好人的标准去要求他。功大于过,那就是好皇帝。

咱们回到明朝,真正国家富强、国力蒸蒸日上的时期就是朱元璋在位的洪武时期、朱棣的永乐时期和"仁宣之治"时期。细算起来,也就永乐时期最合格。朱元璋在位时期,明朝刚刚建立,百废待兴,经过多年战乱的国家已是"十室九空",人民生活困苦,再加上朱元璋刑罚苛刻,对待官员尤其是贪污官员的处罚有"从严从重"的执念。洪武后期诛杀功臣,"蓝玉案""空印案"杀的人都数以"万"计,所以在这个时代生活又苦又累,还胆战心惊。

再看所谓的"仁宣之治",很多人都把它跟汉朝的"文景之治"和唐朝的"贞观之治"相提并论,不过其实有点儿夸大了。的确,经过洪武(朱元璋)、建文(朱允炆)、永乐(朱棣)三朝的恢复与发展,到了仁宗、宣宗的时候,明朝的经济实力和国力都达到了顶点,但是"仁宣之治"的光辉全都洒在了文官身上,升斗小民所受极少。要看封建王朝的一个时代好不好,不要听信官方史书的一面之词,而要从农民起义来看看。当时没饭吃、活不下去,人们就会起义、造反。永乐年间这种起义造反有十七次,仁、宣二朝有二十一次,要知道永乐朝一共二十二年,仁、宣二朝一共才十年的光景。这十年间造反的次数比二十二年间造反的次数还多。可见,所谓"盛世"无非是文官、权贵的"盛世",与老百姓没有什么关系。

仁、宣二朝,当朝的文官掌权的掌权、升官的升官、发财的发财,就连在永乐朝被处死的解缙等人都被恢复名誉、退还了被没收的田产,方孝孺等人也都被平反昭雪。文官们得到这么大的实惠,能不把仁、宣二帝捧到天上吗?某种程度上来说,记录历史的比创造历史的更重要,因为后人都是通过记录历史的人写的历史来认识创造历史的人。创造历史的人什么样,完全看记录历史的人怎么写。仁、宣二位皇帝是这种情况的"正面典型",同样的"典型"还有宋朝的皇帝。至于"反面典型",最著名的就是秦始皇,当然,永乐大帝朱棣也算一个。

话又说回来了,很多当时看着劳民伤财,可以算是"暴君""昏君"罪行的行为到后世却又成了利国利民、功在千秋的好事,比如秦始皇统一六国,北逐匈奴,南平百越,修筑万里长城、灵渠、秦直道;汉武帝用兵西域;隋炀帝扩建京杭大运河等等。

但是也有很多事在当时看着是好事,往长远看却是坏事。不往远了说,就说仁、宣二朝。仁宗一登基,就提出三条,即"罢西洋宝船、迤西市马及云南、交阯采办"。"罢西洋宝船"就是不再进行下西洋的远航。其实郑和下西洋被罢停只是时间问题,这是由三个方面决定的。首先,这事与明王朝的根本制度相矛盾。咱们都知道,大明无论出现了怎样的资本主义萌芽,只要资本主义没掌权,明朝就不姓"资",它姓"封",百分之百是封建制度下的大一统的王朝,而封建制度的经济基础就是自给自足的自然经济。郑和下西洋带来的商品经济无疑对封建的自然经济产生了瓦解作用。前面讲过,郑和途经了这么多国家,主要就是"敷宣教化于海外诸番国",也就是以达到政治目的为主,但是它也不可能完全隔绝商品交易。后面会说到,郑和每到一个国家,都会和当地人进行交易,一是为大明宫廷所需,一是为贴补舰队的各种开支。这其实就是现在常说的海外贸易。当时的海外贸易利润丰厚,经常可以赚取十几倍甚至几十倍的利润。郑和隔三岔五地出远门,每下一次西洋,中国人的航海知识就丰富一次。郑和在航海过程中绘制了详细的海图,哪里有港口、哪里有暗礁、哪里是可以停靠的码头,甚至包括航程、路线和如何观星、使用罗盘等都记载得清清楚楚。而每次随舰队出海的还有大量的水手、船员,这些人经过远洋航行的磨炼,航海技术突飞猛进。这些条件刺激了民间海外贸易的发展,但这是大明朝廷不愿意看到的。在大明朝廷看来这属于"舍本逐末"。因为大明是个封建的农业国,它的收入主要依靠农业,而发展农业需要大量从事农业的人口。您想想,务农费时费力、靠天吃饭,一年到头赋税不断,却只能维持温饱;经商虽有风险,但是能获取暴利,又不用交税。如果大量人口从事海外贸易,就会对封建王朝的经济基础——农业产生冲击,没人干农活了。而且这些出海的人还能躲避各种徭役,这使得明朝廷更加无法忍受。

其次,郑和下西洋本身就违反了明太祖朱元璋定下的"片板不许入海"的禁海国策,只不过顶着官方交往的帽子,在明成祖的极力支持下才能成行。因为此项活动的刺激而迅速发展的民间出海贸易,是大明朝廷没有想到的,它的不可控性以及对大明经济基础的冲击是明朝廷不愿意看到的。所以把源头停了,再加强禁海政策,是明成祖以后其他大明皇帝的必然选择。

最后,也是最根本的一点,就是郑和下西洋的经济性。对于来明朝贡的国家,大明一直坚持"厚往薄来"的政策,即人家先来进贡再获取赏赐。而郑和去西洋及南洋各国,正好反了过来,也就是郑和先去别国赏赐,别国再来进贡。郑和每次下西洋都携带大量用于赏赐的物品,这些物品都要求不惜工本、精益求精。比如最后一次,也就是宣宗时期的第七次下西洋,仅瓷器一项,明朝廷就让景德镇造了四十四万余件。在明成祖朱棣的永乐朝,数量更是惊人。每次出航,仅丝绸一项,从内库提取的数量就多达几十万匹。因为下西洋加派的物资都由产地的当地官府负责筹措,所以无形中就加重了当地人民的负担。

船队物资由产地负责,而船队的建设则是倾全国之力。按《瀛涯胜览》的记载,一次下西洋需"宝船六十三只,大者长四十四丈四尺,阔一十八丈。中者长三十七丈,阔一十五丈"。大概意思是,大的宝船长约 148 米,宽 60 米;中型宝船长约 123 米,宽 50 米。舰队里面这样的宝船一共 63 艘。这还仅是宝船的数量,诸如战船、座船(运送官兵的)、马船(运输船)、粮船等还未统计在内呢。这些需要耗费的人力物力简直是天文数字。除此之外,还要算上郑和船队人员薪饷和奖励,以及为宫廷采办奢侈用品的费用,整个下西洋的花费是十分惊人的。明人王士性在他的《广志绎》中就写道,"国初,府库充溢,三宝郑太监下西洋,赍银七百余万,费十载,尚剩百万余归"。

难怪从永乐朝开始,对下西洋非议的声音就不断。比如侍讲邹缉、翰林院侍读李时勉,名臣杨士奇、夏元吉、刘大夏等,都因为经济问题上书反对下西洋。

"下西洋"这项活动的主要目的不是为了获利,它的政治意义远大于经济意义。但是,"下西洋"留下的航行线路是可以转成贸易线路的,海军也可以借此发展,遗憾的是六次下西洋(第七次发生在之后的宣宗朝,不计入此)、历时十七年积攒下来的成果全被浪费了(虽然后期有过"隆庆开关",但那也是以民间贸易为主,而非大明国家势力的扩张)。从此,中国海军势力从大洋上彻底消失了,再次出现得等到 20 世纪末了。

再说"罢迤西市马"。"迤西"是个地域名,明朝时称云南昆明市以西地区为迤西,所谓"罢迤西市马"就是要停止西南地区的茶马交易。要知道,当时西南少数民族地区出产优良的战马,比吃苦耐劳的蒙古马还要优秀。他们用马来交换内地的茶、盐等生活必需品。这项交易停止了,明朝军队就失去了优良战马的来源,那骑兵战力就会大幅下降。更重要的是,西南少数民族对生活必需品的需求是刚性的,大明不交易了,他们自然会寻找别的买家。这样一来,优良的战马就有可能输送到大明的敌对势力手中,这算是一个巨大的隐患。

最后再说"罢云南、交阯采办"。交阯在前文已经说了,就是现在越南北部。当时明朝廷主要在这两地采购奢侈品,比如交阯当地上好的肉桂、孔雀尾等,当时光孔雀尾大明一年就要采购一万多支,这还只是在此地的一项开支,可想明朝廷每年在奢靡之事上得花费多少。"罢云南、交阯采办"就是停了在云南、交阯采买奢侈品这件事。

"三罢"政令颁布的时候,满朝文武都欢欣雀跃,认为此举为国家、为朝廷节省了大量经费,实在是英明之举,仁宗也觉得自己做了件好事。但实际结果怎样呢?

可以说三件事情中,就最后一件停买奢侈品是正确的。前两件事情造成的直接后果就是明朝由积极防御转为被动防守,丧失了战略主动权,军力萎缩,国际声望直线下降。后来的"土木堡之变"、朵颜三卫叛明、倭寇横行、万历年间的"朝鲜之战"以及蒙古、后金的崛起等等皆肇始于此。

仁宗的操作还不止这些,"三罢"之后,他准备迁都南京。没错,明成祖朱棣刚从南京迁都到北京,仁宗就想迁回去。幸亏仁宗在位不到一年就去世了,如果仁宗再多在位两年,就真的可能迁都南京了,以明朝后期几位皇帝的作为,大明朝的国境线到时能保持在长江沿线就不错了。

仁宗去世后,他儿子宣宗即位。宣宗临朝后想恢复他爷爷明成祖朱棣时期万邦来朝的盛况,就重新启用郑和,组织船队进行第七次也是最后一次下西洋。这次远航准备了七个月才起航,沿途边行进边搜集船只,舰队成型时距离受命起航之日已经一年半了,遥想当年第一次下西洋,前后准备时间不超过半年,可见"罢之容易,复之难"。短视的政策带来的恶果无法逆转,十几年间无数人的努力,一道圣旨就可以完全毁掉。

"无城四城"说完了,再顺便简单说一下此处比较有名的三个景点。第一个景点是保老岸山,此山位于当时爪哇国的属国苏吉丹国,凡外国来船到爪哇,最先看到的就是这座山,山顶耸立着五座山峰,时常有云雾环绕其上。第二个景点也是座山,叫鹦鹉山,没什么特别,只是因为它上面盛产鹦鹉,所以有这个名字。第三个景点是一条涧,叫作八节涧,它有名是因为位于爪哇国咽喉,为必争之地,而这也引出了咱们前文说的元朝大将史弼、高兴讨伐爪哇时会兵的地方。关于这次征讨,这里多讲两句。

通过这场战役,我们能看出爪哇人奸诈的一面。简单地说,就是元朝大军被爪哇人当枪使了。爪哇人和别国有仇,又打不过人家,就假意投降,拉着刚刚登陆、对实际情况一无所知的元军一起攻打仇家,把仇家打趴下之后,他们又趁元军不备反水,把元军赶回了船。当初前来攻打爪哇的元军大约有两万人、一千多艘船只,光被爪哇人偷袭、赶下海的就有三千多人,这还不算一开始帮爪哇攻打别国时的损失。

估计您又会问了,蒙古大军向来睚眦必报,怎么这次在爪哇吃这么大的亏,也没见后续有什么反应呢?

其实他们后来是准备报复的,当初派兵攻打爪哇的忽必烈肯定咽不下这口恶气,转年,也就是至元三十年(1293)秋天,他决定再派兵五万去征讨爪哇。这个时候离他去世还有不到一年的时间。五万人远征的筹备工作可不是几个人花一两个月就能谋划完的,果不其然,直到忽必烈至元三十一年(1294)病逝的时候,这事还在筹备中。他一死,这事就没人操持了,底下人都盯着王位呢,攻打爪哇的事也就这么不了了之了。

爪哇人幸运地躲过了这一劫,而且败退的元军给他们留下了大量的军用物资和先进的火器,足够他们使用好长一段时间。而刚才说的八节涧就是当时元朝水陆齐进,两支部队会师的地方,此地又离史弼、高兴二位将军"扎出"泉水的杜板城的沙滩不远。

说完了地理,再说说当地的气候。

这里一年四季都是夏天。稻米自然一年三熟,据说米粒白细,和香米有些类似。这里不仅有大米,还有当时中原地区常见的绿豆、芝麻等。

当地土特产不少,下面是一份简单的清单:

1.青盐

即经过晾晒而成的盐,区别于那种"煎煮"出来的盐。不过,据《宋史》记载,当地也能"煮海为盐"。

2.荜澄茄

这是一种中药,春天开花、夏天结果,开白花结黑果,主要功效为温中散寒,行气止痛。有可能与占城出产的芘澄茄是同一种作物。

3.红花

一种中药,具有活血通经、散瘀止痛的功效。需注意的是,常见的"红花油"并不是拿这种红花做的,它们完全是两种不同的药材。

4.桄榔

全身上下不同的部位分别可以食用、制糖、酿酒,甚至可做成缆绳。

5.绞布

分绣丝绞和杂色丝绞。丝绞一般指的是经过缫丝等一系列加工后按照一定规格捆扎在一起、有一定扭曲捻度的丝线。由此看来,绞布应该就是丝绞交错编织而成的一种布料。

6.藤簟

就是由藤编织的席子。

7.苏木

占城那里介绍过,也是当地的特产,一种用途较广的木材。

8.白檀香

檀香的一种,可制成各种工艺品,长久保留香气。

9.荜拨

胡椒科的一种植物,既可做调味品又可做药物,味道辛辣,治痢疾、心绞痛、牙痛等。

10.斑猫

这个不是猫,而是一种大昆虫,学名叫斑蝥。可入药,但是虫子本身有毒。

11.镔铁

就是前文说的当地人制作"不剌头"的原材料,属于钢的一种。

12.龟筒

又称龟甲,药用可以滋阴、养血补心。

此外,还有金、银、珍珠、犀角、象牙、沉香、茴香、檀香、龙脑香(占城也出产)、丁香、硫黄、吉贝(占城也出产)、金刚子(即菩提子)、肉豆蔻(香料)、玳瑁(在占城时说过,是一种海龟)等。

除了这些,还有各种稀奇的鸟类,比如母鸡大的鹦鹉、能学人说话的红绿莺哥、五色莺哥、鹩哥,还有珍珠鸡、倒挂鸟、五色花斑鸠、孔雀、槟榔雀、珍珠雀、绿斑鸠等等。稀奇的兽类有白鹿和白猿猴等。除此之外,猪、牛、羊、马、鸡、鸭等家禽和家畜都比较常见,唯独没有驴子和鹅。

水果有木瓜、芭蕉子、椰子、甘蔗、石榴、莲蓬、西瓜、山竹(古称"莽吉柿")、椰色果(一种酸甜的小水果),还有芋和槟榔。这里的山竹跟石榴一般大,皮厚,肉洁白,味甜。椰色果比枇杷略大一些,内里有两块白肉,味道酸甜。这里的甘蔗也出奇的大,每根异常粗大,长度能达到两三丈,而且皮的颜色跟中原地区不同,它是白的。其他瓜果蔬菜跟中原相仿,就是没有桃、李、韭菜。

此处还产胡椒,当地人通常以竹子、木头搭建棚架,让胡椒生长,一般正月开花、四月结果、五月收采晒干。

可以看出,当地物产非常丰富,正因为如此,当地盗窃极少(也可能和前文所说此地对盗抢处罚极严有关)。《岛夷志略》中就此记载为:"其田膏沃,地平衍。穀米富饶,倍于他国。民不为盗,道不拾遗。谚云太平阇婆者,此也。"

爪哇当地人还有一种嗜好,就是嚼槟榔。现在我们知道嚼槟榔对身体有百害而无一利,可以导致口腔癌等各种疾病。但是古代人不懂,而且在那个时候,没有现在的饮料、酒水以及美味食物,所以古人一吃这个能让人上瘾的槟榔当然就停不下来了。

当时的爪哇人自然也不能免俗。他们一年四季、一天到晚除了睡觉、吃饭以外,没有一刻不嚼着槟榔。而且,他们嚼槟榔要搭配作料,不然嚼起来是索然无味的。现在的人们嚼槟榔的时候，先把槟榔切成三到四块，形状有点儿像橘子瓣，然后再把槟榔的外皮和果蒂剥除掉（因为外皮不容易嚼烂，而果蒂有一种苦味）。这时候一般还不能直接把槟榔放到嘴里，还要搭配一种藤类植物的叶子，有的地方用蒌叶，在海南则用蒟叶。人们在叶子上涂一些石灰或者贝壳粉，然后裹上槟榔果，包成一个三角形，最后把这个三角包放到嘴里嚼，嚼起来相当过瘾。倒退六百多年，当时的爪哇人吃槟榔大体也是这个样子。只不过他们不用石灰，用的是蛎灰，这个东西俗名"白玉"，由蛤蜊壳烧制而成，类似于刚才说的贝壳粉，作用相当于石灰。到现在，这个东西还是我们国家沿海地区一种很重要的传统建筑材料。爪哇人把蒟叶、蛎灰和槟榔裹在一起，放在嘴里嚼，到了吃饭的时候吐出来，再拿清水漱漱口。然后吃饭的人把手洗干净，围坐在一起。他们没有桌椅板凳，也不用筷子与勺子等餐具。他们用盘子盛上米饭之类的饭食，然后将酥油汤汁浇在上面，直接下手抓食，跟现在印度的用餐习惯很像。他们渴了就喝凉水，没有茶水、饮料之类的。招待客人也不用茶，而是用槟榔。

爪哇国人分三等。第一等就是当时大食人、波斯人，也就是现在的阿拉伯人、伊朗人。这些人好多都是这两个地方的客商，锦衣玉食，待遇最为优厚。第二等就是来此谋生的中国人，主要以广东、漳州、泉州的人为主，起居饮食没有第一等人那么奢华，但也处处体现了整洁精致，也算是比较体面。最低一等是当地土人，蓬头垢面、面目狰狞、肤色黝黑，"形貌甚丑异"。据说他们吃饭从来都是生食或者稍微加热一下便吃。

爪哇国的社会阶层划分和印度的种姓制度异常相似，都是外来种族居于统治地位，且属于社会阶层的最高层。原住民不仅家园被人占领，还被划分到社会的最底层。六百年前的爪哇和种姓制度延续至今的印度，竟然在这件事情上画上了等号。

说过了与中原不同的社会阶层划分，咱再说说这里的一个怪异风俗，叫作"竹枪会"。当地把每年十月当作春天的起始，并在这个月份组织竹枪会。观看竹枪会的人一般都会让妻子坐着四周有窗、下有转轴,高丈余、由马牵引的塔车走在前面,自己则独坐一车跟着后面。参赛双方也各携自己的妻子出战。双方的武器都是用削尖的竹子做的竹枪,虽然没有刀刃藏于其中,却锋利异常、韧性十足。比赛时,双方拿竹枪上场厮杀,搏斗时以鼓点快慢为号,一般交锋三局。双方的妻子拿三尺短棍在旁边站立,三局一过,二人一同上前用短棍将比赛双方隔开,一边隔离一边喊"那刺那刺",意思就是"退散退散"。比赛中如果一方被刺死,则爪哇国国王就让胜者赔付死者家人每人金钱一枚,然后死者的老婆随胜者回家,比赛终了。

接下来再说说当地的婚俗。在当时的大明,结婚讲究的是父母之命、媒妁之言,三书六礼、三媒六证之类必须齐全。没有这些,就不算明媒正娶。不过爪哇当地没这些规矩,毕竟按当时人的眼光,此地还不算完全开化之地。所以他们的订婚很简单,就是男方直接给女方家金子作为婚礼礼金,黄灿灿的金子最好能多到堆满女方的家。女方家同意这门婚事后,双方筹备婚礼。此地和占城一样,到了成亲那天,也是男方先到女方家住三天,然后再从女方家出来,男方娶亲回家。男方家敲锣打鼓,吹椰壳筒,打竹筒鼓,并且点放火铳。后面的习俗就比较夸张了,新郎官身前身后短刀盾牌好不威风,再看新娘子,披头散发光着脚,头上、手腕上全都是金银装饰,身上却什么也不穿,就围了条丝嵌手巾。到了新郎家里,周围的邻居和男方的亲属会送上彩礼。这彩礼很特别,不像咱们这边送礼金、摆设或者其他贵重的东西,人家送槟榔,还会用槟榔和荖叶还有各种花花草草之类装扮成一艘彩船送给男方家。男方家也不含糊,锣鼓喧天,开流水席,大伙儿饮酒作乐好几天才算完事。

爪哇国的丧葬仪式比较奇特。中原地区讲究的是入土为安,如果做儿女的让父母的遗体暴露于野,那是极大的不孝,不仅乡里亲戚会指责他,官府也会严办。可是爪哇人不这么想。一般情况下,子女会在父母弥留之际询问他们想怎么安排自己的后事。一般父母想怎么安排自己的后事，做儿女的就遵照着去做。当地比较流行的是死后被野狗吃。听上去匪夷所思，但确实为当地习俗。父母过世后，其儿女会把父亲或母亲的遗体放到野外，当然不能搁下就走，得等着看野狗来吃。野狗吃完了，如果遗体片毛不剩，那么皆大欢喜，在当地这种情形被认为是好事；如果赶上野狗因为肠胃不好或没有胃口等原因而没吃完，死者子女则会号啕大哭，只能把死者剩下的残骸收拾一下扔水里完事。

当然，并非所有人都会选择死后喂狗，当地有钱人一般会选择用火。有钱或者有权的人快死的时候，他们宠爱的妾或者婢女会跟要死的男人说"死则同往"。过去印度的女人在丈夫死后必须自焚殉葬，不是她们乐意去死，而是死了丈夫的女人没有财产，会四处被人欺辱，生不如死，这种苦痛有时候甚至超过了烈火焚身的痛苦。爪哇的这些女人大概也面临着这样的处境，毕竟她们不是正牌妻子，估计没有财产可以继承，并且还可能会受到迫害，因此只能选择陪葬。当然，这种事会有个隆重的仪式。死者出殡那天，先是堆个柴火垛，把死者平躺放好，然后旁边竖起一个高塔，婢女和妾一共两三个人头戴各种鲜艳的草花，身穿五色花手巾，登上高塔。此时下面的火堆点燃，女人们在高台上痛哭良久，然后纵身跳入火堆，也是十分惨烈。

说到富人，当地人普遍比较富有，可以说家境都很殷实，做买卖、平常买东西、交易都用中国的铜钱。当地有自己的文字和语言，"书记亦有字，如锁俚字同"。和中原地区拿笔在纸上写字不同，这里都是用刀把字刻在茭葦叶上。当然刻字也不是乱刻，都是按照其文字的语法与文法来进行的，其书写和阅读也是一样。

这个地方二十两为一斤，十六钱为一两，而四姑邦（当地计量单位）为一钱。此处计量，截竹为升，一升在当地称为"姑剌"，大约相当于当时中国的一升八合（十合为一升）。这边一斗叫作"黎"，相当于咱们的一斗四升四合（十升为一斗）。

每个月十五、十六月圆之夜，当地妇女二三十人为一队，一个领头的走在前面，其他人手挽手走在后面。她们边走边唱，领头的唱一句，后面的妇女们就跟着唱一句。到了亲朋好友、富贵人家门口，大家就起哄要点赏钱。主人家顺势给点零钱，大家都是图个热闹喜庆，没人在乎钱多钱少。当地把这个活动叫作"步月行乐"。

当地还有一种人，属于街头卖艺杂耍的一类。他们拿笔在纸上画出各种人物、动物，鱼虾蛇怪、神鬼妖狐之类，然后把这图画卷成卷，以三尺来高的两块木头当支架，画卷固定一头，之后一点点展开。其人不急不忙，盘坐于地，每拉出来一段画，就高声讲出这段画说的故事。大伙儿围坐一旁，时常被故事情节吸引，随着剧情有哭有笑。

当地人非常喜欢中国的青花瓷，还有麝香、花绢、丝绸、烧珠之类的。国王还经常派头目乘船携带各种当地珍稀特产进贡中国，这事在明朝最早可追溯到洪武初年，当时爪哇的国王叫"昔里八达剌"，派遣大臣"八的占必"去进贡、面圣朱元璋，此后进贡不绝。

第十三章 | 决战之地——三佛齐

　　"三佛齐"是郑和下西洋时途经的一个国家,当地华人称之为"旧港",我们踏着先人的足迹也照此称呼。史书中称之为"新三佛齐",用来与被爪哇所灭的"三佛齐"相区分。该国的风俗、婚丧嫁娶、语言文字都和爪哇一样。此地现在叫作"巨港",是印度尼西亚南苏门答腊省首府、苏门答腊岛南部最大的港口与贸易中心。

　　旧港国不大,东边挨着爪哇,西边和满剌加(这个满剌加其实就是原来三佛齐的三王子在国家被爪哇灭了之后自己在马来半岛建立起的国家)接壤,南边连大山,北边临大海。有船只到访旧港国,得先从一个叫作"淡港"的出海港口进入邦加海峡,大船进入海峡后,需要找地方抛锚下缆,到访人员换乘小船,才能进入旧港国。

　　别看这个国家面积不大,土地却很肥沃,俗话讲"一季种谷,三季收稻",说的就是这里。有不少中国人来此地定居,跟爪哇那边一样,主要以广东、漳州、泉州的人为主。从某种意义上来说,老天是公平的,这么肥沃的土地,注定不能多给你。对于这里的人来说,陆地没多少,大部分是海。土地少到哪种地步呢?除了国王、大臣住陆地上以外,老百姓统统住在水上。老百姓把家安在木筏上,吃喝拉撒都在木筏上。当然,每个木筏还得用缆绳固定在岸边，不然几个浪过来，木筏上的人就漂到海中央了。就这么个木筏好处可多了，首先它不怕涨潮落潮、发大水。大海每天早晚都会潮涨潮落，具体时间各地都不一样，旧港这里也不例外。所以住在岸边弄个木筏很有必要。俗话说"水大没不过船去"，潮水再怎么涨也不会把木筏子淹过去。其次，搬家好搬。想去哪儿，一解缆绳，连人带屋飘荡而去。

当然，别看住得这么自由自在，到了国家征发的时候，也得乖乖自备干粮、武器听调遣去打仗。当地人打起仗来非常勇猛，《文献通考》里总结为四个字：临敌敢死。据说打仗前该国官兵都服药，吃过药以后可以"刀枪不入"。旧港国各位"拼命三郎"临阵吃的药现在已不可考，估计绝非什么可保服药者拥有金刚不坏之身的灵丹妙药，应该是类似致幻剂的麻醉药品或者毒品。服了这种药，人会兴奋、产生幻觉、对疼痛反应迟钝。不过要害部位如果受了伤，该死还是会死的。和这样一群人作战并且能战胜他们、控制住局势，说明作为另一方首领的陈祖义绝非一般的酒囊饭袋。

话说这个陈祖义祖籍是广东潮州，他在明太祖朱元璋时期从老家携家带口跑到了南洋，当时南洋地区海盗盛行，陈祖义就在马六甲落草当起了海盗。要说他的眼光的确不错，有做海盗的潜质。马六甲是沟通印度洋和南海的交通咽喉，从西洋、南洋来大明、日本、朝鲜等国的船只除了这个地方没别的地方可走，这是地利。当时朱元璋一心北剿元朝势力，大明与残元势力正在大漠里打得不可开交，明朝廷无心南顾，这是天时。陈祖义心狠手辣，脑活眼毒，什么江湖规矩、道义，都不放在眼里，在他看来，钱才是根本。所谓礼法规矩，向来只能禁锢心存良知、心有忌惮的人，在真正的强盗面前则形同虚设。周围大小海盗慑于陈祖义的淫威，没有不臣服于他的，这就算是人和。他凑齐了天时、地利、人和，想不成功都不行。

鼎盛时期的陈祖义，手下兵卒万余人，船只上百艘，连续打下南洋与西洋各国沿海五十多座城池。陈祖义不仅钱多人也多，而且胆子越来越大，路过的不管是什么船，统统"吃掉"。民船，抢；商船，劫；官船，抢劫！不论是外国的使节，还是大明的官员，统统逃不过陈祖义的魔爪。陈祖义的所做所为气得朱元璋悬赏重金要他的人头，可是茫茫大海，陈祖义藏得那么深，哪儿找去？后来朱元璋宣布禁海，多少也有些忌惮陈祖义的原因。建国伊始、百废待兴的大明朝此时也不得不对陈祖义的行为睁一只眼闭一只眼。

当然，作为草寇的陈祖义看不了这么远，他的智商、胸怀和寿命都不允许。就这样，至少在郑和出海前，他算是登上了人生巅峰：南洋和西洋的小国纷纷向他称臣纳贡，大明天子的诏书在当地还不如他的一句话管用。陈祖义一时风头无两。

不过，正所谓"盛极必衰"，万事万物到了极致，就会开始衰败。

朱元璋死后，经过"靖康之役"，明成祖朱棣继位。此时的元朝已叫北元，早就蜷缩在北部荒漠中瑟瑟发抖，大明北部边疆算是暂时安定了。明成祖终于腾出手来，开始收拾南洋了。

明成祖做的第一件事就是提高悬赏额。到底有多高呢？有一种说法，说赏金几乎相当于当年大明国家财政收入的三分之一到一半。窃以为，这就是个传说，因为如果真有其事，如此巨量的银子足以让陈祖义的手下造反或者让南洋各国反水，那就不会出现后面的大战了。就算通过悬赏顺利捉拿了陈祖义，大明对一个远在南洋的草寇出这么高的赏金，假如以后出现规模更大、级别更高的乱臣贼子、盗匪流寇，还怎么定悬赏金额？最重要的是，这么高的悬赏额足可以再刺激出一个或几个"陈祖义"，到时候大明就真的骑虎难下了。所以这个说法是不可信的，但悬赏金额高是真的。

陈祖义这么招恨也是他自己造成的。同样是海盗，英国海盗弗朗西斯·德雷克就从来不打劫自己国家的船只，不仅如此，他还积极针对英国的老对头——西班牙，打击无敌舰队、维护英国的利益，还开展了两次环球旅行，不仅为英国女王带回了黄金白银，还为英国开辟了一条新的航路,扩大了英国殖民地的范围。付出终有回报,这么"深明大义"的海盗自然得到了英国政府的认可,英国女王伊丽莎白一世还亲自登船赐予他皇家爵士头衔。后来,这位传奇海盗还成为英国海军中将,登上了人生巅峰。同样是海盗,这差别不是一般的大。就像前文说的,陈祖义眼光太浅、心胸太窄,最多就是个草寇头目。

郑和与草贼陈祖义这两股水火不容的势力一直在南洋沿着各自的轨迹运动,双方都料想着会在某一天遇到对方并将其生吞活剥,并一直为此准备着。但是谁也没想到,命运之手会用一种奇特的方式将二者捏在一起,更奇特的是,这次主动进攻的竟然是南洋草贼陈祖义。

没错,您没看错!是陈祖义主动挑衅的。这次陈祖义不知是怎么回事,竟然把来旧港修整的郑和船队当作了下手的目标。当时正是郑和第一次下西洋归国返航途中,船队规模是大小船只上千艘,其中光长 44 丈 4 尺(约 148 米)和长 37 丈(约 123 米)的两种大小的宝船就有 63 艘,舰队各种人员总计两万七千多人,其中将士和士兵有两万六千多人,这些可都是挑选出来的精锐之师。这么庞大的舰队在当时真可以说具有"灭国之力",足可以让中国周边的小国瞬间灭国。

此时的陈祖义已经来到旧港,也就是三佛齐,当了此地国王手下的大将。结果国王一死,他就成老大了。以正常人的思维,他这样让明朝恨之入骨的贼寇遇到如此强大的明朝舰队,应该赶紧躲起来,可他不仅不躲,还要劫明朝舰队。怎么劫呢?直接冲锋纯属找死,陈祖义再没脑子也不会这么干。于是他想到了一个点子——诈降。不过,这一次天时、地利、人和他一样不占。

先说天时。这次明朝可不像以前那样有心无力了,明成祖朱棣面对的周边形势也跟他父亲朱元璋那时候大不一样。此时明朝北部已没有压力,明朝廷可以专心致志地对付陈祖义了。再说,成祖是一个"志之所趋,无远弗届"的君王,而剿灭陈祖义也是郑和下西洋的任务之一,就看哪天能遇上。

再说地利。陈祖义现在不是四处游走的游寇了,大明舰队上千艘船只早就将旧港围得严严实实,专等着关门开战。

最后说人和。有人将陈祖义的计谋提前告知了郑和,这个人叫施进卿。郑和也早就提防着陈祖义,一是觉得他残暴劫掠过往船只十数年,绝不是那种可以主动弃暗投明之人;二是一路走来,所经国家无不向郑和告发陈祖义的恶行。所以,郑和也在等一个机会除掉陈祖义,没想到他自己直接送上门来。郑和何等人也?那是跟成祖并肩作战、立有战功之人啊!于是郑和将计就计。

所以,当陈祖义怀揣称霸南洋、打劫大明舰队的心思前去诈降时,结果连同心腹大将一共三人当场被抓,手下五千多人都被喂了鱼,船被烧毁了十艘,被缴获了七艘,自制的两枚山大王的铜印也被郑和收走了。陈祖义十几年的基业被连根拔起。之后,陈祖义和手下被押往京城。成祖朱棣下令当着各国使者的面杀掉陈祖义,并将砍下来的脑袋示众,警示他人。这下陈祖义彻底消停了。从此,"海道由是而清宁、番人赖之以安业",而通报有功的施进卿被封为旧港宣慰使,他死后,他的二女儿继承了他的封号和权力,这个就是后话了。

细心的您估计会对陈祖义在此战中的损失,尤其是船只的损失存疑。毕竟相比于陈祖义巅峰时的船只数,他舰队毁损的数量太少了。不过《明实录》里的确是这么记载的:"祖义率众来劫,和出兵与战,祖义大败,杀贼党五千余人,烧贼船十艘,获其七艘及伪铜印二颗,生擒祖义等三人。既至京师命悉斩之。"估计陈祖义占领旧港国没少费力气,以至于成功拿下旧港国后没剩下多少家底了。

说完了陈祖义,咱们再仔细看看旧港国这个地方,循例列单子说说此地特产。

此地毫无例外产金、银、水晶珠、琉璃、犀角、象牙等,此外还有:

1.安息香

此香实为树脂,形色像核桃瓢一样,不耐高温,能发出多种香气,常用来制作各种香品。

2.蔷薇水

真品是采集蔷薇花上的露水制成的,有的当地人投机取巧,用泡过蔷薇花的水来冒充。怎么鉴别真伪呢?就是把蔷薇水倒入琉璃瓶中,盖紧,来回翻摇数次,摇后瓶中上下左右都有泡沫的即为真品。

3.万岁枣

又称千年枣,别看名字唬人,其实就是椰枣。

4.扁桃

这是一种树木,因为未成熟的果子和桃子差不多而得此名。

5.芦荟

这个指的不是植物,而是当地人用玉器捣研“草属状、如鲨尾”的植物而制成的一种膏状物。

6.栀子花

花色浅紫,味道清香,在当地很稀有,此处的人们经常采集这种花,晾晒干后放到琉璃瓶中保存、欣赏。

7.没石子

一种树的名字,跟樟树差不多,开花结果与当时中国的茅栗很像。

8.婆律香

一种香的名字,即龙脑香或冰片。

9.苏合油

一种香脂,以浓而无光泽为上品。

10.阿魏

一种树脂,可入药。据说产这种树脂的树不高,当地人把竹筒挂到树梢上,树脂自然就流满了,等到当地冬天的时候,把竹筒打破,得到的树脂就是阿魏。还有一种说法,说的是这个阿魏毒性强烈,在荒郊野外,怎么分辨这一片都流着树脂的树哪一棵流出来的才是阿魏呢?自然不能让人依次去试。当地人会驱赶羊到树底下，然后隔很远把树脂打下来,如果树脂滴到羊的身上,羊死了,那这个就是真的阿魏。

13.珊瑚

此处珊瑚生长在大海的最深处,刚长出来的时候是白色的,随着生长,颜色开始发黄。当地人用绳子拴着五个爪的"铁锚爪",配上铅坠投入海中,专门捞取这深海珊瑚。珊瑚刚打捞上来的时候很柔软,一旦遇风立即变得干硬。这珊瑚以红色的为上品。如果打捞时不慎遗落海中,这珊瑚也活不了了,没多长时间就会被海中其他生物啃食干净。

14.没药

这可是一种著名的树脂和药材。据史料记载,此地产没药的树高大挺拔,跟松树一样,树皮厚约二寸。当时采集没药的时候,会先在树的下部砍出个"坎儿"来,然后在树的上部割开树皮,没药流下来的时候会先填满那个"坎儿",填满后流出来的那部分才是人们要去收集的。

15.血竭

由棕榈科常绿植物麒麟竭果实成熟时渗出的红色树脂加工而成,其采集方法和没药一样。此物可活血化瘀、止血生肌。

从蔷薇水往后说到此处的这些物产大多数是产自当时阿拉伯地区周边国家,然后汇聚到旧港的。

16.鹤顶

此为鹤顶鸟的象牙质头盖骨。据说此鸟和鸭子一般大,毛黑、脖长、嘴尖,脑盖骨厚,大概一寸有余。骨头外面是红色的,里面是黄蜡色的,可以做腰带、刀把之类的装饰。

17.降真香

又名降真、降香,一种香料,唐代的道观及达官贵人常用,可入药。

18.黄蜡

一种由从蜂巢里取出的蜜渣做成的蜡。

19.金银香

此香味道甚是浓烈,中国不产。它与当时银匠用金、银等在器物上嵌饰图案和文字时所用的黑胶相似,只不过其内里有一块白蜡。品质好的是白的多黑的少,品质差的是白的少黑的多。当地人比较喜欢这种香料。

除了这些,此处还有一种禽类,叫作"火鸡"。这个与现在吃的火鸡不是一回事。它之所以叫这个名字是因为它爱"吃"(古人是这么描述的)烧红的炭。这种鸟跟仙鹤差不多大,身子发圆,脖子比刚才说的鹤顶鸟脖子还长,头上有软软的红冠子,分两片从头中长出,像个帽子,有点儿类似大公鸡。嘴尖,浑身长满了类似羊毛的毛,不是很茂密,发青色。腿很长,爪子也很长很锋利,能轻易划破人的肚皮,把人的肠子掏出来。注意,此等猛禽得用刀砍斧剁,棍子打不死。看了这些描述,很像现在的一种濒危动物——鹤鸵。这种动物嘴尖爪利、脾气暴躁,一样擅长踢踹,一样通过挖心钩肠置对手于死地,一样对发光的东西非常好奇。鹤鸵对人类遗弃的炭火非常感兴趣,遇到这种灰烬,它用嘴啄弄一番而不"吃"。所以,估计上面说的"火鸡"也是这样用嘴摆弄,只不过看起来很像在"吃",加之此鸟凶猛,没有人敢靠近观察,就让古人误会了。

此地还有一"神兽",当地人叫"神鹿",有多神呢?"大如巨猪,高三尺许,前半截甚黑,后半截白,花毛纯短可爱,嘴如猪嘴不平,四蹄如脚有跆,止食草木,不食荤腥。"看完这个描述,估计您已经猜到了,所谓"神兽",其实就是马来貘。

此地牛、羊、猪、狗、鸡、鸭,蔬菜、水果等都与爪哇那里一样,毕竟两国相邻。

此外,当地人喜好小赌,比较爱玩的博戏有把龟、弈棋、斗鸡鸭、赌钱物等。买卖交易除了使用金、银以及中国的铜钱以外,还有布帛之类的物物交易。

旧港国国内一般用梵文交流,书写者戴的玉戒指可以作为印信在文书上按上印记。汉语在当地属于官方语言,只在官员对国王或者朝廷上表章的时候使用。

此地由于天气炎热、冬无霜雪，人们一般都用香油涂身。当然这个香油不是咱们做饭用的香油，而是一种香薰精油，涂上可以驱避蚊虫、清凉去暑，甚至可以去除因为潮湿炎热引发的皮肤疾病。这点和盐卤很相似，盐卤可以外敷，能清除流火、丹毒，治疗若干皮肤上的发炎症状。盐卤的这种药用功能还是郑和教给南洋各国的。

在洪武四年（1371），当时旧港国（三佛齐）的国王派遣使臣携带包括用金字撰写的奏章、各种进贡的宝物来朝贡，从此以后双方往来不断，旧港国朝贡不绝。

第十四章 ｜ 奇风异俗的圣地——暹罗国

话说，这一次我们跟随郑和舰队浩浩荡荡地来到了暹罗国。

这个暹罗国，就是今天泰国的古称。从占城出发向西南方向顺风船行，七天七夜就能到达暹罗的新门台港，也就是现在的北榄港。当时的暹罗国国土不过千余里，四周都是山峦环绕，内地又很潮湿，土地贫瘠，适合耕种、收粮食的地方很少。它的气候也不正常，忽冷忽热的。

照例说说他们的建筑。该国国王的宫殿富丽堂皇、高大整洁。老百姓的房子就比较普通，都由木材建制，离地较高，有点儿类似现在少数民族的吊脚楼。估计也是跟当地炎热潮湿、多蚊虫的环境有关。房子里面没有用木板铺就的地板，当地人用槟榔木劈成竹片大小，然后紧密地摆在一起，用藤条结结实实地绑好，据说非常坚固。再在上面铺上竹席，一家人吃喝拉撒睡都在上面。

暹罗国王不穿上衣，但是用白布缠头，下身围着丝嵌手巾，腰上还缠有华丽的丝织绸缎。国王出门一般乘轿或者骑大象，后面的一个随从手持一把金柄茭蕂叶大伞，就是爪哇国当作纸用来刻字的那个茭蕂叶。国王是锁俚人，信奉佛教。上行下效，暹罗国百姓出家为僧为尼的人数众多，他们的衣服与当时中国出家人的衣服颜色差不多，他们同样需要到当地寺庙里持斋受戒。在这一点上，现在的泰国可谓一脉相传，完整地将这些传统继承了下来。

当地男女都是身穿长衫，男子扎髻，用白头布缠头，女子束发梳锥髻，即梳成锥形的发髻。这国家周边的人们大体都是类似的穿着，并且暹罗人比爪哇这些地方的人在穿着上更显斯文，毕竟没有光着膀子（国王除外），而且还穿着长衫。

当时的暹罗国，可以说是个女儿国。怎么说呢，并不是当地没有男人，而是国家法律量刑、政策制定、民间买卖、家庭琐事等各方面全都由女人说了算，古人描述"志量果胜于男子"。这么说来，用"妇女能顶半边天"来形容都不算准确了，应该是剩下的半边也归她们顶着。如果当地女人看上了中国男人，而中国男人也愿意，则男女双方"同饮共寝"。女方的丈夫不会对此感到愤怒，更奇葩的是他们还会认为这是天大的好事，四处宣扬"我妻美，中国人喜爱"。当然了，这个说的是过去的泰国，现在早没这习俗了。

按当地的习俗，男人到了二十岁就得行"割礼"。这个并不新奇，世界上很多民族都有这个习俗，只不过要求的岁数不一样。但暹罗人在这方面与众不同，他们不仅"割"，还"切"和"塞"。据《瀛涯胜览》记载，此地"男子年二十余岁则将茎物周回之皮，如韭菜样细刀挑开，嵌入锡珠十数颗皮内，用药封护，待疮口好，才出行走"，实在令人瞠目。

话说回来，别管怎么折腾，结婚都是躲不开的人生大事。当地婚俗，先由僧人出面把男方迎接至女方家里，"僧讨取童女喜红，贴于男子之面额，名曰'利市'，然后成亲"。过了三天，男方请来众多宾朋好友，迎接女方来男方家，当然彼此之间少不了送槟榔做礼物，男方这边自然置办酒席大宴宾朋。

当地葬礼也颇有意思。一般百姓死了之后就被抬到郊外海边、远离人烟的地方。死尸放到沙滩上，这时天上会有三五十只形如大鹅的金黄大鸟从空中俯冲直下，扑到尸体上一顿胡吃海塞。吃饱喝足，大鸟飞走，剩余的骸骨由亲人们号哭着收起来,扔到海中,这就是当地的"鸟葬"。当然也有在这个过程中请僧迎佛、做法事的。普通人的葬礼大体就是这种方式,那有钱有势的人怎么个死法呢?暹罗这里的富贵人家,若有人去世,便会在尸体的腹部注入水银,然后下葬。跟平常百姓相比,也算留了个全尸。

距离暹罗国国都二百余里,西北方向有一个叫作"上水"的地方,这个地方可通云南。此处住着五六百户当地人,人口估计得有两三千人,这些人以贩卖各种当地特产为生。这些特产中就有品质很高的红宝石。据说当时最高品级的红宝石叫作"红雅姑",而上水当地卖的红宝石的品级仅次于"红雅姑",整块宝石就像石榴籽一样明净,也属于高级货了。由于上水当地水道狭窄,郑和的船队必须换成小船才能到上水去进行贸易。

照例再列表说说暹罗国的土特产:

1.罗斛香

味极清远,亚于沉香。

2.黄速香

笼统地说它属于沉香中较低级的一种。此香开采的时候必须先把树木砍倒,然后等树木腐朽后,才能从木身中取出。清人所著《崖州志》中说黄速香"色疏黄,质轻,气微结,高者类奇楠,而气味各殊,不可不辨"。

3.大风子

一种乔木,种子可以榨油,亦可治疗麻风病和皮肤病。

4.藤黄

为藤黄科植物藤黄茎中取得的一种黄色的树脂,可作为绘画用的颜料,还可消肿排脓、散瘀解毒、杀虫止痒。

5.苏木

这里指的是苏木树经过干燥以后得到的心材,也就是树心那一块,这块处理过的树心具有活血化瘀、消肿止痛的功效。当地的苏木资源很丰富,而且品相相当好。史料记载"颜色绝胜他处出者",注意中间用的是"绝"字,意味着这里的苏木品质远好于其他地方。

6.花锡

又被称为花斗锡、斗锡,是金属锡的一种,暹罗国此物储量丰富。丰富到哪种程度呢?经过这么多年的开采,到现在泰国的锡储量还是世界第一。可想而知,暹罗国当时锡资源丰富到什么程度。

此外,还有罗褐速香、降真香、沉香、花梨木、白豆蔻、象牙、翠毛(翡翠鸟的羽毛,可用作装饰)等特产。

这些有明确记载的特产说完了,再说说一种存在于"传说"中的特产。为什么是"存在于'传说'中"呢?您别急,先听我跟您讲讲这个"传说"。

传说郑和舰队由于远洋航行,船舵十分容易损坏。每到一地,郑和总是派遣手下官兵进入当地山林搜寻坚固耐用的木材来制作船舵。来到暹罗也是一样,众官兵照常进入丛林之中寻找可用之材。这次他们发现了一种木头,色红带紫,质地异常坚硬,而且分量奇重。郑和看见了,大喜过望,命军士们伐树,利用当地河流将树运出。树木运出之后,经过加工制成船舵,再加装铁链安到船上,这样一来舵手操作起来异常方便,船舵也经年不坏。

郑和也是厚道人,跟暹罗国国王约定,这种木头以一百根为单位,用黄金来换取。国王听了非常高兴。这些树木本来就在深山老林里,自己又用不着,要不是郑和手下发现,自己到现在都不知道。而且中国人不仅自己砍、自己运,还给金子,这天大的美事,不答应才怪呢!于是双方就这么愉快地决定了,这一决定持续了百年左右。从此,大明朝可以源源不断地获取这种珍贵的木材,而暹罗国从此乍富。这种珍贵的木材,我们中国人管它叫紫檀,就是那个"一寸紫檀一寸金"的紫檀。

这个传说出自20世纪三四十年代上海名医陈存仁的历史著作《被误读的远行》。这位老先生医术精湛,治学范围很广,不仅医学著作不少，还著有好几本历史书籍，这本《被误读的远行》就是其中之一。老先生在书中的确是这么记载的，不过他并没有举出相关的实证，这也是把这段记载叫作"传说"的原因了。倒是山东蓬莱登州博物馆副研究员袁晓春在《海交史研究》上发表了一篇《郑和下西洋与蓬莱紫檀木舵杆解析》。在这篇文章中，作者袁晓春指出出产紫檀木的地方只有印度，传统观点认为我国云南、两广、海南等地以及东南亚出产紫檀木是错误的，而印度出产紫檀木的产区紧邻古代的古里国。这么看来，双方都认可紫檀是被郑和船队带回大明的，但对于产地各执一词。咱们在这里就暂且不讨论这个学术问题了。

再接着说说当地的珍稀动物。

暹罗的珍禽异兽有白象、狮子猫、白鼠。但这几种动物长什么样，古人没具体写。这里蔬菜的种类和占城差不多。酒有米酒和椰子酒，二者都是烧酒，价格很便宜。其他诸如牛、羊、鸡、鸭等家畜家禽都有。

此地人吃的盐是井盐，也就是岩盐。别看他们守着海，但是从没想过吃海盐。估计是没想到，或者想到了也不会弄。井盐不含碘，除了调味之外对人体没什么用处，所以当时暹罗国患有甲状腺疾病的人比较多。郑和的舰队到了之后，教当地人煮海盐，因为暹罗海边多是沙滩，没办法造盐田来取盐，所以当时只有煮盐这一条路。暹罗国王大喜，因为海盐不仅味道鲜美、可以治病，而且取之不尽、用之不竭。双方谈好，每次舰队来暹罗都可以免费补充食盐。与欧洲舰队每到一个新地方总是烧杀劫掠不同，郑和舰队每到一个国家，总能创造出双方共赢的局面。

当地人口音跟广东人口音差不多。当地人擅长水战，动不动就与邻近国家、部落开战。交易买卖从不用金银当钱，而是使用海𧵅当作货币，无论大小交易都用。

洪武年间暹罗国（当时还被称为暹罗斛国）在位的国王是参烈昭毗牙，曾派遣使臣出使大明，进贡宝物。朱元璋也不吝啬，赐给他们《大统历》。从此,暹罗国人民终于准确知道各个节气,并据此进行农业活动了。到了永乐初年,也就是郑和远航前,大明称其为暹罗国,其王昭禄群膺哆啰谛剌遣使臣奈必表来大明进贡,永乐大帝回送他们一套《古今列女传》。另外,暹罗使臣还请求成祖同意他们国家一切度量衡都使用大明的。成祖欣然同意。从此,双方贸易不绝,暹罗国朝贡不断。

第十五章 | 大明的拥趸——满剌加国

接下来，我们跟随大明的舰队船不歇桨地来到了满剌加国。

这个满剌加，又被称为马六甲王国。如果你以为它就守着马六甲那一点儿地方的话，那就错了。这个王国全盛时期的国土范围覆盖了现在泰国南部至印度尼西亚苏门答腊西南部，面积着实不小。可以说，整个马六甲海峡地区都在它的势力范围内。

到这个地方不难，从占城出发，向正南方向，顺风船行八天可到达一个叫作龙牙门的地方，过了这个地方，往西南方向再走两天差不多就到了。

这个地方古来叫作"五屿"，之后才成为满剌加国。虽说后来叫了"国"，但是万事都得听遑罗国的，属于遑罗的属地，"岁输金四十两，否则差人征伐"。当时满剌加国国内大小事务均由头目负责。所谓"头目"在国内负责的事与国王无异，但作为他国的属地，领导者不能称自己为"国王"。就像古时的朝鲜作为中国的属国，只能有"王"不能有"皇帝"，称"王"还得经过中国承认才行。

当时满剌加国的头目，也是这个国家的建立者（满剌加国于1402年建立），叫拜里迷苏剌，是位落魄的王子。他认为，国家创建伊始本就不富裕,每年还要给暹罗交保护费,不是长久之计,还是得找个更强大的靠山才行。

可是,万里南洋,无边无沿,要是在当地找靠山,找到亡了国也不见得能找到比暹罗更大、更友善的国家。但是,要是这种大国来找上门就易如反掌。于是,永乐元年,也就是1403年,明成祖派宦官尹庆出使南洋时,双方一个有招徕之意,一个有臣服之心,一拍即合,这个拜里迷苏剌立马带上贡品,跟随尹庆一行来到大明,觐见了明成祖。这时候已经是当年的年底了。

册封一地首领没有这么快,但是这个拜里迷苏剌太心急,从大明回到家后就心神不宁,实在等不及了,于是在永乐三年(1405)他又遣使臣来到大明。这次拜里迷苏剌终于如愿以偿,明成祖封其为满剌加国王,赐诰印、彩币、袭衣、黄盖,满剌加国岁岁进贡、年年称臣,并且大明封其国的西山为"镇国之山",成祖亲制《振国山碑铭》放于此山上。

这一次满剌加国算是有了真正的靠山。但是暹罗不服,于是发兵满剌加,把明朝赐予的印诰之物全部抢走了。

明朝廷知道这件事后,派郑和在第三次下西洋的时候,也就是永乐七年(1409)取道满剌加国,重新赐给拜里迷苏剌双台银印,冠带袍服,并且树碑封城。暹罗国人念及郑和对他们的恩情(施医赠药、教授煮盐、开垦梯田等),也慑于大明的实力,从此再没有侵犯满剌加国。

满剌加国国王拜里迷苏剌也是知恩图报之人。郑和船队到来后,他派人在船队停泊的港口设立排栅,并在四面围栏上设立了四个更鼓楼,用作警戒、看护,夜里还设有提铃巡查的人员。这样安排,这个国王还不放心,又在外围排栅里面设立了排栅小城并盖起仓库,将郑和船队需要交易、买卖的货物、财款都放在库里,有专人把守、严加看管。郑和手下船队从各国回来,在此集结整理,装船妥当之后,整个船队于农历五月前后西南季风来临之际,返回中国。如此这般安排,国王觉得所做的这些还是不能完全表达自己对明朝廷的忠诚,于是他率王后及众多使臣五百四十余人带着大量贡品义无反顾地跟随郑和船队来大明朝觐见明成祖，叩谢天恩。这件事发生在永乐九年（1411）。从此以后，满剌加国朝贡不断，两国贸易往来频繁。

　　不过，这种友好往来仅持续到明武宗朱厚照在位时期。据史料记载，满剌加国最后一次派使臣入贡的时间是正德三年即 1508 年，这时距离该国第一任国王拜里迷苏剌带领五百多人朝见明成祖已经过去了将近一百年。此时的满剌加国大约立国一百零六年，三年后，也就是1511 年，该国被葡萄牙（明朝时被称为佛郎机）灭国，国祚一百零九年。葡萄牙打满剌加国也不是一蹴而就的，从 1509 年开始断断续续打到1511 年攻破满剌加国都，前后共持续了三年多的时间。要是算上亡国之后满剌加人的复国之战，那就持续了十五年，从此再也没有满剌加国和满剌加人了。史书记载武宗年间朝贡的这一笔，算是满剌加入贡大明的绝唱。不过当时的大明也早已不复成祖时的荣光。满剌加国被葡萄牙攻打的时候，也曾向大明这个宗主国求援，可是直到嘉靖皇帝（即明世宗朱厚熜）在公元 1521 年继位之后，大明才"敕责佛郎机，令还其（满剌加国）故土"，此时满剌加国都亡国十年了。显然，葡萄牙人对这迟来的斥责不以为意，也懒得回复。嘉靖皇帝又谕告暹罗等国去帮助流亡的满剌加人复国，没想到诸国"迄无应者"。就这样，满剌加复国的星星之火在无能的大明和无良的邻国的注视下，无奈地被无耻的葡萄牙人扑灭了，满剌加人无可避免地亡国灭种、无家可归了。

　　不过，要是刨根问底，还能刨出来一个柔佛国来。这是一部分偏安一隅的满剌加人成立的小国。此国控制的国土、人口远不及当初的满剌加国，而且没少受恶邻欺负，当然葡萄牙人自然也少不了来凑个热闹，之后闻风而来的荷兰、英国也都肆意侵扰柔佛。就是这么一个人见人欺的柔佛国，在历经了王统中绝、首相掌权等波折后，竟然奇迹般地挺到了 20 世纪，虽然此时的它已经成为英国的殖民地，但是名义上的国家还存在，比满剌加国多活了大约三百年。

说完满剌加国令人无比心痛的亡国史，咱们再回过头来说说郑和船队到访此国时的基本情况。

满剌加国的东南面是大海，西北面是山以及盐碱沙地，气候朝热暮寒，土地贫瘠，耕地少。有一条大河从国王宫殿前流过，向东注入大海。国王在这条河上造了座木桥，桥上又建造了二十多间亭子，国人在这些亭子里做买卖。

满剌加国国王的打扮是细白布缠头，身穿如袍子般的细花青布长衣，脚穿皮鞋，出入皆乘轿子。服饰方面，"男子方帕包头，女人撮髻脑后。身体微黑，下围白布毛巾，上穿色布短衫"。当地民风淳朴。为防水涨入屋，当地房屋像阁楼一样，不铺地板，在离地四尺左右（大约一米高）的地方用布系在椰树板上，然后用藤条把缠着布的木板系紧并固定在墙壁、房梁等处。家里的家具摆设都在这"布面木板"上，一家人生活、待客也都在上面。当地人多以打鱼为生，经常坐着独木小舟穿洋过海。

当地土产为黄速香、乌木、树胶、花锡和打麻儿香之类。"打麻儿"是马来语 Damar 的音译，即如今马来西亚的首都吉隆坡。满剌加国国土包括现在的马来西亚，"打麻儿香"恐怕和吉隆坡也有些渊源。这香本身是一等的树脂，流入土中，然后被人挖出。经过土埋后被掘出的树脂外形就像松香、沥青一样，遇火即着。当地人都把这个东西当灯用。由此看出此物储量丰富，而且比油灯方便了许多。除了点灯，它还能用来防水。当地人造船、建房的时候把此物熔化，涂在船或者房屋表面，可使所造之物"水莫能入"，防水性能非常好。好多人做起了买卖打麻儿香的生意。这打麻儿香里的明净、品质高的被称为"损都卢斯"，即著名的"水珀"，好多当地人把它做成帽珠对外销售。

当地有两处锡场盛产花锡，锡场管事的是国王委派的"头目"，相当于大臣。当地出产的花锡都算作国家的，不允许个人开采。炼制出的花锡为斗状，分两种规格，即大块与小块，折合成大明计重标准分别为一斤八两（大块）和一斤四两（小块）。花锡用藤条绑住，十块为一小把，四十块为一大把。满剌加国国内交易无论大小都用这种花锡作为货币。当地语言、文字书写以及婚丧嫁娶的习俗等都与爪哇相同。

此地野山上生长着一种叫作沙孤的树，人们把这种树的树皮捣碎，经过加工，可以得到其中含有的淀粉，把这些淀粉做成绿豆大的小丸子，可以晒干了卖。此种小丸子叫作沙孤米，可以当饭吃。这个地方的海岛岸边遍生一种植物——茭蕈，对，就是叶子被爪哇人当纸用来书写的那种。这里的茭蕈叶子很长，像刀、长矛一样，叶身厚实，性柔软。因此，茭蕈还被满剌加当地人编成席子，一般宽两尺（约 60 厘米），长数丈（约 10 米）。人们用完了茭蕈的叶子，还把它结的籽用来酿酒喝，名为茭蕈酒。味道不知道怎么样，不过喝多了会醉。

当地盛产的水果有甘蔗、芭蕉子、菠萝蜜、野荔枝等，蔬菜有冬瓜、芥菜等，也有葱、姜、蒜等。此处没有驴和马，牛、羊、鸡、鸭都有，但是不多，价格很贵。尤其是水牛，一头普通水牛价值一斤的银子，堪称"行走的银山"。

在此处靠近海边的淡水里，经常有鳄龟出没伤及无辜，鳄龟身长可达三四尺（一米左右），满身倒刺，面目狰狞，能轻易咬断人的手指。

当地山中还有黑虎，比中国的老虎略小，毛皮为浅黑色并且略带灰蓝色，配有暗色花纹。目前关于这个黑虎还有一些争议，很多古书都记载过这种虎，但是至今没有证据能够证明这种动物存在过。除了黑虎，当地也有普通老虎。此外还传说有虎化为人混迹人群之中，估计是想吃人，但是当地人也不是吃素的，老虎被认出后，往往当场就被捕杀了。

第十六章 | 寡民小国——哑鲁

这个哑鲁国,史书上特意标注三个字"小国也",说明这个国家地域不大,国力不强,所以记载它的史料就比较少。

这个小国,从满剌加国出发,顺风四昼夜就可到达。当地有一个港口,名叫"淡水",又称为"阿鲁港"或者"亚路港"。一到这个港口就算到了哑鲁国,大点儿的船也就这一个港口可以停泊。此国南面是大山,北面是大海,西边连着苏门答剌国,就东边是平地,可以耕种早稻。稻米米粒细小,而且产量颇丰。当地老百姓就以耕种、捕鱼为生,民风淳朴。国内婚丧嫁娶等习俗与爪哇国和满剌加国相同。这里没有什么土特产,只产黄速香、金银香等少数几种香料。牛、羊、鸡、鸭,包括刚才说的稻米都不少,还有很多人卖奶酪。

据说此地当时有一种飞虎,与猫一样大,浑身长满了灰色的毛。有对翅膀,不过还不是鸟那种,是跟蝙蝠一样肉膜状的,从前腿长到后腿,飞不远,估计所谓"飞"也就是滑行。也有人会抓这种动物,不过,它们不吃人类给的食物,被逮住后往往很快就饿死了。

由此看出,此地算是温饱有余、民风淳朴的寡民小国。

《明史》中关于哑鲁国的记载,和本文有所出入——"阿鲁,一名哑鲁，近满剌加。顺风三日夜可达。风俗、气候大类苏门答剌。田瘠少收，盛艺芭蕉、椰子为食。男女皆裸体，以布围腰……"（《明史·列传·卷二百十三》）。本文这个章节采信的是明人马欢所著《瀛涯胜览》，毕竟马欢曾跟随郑和数次下西洋，且《瀛涯胜览》中所有记载都为他实地的所见所闻。撰写本文的目的是让大家对这个小国有所了解，而非进行严谨的学术研究，故在此说明。

第十七章 | 利益的角斗场——苏门答剌国

此"苏门答剌国"并未占据整个苏门答腊岛,其大概位置位于现在苏门答腊岛西北方,古代又称之为"须文达那国"。这个国家地理位置相当优越,"其处乃西洋之总路"。

可以看出,苏门答腊岛的西北方,正是进出马六甲海峡的咽喉要道。苏门答剌国控制住了这片进出马六甲海峡的广大区域,这在风帆时代,就相当于扼住了东西方经济文化交流的脖颈。

从满剌加国出发去苏门答剌国,需要往西南方向走,顺风情况下经过五昼夜,先到一个叫作"答鲁蛮"的地方,在此处下船,再往东南走十余里就到了。这个国家的城市没有城墙,有一条大河流入大海,一天两次潮水涨落。河流入海口风大浪高,致使好多船舶在此沉船。

其国家北边是大海,南边有一座大山,东面的大山是和哑鲁国的边界,西边是与两个小国——那孤儿国和黎代国交界。

这个国家还有一个比较传奇的故事。

讲故事之前有必要先介绍一下这个国家的国王宰奴里阿必丁,他是个比较有先见之明的人。他看出国家地理位置的优越既能给国家的发展带来推动,也会使其成为恶邻及黑恶势力眼里的一块肥肉。所以,找个强大的靠山是个关系到国家战略安全和生死存亡的大事。

　　他很幸运，赶上了大明积极拓展海外空间的时代。永乐元年（1403），成祖遣使来到苏门答剌国，告诉他们大明的皇帝换人啦。次年，成祖又派副使闻良辅和行人（此"行人"是大明洪武年间设立的"行人司"中的官职，负责颁诏、册封、抚谕、征聘等事）甯善来到苏门答剌，赏赐了织金文绮、绒锦、纱罗等。宰奴里阿必丁见大明有招徕之意，自己正好也有归附之心，便决定礼尚往来，得带点礼物去大明觐见一下这么周到的明朝皇帝。于是，他在永乐三年（1405）就去南京朝见了明成祖，被封为苏门答剌国的国王，成祖赐他印诰、彩币、袭衣等宝物。自此以后，苏门答剌国朝贡不断，一直持续到成化年间。在这期间的宣德九年（1434），当时国王的弟弟哈利之汉还死在了大明，此时在位的是明宣宗朱瞻基，他追赠这个亡逝的王弟为鸿胪少卿，并赐诰，大明朝廷负责安葬，还设置了守冢户来看坟守墓。

　　国王介绍完了，咱们再接着往下说。

　　苏门答剌国西边有两个小国家，其中有一个国家的名字比较特殊，叫作那孤儿国。这个那孤儿国虽然地盘不大，但是野心不小。它的国王叫作花面王。主要因为该国民众都在脸上刺上三尖青花的图案，所以管理这些民众的国王也就被叫作花面王了。正因如此，那孤儿国在《岛夷志略》中被称为"花面"。

　　话说在苏门答剌国国王宰奴里阿必丁被封王之后的某一天，不守规矩的那孤儿国发动了对它的侵略。看了上文，您知道，这个苏门答剌国没有城墙，城防工事几乎为零。所以那孤儿国的花面王一路凯歌，眼看就要打到苏门答剌国皇宫门口了，宰奴里阿必丁被迫披甲迎敌。要说这位国王也是忠于职守，没有自顾自地夺门而逃，而是冲锋在前，保家卫国、奋勇杀敌，对得起他一国之君的身份。但那孤儿国就有点儿不厚道了，它用毒箭暗算苏门答剌国国王宰奴里阿必丁。毫无悬念地，宰奴里阿必丁中箭，为国捐躯了。

国王宰奴里阿必丁死了,王后咽不下这口窝囊气,可此时王子岁数尚小,根本无法替父报仇。王后虽为女流,不懂行伍之事,但她懂得"重赏之下必有勇夫"。她当众起誓,如果有人能替她报了杀夫之仇,收复全部失地,她愿意成为他的妻子,尊他为王,国家也交由他来管理。

果然,很快有人站了出来,是一个渔夫。渔夫打鱼在行,领兵打仗、杀人报仇竟也不含糊。简短地说,就是他把花面王杀掉,把花脸大军打回老家去了。从此以后,那孤儿国不敢再犯。王后遵从诺言,成了渔夫的妻子,渔夫当上了国王。

要说这个渔夫还真有一些治国理政的能力,把国家治理得井井有条,而且还在永乐七年(1409)携带贡品去朝见明成祖,直到永乐十年(1412)才回国。

按说照这么发展下去,应该是个皆大欢喜的结局。但是,白捡来的儿子始终不是亲儿子,别看王子当初替父报仇不行,现在长大了,倒是有了弑父杀君的野心。这位先王之子叫作锁丹罕难阿必镇,为了好记,咱在文中称他为"王子"。王子和几位臣子密谋,最后还真的把渔夫国王给杀了。这其中,原来的王后有没有参与,就不知道了,王后在履行完诺言后就再也没有出现在历史中。渔夫国王之死到底是由积怨导致的,还是王子要谋朝篡位,抑或是王后用长线布的一个局——先利用渔夫复仇,待到孩子长大、渔夫变老,再杀掉渔夫,好保证王位一直为先王一脉掌握——我们现在已经不得而知,毕竟是几百年前一个小国的事情,真正的事实早就随着当事人的死去和这个王朝的灰飞烟灭而无影无踪了。

反正渔夫国王是死了,还不是善终。前任国王宰奴里阿必丁也没活到寿终正寝,渔夫国王虽没有一个发誓复仇的妻子,但是他有个亲儿子叫作苏干剌。如果没发生这件事,他很有可能会成为王位的继承者,以后顺理成章地成为一国之君。这下可好,王位被抢走了,父亲也被人杀了,那不反了还等什么?

《明史》里说替渔夫国王报仇的是他的弟弟而不是他的儿子,但是

《瀛涯胜览》中记载的是渔夫国王的儿子，我们暂且采纳"儿子报仇"的说法。

这亲儿子没含糊，拉起一票忠于他的人，携家带口在山里自立门户，与王子分庭抗礼起来。他不停率军攻打王子，意在为父报仇雪恨。

双方你来我往打了两年多，这时候郑和率船队来到了苏门答剌国。事情的转机出现了。

当时，明朝廷认为先王宰奴里阿必丁的孩子，也就是文中所说"王子"继承王位要比渔夫的孩子更具有正统性。言外之意，渔夫一人得道就可以了，毕竟是特殊时期救国家于危难。但这江山还是老国王宰奴里阿必丁家的，渔夫国王死后得把王位传回人家的血脉。

这事渔夫国王的儿子苏干剌当然不认，于是发兵攻打。此时郑和已与王子结为联军。郑和可是跟成祖一起出生入死，在"靖难之役"中打过仗且立过功的，而且在第三次下西洋的时候就拿锡兰练过手了。况且这次出洋，随舰队出发的还有精锐之师两万六千八百余人。毫无悬念，苏干剌和他的妻子双双被俘，"追至南渤里国，俘以归"。最终结局就是二人被押解到大明，丢了脑袋。

看到这里，我们有必要将整件事前后梳理一下。明军为什么要在苏门答剌国打这一仗？要知道郑和前后七次下西洋一共就打过三次仗。别看郑和舰队庞大，随舰还有将近三万人的精锐部队，但是郑和从不以大欺小，明朝廷讲究的是恩威并施，并不是一上来就武力征服，明成祖需要的是万国来朝、奉大明为万国上邦的国际秩序。如前文所说，舰队途经爪哇国时，西王误杀明军一百七十余人，但郑和还是将战意压下去了。所以不到万不得已，大明不会主动兴起战事，一定会一而再再而三地通过外交等途径寻找和平解决的方法。但是一旦动手那就是事关国家安全、荣誉以及利益的大事，必须一战必胜，正所谓"勿谓言之不预也"。说到这里，咱们看看郑和这三次都是在哪儿打的。

第一次是在旧港国，也就是三佛齐生擒贼寇陈祖义，这个前文已说;第二次是在锡兰国,当地君主锡兰国王亚烈苦奈儿"负固不恭,谋害舟师",所以郑和在回程的时候教训了一下该国,并把这个国王抓回了大明,这个后文会说;第三次,就是在苏门答剌国打的这次仗,咱们刚刚说完。第一次战事,陈祖义危害巨大,不得不除;第二次战事,锡兰国纯属让郑和撞上了,而且对于这种明目张胆的挑衅,不打回去实在难以树立大明在南洋各国的威信,而且那次大明舰队也没有全军出动;这第三次战事可不一样,那是大明军队和苏门答剌国政府军联合作战,属于硬碰硬的正面战斗,大明之所以豁出血本,就是因为此处有郑和舰队主要的"官厂",即海外基地。

前文说了,满剌加国国王在郑和船队停泊的地方设立排栅,建立仓库,船队所用物资、钱财都贮存在这里,而且该国政府还派人日夜守卫,其实这个地方就属于明朝的官厂。

明朝舰队在南洋设有两个官厂(在印度洋和中东地区也各设有一个),一个在满剌加国,一个在苏门答剌国。不得不承认,郑和的眼光很毒,一眼就看出马六甲海峡具有重要的战略价值。这两个官厂分别处在海峡的一南一北,对明朝廷控制马六甲海峡、大明势力进入南洋以及郑和船队经由马六甲海峡西去都有很重要的作用。

看到这里,您可能就问了,南洋这么大、岛屿这么多,为什么单单选在这两个国家建立官厂呢? 要说干什么事都得讲究个"天时、地利、人和",选这两个地方就是因为三个条件都具备了。所谓"天时",就是此时正是郑和下西洋、明朝廷大力开拓南洋势力的时候,国力强盛。没有这个大环境,就没有在这里建立官厂的可能。"地利"这方面刚才讲了,就不用多说了。下面主要说说"人和"。

俗话讲"人熟是一宝"。世间的事都是人做出来的,人熟就意味着关系近,彼此的情况都很了解,彼此之间都很信任,这是做事成功的前提。而这两个官厂所在的国家,都是当时与明朝廷和郑和关系最好的。

前文介绍过满剌加国,那就是一个落魄王子建立的像小渔村一样的国家。国力孱弱，常年受到暹罗等国侵扰，还得定期向暹罗国交"保护费"。郑和的到来不仅帮助其发展了经济，使满剌加国成为南洋的"东西方贸易中心"，还带来了明朝廷的册封和明成祖的认可，从此暹罗等国不敢再进犯。而苏门答剌国呢，它的王子是在郑和与大明的直接支持下坐稳江山的，相当于明朝廷直接出兵帮他夺回了王位、巩固了江山。《瀛涯胜览》记载："永乐十三年，正使太监郑和等船到彼，发兵擒获苏干剌，赴阙名正其罪。其王子荷蒙圣恩，常供方物于朝廷。"《西洋番国志》记载："永乐十三年太监正使等到，为发兵擒获苏干剌送京，王子位始固，以此感恩意义，常贡方物。"《明史·列传·卷二百十三》则记载："和勒部卒及国人御之，大破贼众，追至南渤利国，俘以归。其王遣使入谢。"所以郑和与明朝廷对这两个国家都是有着再造之恩的。在这种前提下，双方的关系相当融洽，这两个至关重要的官厂设在这两国也是情理之中的事了。

还有一点得提一下，苏门答剌国的老国王就是宰奴里阿必丁，早在永乐三年（1405）就被明成祖封为国王（这也是后来明朝廷承认王子继承王位的合法性而不承认苏干剌的原因之一），此后双方关系相当融洽，宰奴里阿必丁经常进贡明朝廷，大明也回赠珍贵的礼物。郑和的船队从老国王当权的时候就在苏门答剌国建立了中转基地，作为分船队扇形远航的始发基地，这就是官厂的前身。后来渔夫当了国王，也向明朝廷称臣纳贡，明朝廷也承认了他的合法地位，双方也是合作愉快，官厂的安全也得到了保证。直到老渔夫的儿子苏干剌发动夺权战争，烧起的战火威胁到了官厂的安全，这也是大明要对他动武的原因之一。

好了，咱再照例说说这个国家的风土人情。

苏门答剌国气候多变，一年四季，一天四时（朝、昼、夕、夜）。白天异常炎热，犹如三伏天，晚上冷得像深秋一样。这还不算，每年到了五月至七月，林中又有瘴气生成。

该国土产有鹤顶、锡斗、苏木、阔布、大茄。这个"大茄"是一种树，高一丈有余，也就是三四米，结的果实大如西瓜，有十多斤，人们需攀梯采摘。

此地还盛产硫黄，这类矿产深藏在岩穴里。硫黄矿山本身草木不生，皆是焦黄色。此处耕地不多，而且不是很肥沃，只能种植一年两熟的早稻，麦子就别想了，所以面粉也就没有了。当地人房前屋后都会种一种作物，是一种调味品。据当时的记载，这种作物"藤蔓而生，若中国广东甜菜样，开花黄白，结椒成实，生青老红，候其半老之时，择采晒干货卖"，其实就是胡椒。此处家家户户种胡椒，而且这里的胡椒粒大，在当地百斤能卖到一两银子，在别处卖的话差不多合当时金钱八个。

水果有芭蕉子、甘蔗、莽吉柿、菠萝蜜等，没有桃、李子等水果。这个莽吉柿实际就是山竹，爪哇国也产。这里还有一种东西值得说一说，就是赌尔焉。当初郑和下西洋的这帮人估计是大明官方第一次接触这个东西的人，他们管它叫"臭果"，称它的臭味"若臭牛肉之臭"，长七八寸，浑身长满了尖刺，一旦熟了就爆裂成四五瓣，发出恶臭。古人还说这个东西里面长有跟栗子果肉差不多的、酥爽的大白肉块十四五块，"甚甜美可食"，果肉中有大核，可以炒着吃，跟栗子一个味。一说有臭味，估计您就猜出个八九不离十了，是榴莲，只不过古人在原产地见到的比咱们现在吃的要大得多，估计味道也很甜美。

此地还盛产柑橘，栽种面积极广，一年四季都有。跟当时中国的洞庭狮柑、绿橘一样，不酸，可以久存。此地还产一物，明朝人叫酸子，当地人叫俺拔。这个东西外形比较长，浑身绿色，香味浓烈，吃的时候得削皮，里面果肉"酸甜甚美""核如鸡子大"。这说的其实就是杧果。估计这个品种的杧果就是绿色为主的。

此处葱、姜、蒜、芥菜不缺，冬瓜不少，而且长久不坏。西瓜跟现在的没什么区别。家家户户都养黄牛，所以就有很多卖乳酪的。此处的羊全是黑羊，没有白羊。此地的鸡肉质好，味道鲜美。此处除了鸡还有鸭，这个地方的鸭子腿短，个大的有五六斤重。此地也有桑树，当地人也养蚕，但是不会缫丝,只会做绵。

首先解释一下何为"缫丝"。"缫丝",简单地说就是将蚕茧抽出蚕丝的一种工艺。蚕长到白胖就开始吐丝,单丝变茧、越来越厚,直到把自己完全包裹起来,蚕茧也由透亮的变成白色不透明的。等到蚕蛾破茧而出,蚕茧就被留了下来。有了蚕茧后,下一步就是把它变成蚕丝,这个步骤就叫作缫丝。缫丝具体又分好多步,技术难度很大,简单说来就是把蚕茧泡到热水里,然后抽丝出来。经过考证,汉族劳动人民发明了养蚕缫丝、织绸刺绣的技术,而且早在距今 5000 多年前的仰韶文化时期就掌握了。

缫丝说完了,我们再说说这个"绵"。此"绵"非彼"棉",这个"绵"是指蚕丝结成的片或团,属于通往缫丝路上的"失败品"。此物做不了衣服,只能做衣被夹层或者当作高档的缓冲包装材料。

该国民风淳朴,所用语言、书写文字、婚丧嫁娶的礼仪、人们的装扮都和满刺加国一样。老百姓住的房子也跟阁楼似的,因为当地白天炎热潮湿,房子一般高七八尺(相当于现在的两米左右)。当地人不铺地板,他们用藤条将椰木和榔木的木条绑住吊好,再将藤、竹编的席子铺上,人们日常生活就在这上面。如果有条件,屋子外面再架好栅栏,那就可以算是完美了。

当地贸易发达,南来北往的各国商船在此汇集。该国货币为金钱和锡钱。金钱又被叫作底那儿,每个底那儿"以七成淡金铸造,每个圆径五分,面底有文"。锡钱在当地被称为加失,使用量巨大,几乎所有的交易都用得到。此处和当时大明一样,以十六两为一斤。

说完了这些,咱们再说个恐怖的。

前面说过,苏门答剌国在成化年间就不和大明来往了,成化朝双方不来往的时候距郑和在苏门答剌国与苏干剌开战大约有七十三年,从双方不来往的成化朝再往后推大约八十五年就是万历朝,这里要说的恐怖的事就发生在这个时期。

此时的苏门答剌国早已物是人非，这时在位的国王原先是个奴仆。在他为奴的时候就巧言令色，鼓动身为大臣的主人去弑君。他的立场不坚定，默许了这个奴仆。结果奴仆当庭杀死了原来的国王，这位奴仆的主人就成了新的国王。所谓天道轮回，这位谋朝篡位的新国王很快就被他那个口蜜腹剑、居心巨测的奴仆杀死了，奴仆成为国家的新国王，成了最终赢家。这么一闹，苏门答剌国算是在短时间内换了两任统治者，国名也换了两次，最后这次更名后我们称其为"哑齐"。

这两次弑君的奴仆国王就是这件恐怖事情的主角，他嗜血。这里的"嗜血"不是指他好杀人，而是指他喜好用人血洗澡。他每年都要杀十几个人用来洗澡，平均每月一个，据说这样做可以使他一年四季不生病，老百姓被这事吓得没有不臣服的。《明史》和《岛夷志略》中对此事都有记载，《岛夷志略》里甚至描写这个国王"一日之间必三变色，或青或黑或赤……"

几轮折腾下来，此时血雨腥风中的苏门答剌国（尽管改名了，但我们还是暂且这么叫吧）虽然还在原地，但已远不是与大明、与郑和携手共进、繁荣安宁的苏门答剌国了。

好了，苏门答剌国说完了。接下来，我们去看看"花面大魔国"——那孤儿国。

第十八章 | "花面大魔国"——那孤儿国

为什么把这个国家叫"花面大魔国"呢？因为这个国家的居民要在脸上刺字，这在咱们国家有个专有名词——黥刑，也叫墨刑，属于一种刑罚。但在这个国家，这种做法不是刑罚，而是一种硬性规定，整个国家的人，无论男女老幼，都得在脸上刺上三尖青花，至于具体什么样子，已经无从考证了。

那孤儿国与苏门答剌国接壤，中间隔着一座大山，估计这座大山也没多大，不然那孤儿国也不会轻易翻过山去攻打苏门答剌国。

那孤儿国人多地少，耕地更少，出产的粮食也少，但还是以农业为主。猪、羊、鸡等，人们都有饲养。这个地方没有什么土特产，风俗习惯与苏门答剌国基本相同。

人口方面，整个国家都算上也就千户左右，大概三四千人的规模。就这么点儿人还敢去打比它大得多的苏门答剌国，足以说明这个国家的国王不怎么靠谱，有意思的是，居然还真把人家国王打死了。从这一点来看，除了说明苏门答剌国实力不济外，也说明那孤儿国国王很狡诈、阴险。

后面的事情前文也提到过，那孤儿国易主，还差点儿亡国，只能说天道轮回啊！

第十九章 | 那孤儿国的邻居——黎代国

那孤儿国有一个不幸的邻居——黎代国。

黎代国也是一个小国,南边是山,北边是海,西边连着南浡里国,东边就守着那惹是生非的那孤儿国。

黎代国的人口也就一两千户,估计四五千人,比他东边的邻居那孤儿国的人口多一些。此地的国王是众人推举出来的,算是最原始的民主。推举出来的国王负责管理当地的日常事务,但是这个地方属于苏门答剌国的管辖之地。这么说来,这个推举出来的国王也就算是苏门答剌国的一个村长了。

当地没有什么特产,就是山上野犀牛多,黎代国的国王也会派人捕捉,当作贡品进贡明朝廷。当然,由于国家太小,东西太少,又属于苏门答剌国的管辖范围,所以经常随苏门答剌国一起进贡。

其实,黎代国之所以不能单独前往大明的根本原因是他们造不出可以远洋航行的船舶。苏门答剌国就不同了,它即使造不出来可以远洋航行的船舶,也有大明的官厂在它那里,借条船或者乘明朝舰队回程的顺路船还是可以的。

第二十章 | 出产奇珍异宝的南浡里国

从苏门答剌国出来,往正西方向,船行三天三夜可到南浡里国。

这个国家临海,人口不多,约有千余户,大概三四千人,民风淳朴。此地东边和黎代国接壤,西北面都是大海,南面是山,翻过了这座山后面还是海,山海相连。

南浡里国的王宫是用长三四丈的高大木材"如楼起造",地板悬空,下面没有任何装饰,也不住人,只是放养牛羊等牲口。楼上,也就是铺地板的那层,四周用木板装饰,非常干净整洁,饮食坐卧都在这上面。民居则与苏门答剌国完全相同。这个地方黄牛、水牛、山羊、鸡、鸭都有,但是蔬菜很少,鱼虾很便宜,稻米也不多,各处交易都使用铜钱。

此处出产的降真香叫作莲花降,是降真香里的极品。南浡里国的国王经常亲自跟船携带此香进贡明朝廷。此地也出产犀牛。该国西北面大海里有一座大平顶山名叫帽山,从岸边到这座山,大概半天时间。这座山的西面大海正是印度洋,当时叫作没黎洋。从西边来的船只,到此处都得赶紧收帆,四处观察,以此大平顶山为航标。这座山除了做航标以外,还是个"宝藏"。在它旁边六七米深的海水里,生长着一种稀有的海树,人们把它当作宝物,就是珊瑚。这里产的珊瑚高两三尺,根部有大拇指那么粗，根部大的还可以做成帽珠等器物，所以当地人"为宝物货卖"。除了个头儿出众，这里的珊瑚树颜色也不同于一般，它是黑色的。珊瑚树的颜色主要有三种——红、黑、白，我们日常见的主要是红色或者白色，黑色比较少见。而且此地珊瑚树"如墨之沉黑，如玉之温润"，是珊瑚中的极品。

这个帽山脚下出奇珍异宝，也出"活宝"。此处山脚下住着二三十户人家，估计共有百十来人。您要是登陆后，随便问一人："你们这里谁管事啊？"回答准是"阿菰喇楂"，这是当地话，意思是"我是王"。如果您问的时候，旁边又来一个人，您问他，还是那句话："你们这里谁管事啊？"那人肯定回答您："我也是王！"要是一两个人这么说，就当是市井玩笑，毕竟虽然这里属南浡里国管，但山高皇帝远，也没人管。但是一个岛上二三十户、百十来人都这么说，就很有意思了。

第二十一章 | 自作自受的锡兰国

接下来,我们说一说自作自受、挨过大明铁拳的锡兰国。

说到这个锡兰国,大家不会太陌生,就是锡兰红茶的产地,现在的斯里兰卡,全称为斯里兰卡民主社会主义共和国。这个地方在古代被叫作狮子国(斯里兰卡现在国旗上的狮子图案就代表它的古称——狮子国),在唐代高僧玄奘写的《大唐西域记》中被称为僧伽罗国,在《宋史》中被称为锡兰山国。

别看锡兰国不大,故事可不少,简单说来就是有"一传说""一景"和"一战"。这个"一传说"指的是关于人鱼的传说,"一景"就是其国内的"裸形国","一战"指的就是郑和舰队与他们之间的战争,这可是郑和下西洋的"三大战"之一。

咱先说说这个关于人鱼的传说。

在《决战之地——三佛齐》一篇中,咱们说过郑和智擒陈祖义的事。这个传说就是从押解陈祖义到南京开始的。

据传,贼寇头子陈祖义为了活命,向明成祖朱棣进言说深海中有一种上身为人下身为鱼的人鱼,得到它就能长生不老,自己知道人鱼的下落,可以替皇帝去抓人鱼。郑和得知此事后,认为这家伙此时为了活命什么都敢说,成祖若放了他,那他可就真如鱼入水,逃到海上无影无踪了,到时各国传起闲话,就都知道这人是明朝皇帝放的了。成祖听后,二话不说就杀了陈祖义,但是这贼寇说的话却被他不动声色地记在了心里。哪个皇帝不想长生不老呢?到了郑和第三次下西洋的时候,皇帝把他身边的头号谋臣姚广孝派去和郑和同行。姚大人果然不负皇帝的期许,发现了人鱼,并将人鱼族尽数捕获。这时候一直憋着不说话的郑和忍不住了,他当初在皇帝面前进言就是为了保护人鱼族,他深知皇帝的秉性,让他知道人鱼族的下落,那还不得让人鱼族灭族啊?这次姚广孝来了,事情藏不住了,但是他又不能将自己的想法如实说出,所以他跟姚广孝说,人鱼们知道佛牙在哪里。姚广孝一听,佛牙是好东西啊,于是审问人鱼,人鱼们也都承认。就这样,人鱼们带领郑和船队来到锡兰,郑和、姚广孝一行人获得了佛牙。佛牙其实就是佛祖舍利的一部分,异常珍贵,所以值得姚广孝放弃人鱼,不然他回去也交不了差。

这个传说显然有很多不合理的地方,最明显的就是姚广孝压根儿就没随郑和出过海,更别提人鱼之类的了。再说,陈祖义那种贼寇根本不可能见到成祖朱棣,大家就当这是一个传说听听罢了。

好了,咱再接着说说那"一景"——"裸形国"。

从上篇提到的那个帽山出来往西南方向航行,遇到顺风(东北风)船行三日,能看见海中的翠蓝山(今印度洋东北部尼科巴群岛)。这个翠蓝山不是一座山,是好几座,其中有一座山最为高大,当地人管它叫笃蛮山。此地人口不详,因为当地人都住在山洞里。不同于正常村落一眼就能看清大概多少房屋、村舍,大约多少户人家、多少居民,这里的人都是穴居,一个洞里有多少人、哪里有洞,谁也说不清楚。这些人不会生火,以山芋、芭蕉子、菠萝蜜等物为食。此处土地贫瘠,根本不产粮食。更奇特的是,男女老幼都不穿衣服,赤身裸体。当然也不是一点儿不穿,一般下身关键部位前后会挂着绺木叶,也有围着布的,但是不多。

大家都知道,我国古人记录东西向来惜字如金,所以古籍文献上的记录都是极简的。庞大的秦始皇陵，包括它的地理位置、机关设置、所埋宝物等等，甚至皇帝下葬、嫔妃陪葬、封闭墓穴、活埋工匠于其中等史料加在一起，太史公才用了约二百个字描述；长平之战耗时三年，从上党降赵到赵国兵败，秦、赵双方几十万人厮杀，动用兵力超百万，死伤将近七十万，这三年内多少阳谋阴谋、大小战斗、前因后果，太史公加起来寥寥六七百字就写过了。所以对于古文的描述得细琢磨。对于这个地方裸体男女的介绍，古书上只使用了九个字"如兽畜之形""赤身髡发"。先说说"赤身髡发"，这四个字翻译成白话就是"光着身子，留着髡发"。单说这个"髡"字，在前文讲到朱元璋酷刑治天下的时候提过，是古代一种把头发剃光的刑罚。不过这里的髡发不是剃光，它是指留一种类似于古代契丹人留的奇异发型——将头顶部分的头发全部剃光，只在两鬓或前额部分留少量余发作装饰。别看剩的头发不多，但发型多变，比如在前额留个刘海，别管是八字刘海、斜刘海还是齐刘海，反正随心所欲，造型多变。两鬓要么披散着头发，要么就将左右两绺头发修剪成各种形状，然后下垂至肩。丑得这么有新意的发型却是当时人的最爱。

咱再说说"如兽畜之形"。用现在的话说就是"外形像野兽牲畜一样"。换言之，就是一丝不挂。这里的人肯定也不怎么洗漱，至少不是干干净净的。而且这个地方的人身上散发出来的气味也绝对不会好闻。

那么问题来了，这些人是先天这样，还是后天什么事情改变了他们呢？

据当时普遍流传的说法，当初这些人的祖先也跟正常人一样，虽然不像中原地区人民一样穿衣打扮、知书达理，好歹腰上也系了块毛巾，下半身别着五颜六色的布，女子会再穿个上衣。不过这些人当时不知是什么原因，干了件遗祸后代的事。据说，当时释迦牟尼过海，途经此岛，脱衣入海洗澡，这些岛上的人伸手把佛陀的衣服偷走并藏起来了，估计佛陀一开始也好言劝说，但这些人不知道天高地厚，竟耍起无赖来。释迦牟尼为了惩前毖后，施咒于他们，诅咒这些人及他们的后代只要穿衣,哪怕寸布上身都会浑身生烂疮。果然从此以后,岛上的人无法再穿衣,这生生世世的诅咒就一直跟随着他们。这当然只是个传说,不过也告诉我们,凡事都得有个度,"过度则生祸"一点儿不假。

这令人作呕的"一景"算是说完了,咱再说说那个"一战"。

和锡兰国的战事发生在郑和第三次下西洋的时候。

永乐七年(1409),郑和扬帆远航,第三次奔赴南洋。开船的时候,估计郑和根据多年的出海经验,预料到这次路途漫漫,很可能会发生一些凶险的事,但是他一定想不到这次航行发生的事实在是太凶险了。

话说宝船船队一路浩浩荡荡,绵延百里,这一日到达了满剌加国。前文说了,郑和此行的重要使命之一就是给满剌加国国王带去明成祖和明朝廷册封他的双台银印、冠带袍服等,并且还要在当地立碑,宣扬上国皇威。这事顺利办完后,船队启程直奔锡兰国。

锡兰国位于阿拉伯海、孟加拉湾和印度洋三者的交汇处,茫茫大海上,东西方舰船只能在这里停留,时间长了此地成为东西方人、货中转和货物交易的中心,货品、人员往来十分频繁。郑和船队每次下西洋都要经过这里,可见此地位置的重要。当然,这个地方的经济也因此很发达,从老百姓到国王都比较有钱。老百姓的"有钱"是相对的,国王的"有钱"那是绝对的。按道理说,守着这么好的地理位置,你按部就班地干,钱是挣不完的。可这里的"国王"偏不,他仗着自家独有的地理优势,压榨、劫掠来往客商,欺凌周围邻国,弄得"诸番皆苦之"。在这里,有必要花上一点儿时间跟大家介绍一下这个"国王"。此人名叫亚烈苦奈儿,是个权臣,在一次宫廷斗争中掌了权,但是没多久就被自己的兄弟打败了,然后一溜烟儿逃到印度。过了几年,风平浪静,他那个兄弟也不知道哪儿去了,只剩下他兄弟的儿子,也就是他的侄子执掌大权。这时亚烈苦奈儿看准时机又杀了回来,打跑了侄子,架空了国王,重新执掌了大权。从这里看出,这位亚烈苦奈儿不是真正的国王,是属于那种"挟天子以令诸侯"的权臣,但是他又掌握实权,是国家实际上的当家人，所以我们给他的国王称呼上加了引号。

郑和这次来到锡兰，正值亚烈苦奈儿重掌大权、坐稳江山之时。从履历来看，亚烈苦奈儿属于内斗夺权的"行家"，而且锲而不舍，为达目的不择手段。此公身处弹丸小国，眼界难免狭小，以为摆平了国内的争斗，自己就真是世界之王了。殊不知，他的国家在大明连个省都算不上，所以后来被明军按在地上反复捶打也就不足为奇了。

介绍完这个人，咱们再继续往下说。郑和船队刚到达锡兰的时候一切都还很正常。郑和于停船上岸当日便去会见了锡兰国"国王"亚烈苦奈儿。

郑和提出大明准备在锡兰国建立官厂、抽分所等机构与设施。亚烈苦奈儿表示赞同，并将努力采取积极措施，促进两国贸易往来。

亚烈苦奈儿提出，郑和船队劳师远行，所带财物数量巨大，给自身及该国水域内其他船只的航行安全带来巨大的隐患，大明应及时将所携带贵重货物及钱财卸载到锡兰国指定港口，由锡兰国妥善保管。郑和回应，大明的船大装得多，不会影响港口及航道安全，船队自身安全也有较强保障，航程结束后，舰队会自行驶离。

郑和船队离开锡兰后又去了别的国家访问，一切安好，如期返程。回来的时候，郑和船队又来到了锡兰国。因为这里是修整、补给的中转站，如果不来这里，就得一直开到马六甲了。这对于现在的远洋舰船或许没有什么，但是对于当时木质风帆船舶来说就有危险了。这从一个侧面也说明了锡兰国的位置的确很不错，不错到近乎垄断的程度。

闲话少说，远远看见遮天蔽日的郑和船队开进港，亚烈苦奈儿心里乐开了花，上次放走郑和舰队后他万分后悔：如果劫了这么大的船队，他的王国什么也不干躺着花都能花个几十年；而且如果能把这么大的舰队收入囊中，他的王国就可以称霸南洋，陆上可以继续当国王，海上可以效仿陈祖义，打家劫舍的范围也不会局限于家门口这点儿地方了。这么划算的买卖当时怎么就给放过了呢？正所谓"天予不取，反受其咎"。正好舰队这次又回来了，船上宝物可比上次来的时候多得多。此时不抢,更待何时?

亚烈苦奈儿见时机到了,便决定铤而走险,至于遥远的明朝廷的报复则不在他的考虑之中。

虽然情况凶险,但郑和心里有底,毕竟他也是行伍出身,比这复杂、险恶的局势都见过,当前的情形在他看来也就算是小场面。整个舰队军心稳定、士气高昂,大家都知道郑和是明成祖钦点指派的,明成祖亲自挑选的舰队总指挥绝不是个无能之辈,所以大家很安心。

当时郑和心里怎么盘算的咱们不得而知,就知道他肯定有所准备。这一次不准备点儿过路钱,这关不好过。于是他命人将金银玉器、香炉宝瓶、丝绸茶叶等物准备妥当。这时候,亚烈苦奈儿让他的儿子去找郑和商量索要钱财之事,当然不是在郑和的船上商量了。郑和推脱不掉,随即带着两千名官兵前往约定好的议事地点。郑和刚走,亚烈苦奈儿就派人砍倒大树,阻塞道路,断绝郑和回船之路。随后派五万人围攻船队。郑和看到这个情况,稍作分析,决定来个"围魏救赵",擒贼先擒王。

锡兰国毕竟是个小国,人口就那么多,五万人已经是他的全部军队了,此时全都派到港口,其王宫必然空虚。而且亚烈苦奈儿绝对想不到郑和他们会反其道行之,攻打王宫。他预料的是郑和会拼死往船队方向突围,这就中了他的奸计。俗话说得好:"乱拳打死老师傅。"你再以一敌百,五万人分出两万打你这两千人,最后也得让你全军覆没。况且,整个舰队所载士兵不足三万,也就相当于锡兰国军队的一半。所以,怎么算,亚烈苦奈儿都觉得自己稳操胜券。但是他忘了两点:第一,郑和不像他想得那么无能;第二,明军的实力远在他的军队之上。这些明军大部分都参加过"靖难之役",属于精锐之师,军队的战术素养、单兵作战能力及武器、防护方面都远胜于亚烈苦奈儿这帮丛林军队。说以一当百有点儿过了,以一当十还是差不多的。

话说当看到郑和亲率两千精兵突入王宫的时候,亚烈苦奈儿慌得差点儿没摔到地上。这群大明的虎狼之师砍杀宫内侍卫犹如切瓜砍菜一般。不大工夫，亚烈苦奈儿及其家眷就成了明军的俘虏。

原本计划绑人的，结果被人绑了。这时，围攻船队的五万人一听国王被人捆了，都转头直奔王宫而来。船上的明军坐不住了，"呼啦啦"下来，在锡兰士兵后面追着他们打。郑和见好就收，带着亚烈苦奈儿及其家眷还有王公大臣又从王宫里杀了出来。三边碰到一起，热闹了，锡兰这边被杀得哭爹喊娘，明军这边乐开了花，越战越勇，杀到了船边。这段时间留在船上的明军也没闲着，整军备战，做好开船准备，就等着人马杀回来，立马开船走人。准备妥当了，杀出去的两股明军也都杀回来了，上船的上船、殿后的殿后、掩护的掩护，有条不紊。锡兰这边大败，死伤无数，连"国王"一家子带大臣们都被明军掳了去，剩余的锡兰士兵只能在码头远远望着他们的"国王"被明军带走。

这个亚烈苦奈儿最后被押解到大明，成祖念他无知，杀他，让锡兰国再选一个明君。从此以后，明朝在周边国家中的威望陡增，毕竟敢打又能打，随时可以让别的国家换领导人的国家是很让人畏惧的。

战败一方锡兰国即现在的斯里兰卡，对于这场战争的起因，看法跟前文不同，他们的史书中一直认为战争爆发的原因是因为郑和打算掠走锡兰的佛牙，也就是郑和为了抢走他们的佛牙而发动的这次战争。

不过这种说法没有明确的证据支撑，而且从郑和历次下西洋的做法和下西洋的目的来看，这种说法也站不住脚，权当是战败者的自我安慰罢了。

好了，说完打仗的事，咱们还是来接着介绍这个国家。

过了翠蓝山，往正西行船大概七八天，就到了一个叫作莺哥嘴山的地方。过了这里再走两三天，就看见佛堂山了。见到了佛堂山，就离一个叫作别罗里的地方很近了。这个别罗里是锡兰国的港口，从这里就可以停船上岸，也算是正式登陆锡兰国了。

港口旁边有一名胜古迹，为一大石头，形状酷似一莲台，据传上面有佛祖释迦牟尼留下的足迹，长二尺许。

相传这脚印是佛陀从翠兰山过来后，在此登岸留下的足迹。足迹里有不会干涸的海水，据说不咸不淡，味道甘甜，得病的人喝了能痊愈，老人喝完可以延年益寿。经常有人用此水洗脸擦眼，名曰"佛水清净"。在这处名胜古迹的左侧有一座佛寺，里面有一尊释迦牟尼佛侧卧的全身像，佛像底座使用沉香木雕刻，并以大量宝石镶嵌，非常华美壮丽。这个佛堂里还有一件锡兰国的国宝——佛牙。锡兰国说郑和要抢的宝物就是这个。还有一种说法，说佛祖释迦牟尼就是在此处涅槃的。

从别罗里这个地方往西北走五十里，就到了锡兰国国王的王宫了。也是郑和留下光辉事迹的地方。锡兰国国王亚烈苦奈儿被郑和反击大概是在1410年，即大明永乐八年前后，本文接下来所描述的锡兰国风土人情、美景、特产是在这事发生三四年之后，由当时随郑和舰队远洋的大明人员记录下来的。这时的锡兰国国王应该是波罗伽罗摩巴忽六世，他在位时间比较长，从1412年到1467年，可以说他经历了郑和七次下西洋中的后四次，目睹了中国人在印度洋上由纵横驰骋、睥睨天下到落寞收场、悄然离去的全过程。

回到锡兰国，此时的国王波罗伽罗摩巴忽六世是锁俚人，崇信佛教。全国人民对象、牛这两种动物非常尊敬，估计是受佛教以及印度教的影响（这两种动物在这两种宗教里都是吉祥之物）。当地人会把牛粪烧成灰涂满全身，并且不吃牛肉，只喝牛奶。这里的牛可是宝贝，不仅杀不得，而且即使牛是自然死亡或者因为其他事故死了，也不能屠宰，只能就地掩埋。谁要是动了这个牛，只有两条路可以选，要么死罪，要么缴纳金额巨大的"牛头金"。这一点和古时候的中国颇为类似，但是中国人不杀牛是出于更加实际的考虑。

说到中国人和牛的关系，我们就要先说一下古代的社会背景。"地大物博，物产丰富"其实并不是我们这么庞大的国家各个地区、各个时期的常态，甚至可以说上下几千年间，我们的老祖宗很少能真正吃饱。

天灾人祸、战乱频发使得"顿顿吃饱"成为一种奢侈。就拿黄河来说吧，从公元前602年至公元1938年，决口多达1590次，大的改道有26次，这还不算伴随而来的蝗灾、瘟疫等灾难。要不是明朝人陈振龙偷偷将甘薯（又叫番薯、山芋）从菲律宾带回来，中国的人口不可能在清朝的时候达到4亿。4亿看上去挺多，但是其中大多数普通百姓只是处于勉强能生存的状态，和现在绝大多数人不仅吃得饱，还能吃得好、吃得精相比简直是天壤之别。

天灾人祸之下，百姓要吃饱饭就要努力耕作。在传统的农业社会，普通家庭需要劳动力来从事耕种工作，一个家庭的青壮年越多，意味着劳动力越多、能耕种的土地越多，能收获的粮食也就越多。在当时，多生孩子可以减少因疾病、意外或者劳役引起的劳动力缺乏对家庭收入的影响，更是关系到整个家族、乡里甚至国家的战略任务。但这就会带来另一个问题：虽说人多好干活，但是人多还得吃饭呢！人的一生中只有有限的时间是壮劳力，但是从出生到死亡都是要吃饭的，所以人口也不能无上限地增加。既然人多和人少都不行，那有没有一种方法能在不增加人口和粮食消耗的情况下提高生产力呢？有啊！那就是要运用科技与机械的力量，在古代，就是有效利用自然资源与动物资源。自然资源的利用有地域的限制（比如干旱的地方用不了水车），但是动物资源的利用限制就比较少。经过不断尝试，人们终于发现了一种身宽、体大、力不亏、不吃粮食、好驯服、任劳任怨的动物来替人劳作，也就是我们这里重点介绍的牛。

耕牛价值高、易损耗，成为农业社会中的宝贝，具有较高的地位，换句话说，算是重要的国家资源。私自宰杀牛，尤其是耕牛，属于违法行为，要被严惩。《礼记·王制》载："诸侯无故不杀牛，大夫无故不杀羊，士无故不杀犬豕，庶人无故不食珍。"汉朝的规定更为严格，杀牛要偿命。之后的朝代对杀牛的惩罚虽然不至于如此严厉了，但杀牛者也会受到惩罚，如在唐朝会被判徒刑一年，在元朝会被杖责一百。

那么,为什么汉朝对于杀牛的处罚如此严格呢?那是因为经过秦末战争和楚汉战争的消耗,耕牛数量过少。据《史记·平准书》记载,"自天子不能具钧驷,而将相或乘牛车",意思就是皇上出门坐车找不到四匹毛色一样的马,将相出门只得用牛拉车。所以,当时的马和牛都是国家的重要物资,马得来用打仗,牛得用来耕地。牛死了主人必须上报朝廷,官府会来人查看死亡原因,确定无误后,国家还得收走几样东西,譬如牛角、牛筋(制作弓的重要原料)、牛皮(制作铠甲、装具的原料)等。

您可能会问,刚才提到马的作用也很大,国家为什么没有做出类似规定呢?

这一方面是因为养马的主要目的在于军事。比如西汉时朝廷在西北边郡地区设立了 36 所牧师苑专门用来饲养军马,数量超过 30 万匹。明成祖朱棣时期,除了设立南北两太仆寺专理养马之外,还规定各卫所必须抽调一名长官专职负责养马。永乐年间,大明共有军马逾百万匹。这些军马专职打仗。朱元璋北逐残元靠的就是无往不利的骑兵,朱棣能把建文帝朱允炆打到生死不明,靠的也是骑兵,而他自己五次亲征,依仗的还是数量庞大的军马。饲养数量如此庞大的军马,非老百姓能独立完成的。这就牵出来咱们要说的第二个方面。

第二个方面是军马的饲养很难像养牛一样分散于民间。刚才说到汉朝养军马超过三十万匹,但是汉武帝痛击匈奴时期,每次作战都需要十几万匹军马,能回来的不过三万匹左右。巨大的使用量和消耗量注定军马不能采用民间散养的方式培育。在这方面,朱元璋进行过一次生动的反面实验,他制定过类似民间养马的"马政"制度,最后不出意外地由于政策繁杂、执行成本高、民间负担大、草场退化等原因失败了。由此可见,国家建养马场进行马匹的集中管理和使用是更为稳妥的方式。

养牛则不同,牛需要从事大量的生产劳动,与日常生产生活关系密切,因此只能"藏牛于民",政府也就必须加强对民间养牛的管控,这也是历史上各个封建王朝基层官府的重要工作之一。《儒林外史》第四回《荐

亡斋和尚吃官司 打秋风乡绅遭横事》中描写范进和张敬斋一同拜会汤县令,汤县令摆宴款待时说:"现今奉旨禁宰耕牛,上司行来牌票甚紧,衙门里都也莫得吃。"您看,这"禁宰耕牛"的事衙门要管,上级还得时时监督,连县太爷都吃不上肉,可见这是基层官府工作的重中之重。

估计您又会问了,官府控牛这么严格,为什么《水浒传》里好汉出场还必须要小二端上"两坛子好酒,牛肉二斤"呢?其实,对牛管控极其严格的只有几个特殊时期,大多数时候还是可以杀牛的。只要通报官府备案、查验,获得允许后杀牛,再上交牛皮、牛角、牛筋就可以了。这里面也有市场规律在起作用,牛杀得多了,市场上的牛就少了,价格就上去了,就没人舍得杀牛了,官府管理也会相对严格;过一段时间牛多了,价格下来了,官府管控也会放宽,人们杀牛的也就多了。而且,古代中国的汉人主要吃猪肉,宋朝尤其是北宋时,人们爱吃羊肉,对牛肉的需求量始终不大。《水浒传》作为文学作品,这样的描述更多的是为了渲染好汉们藐视官府、豪气冲天的性格。

说完了"牛"的话题,咱们再回过头来看看锡兰国国王的住所。王宫附近每天早上都很热闹。倒不是有什么演出,而是每家每户的居民,无论贵贱,都一早起来拿水把牛粪调稀,然后把这稀牛粪涂满王宫的地面,注意既不是"泼"也不是"洒",而是亲自用手"涂"。涂完之后,他们还得自己"擦",所谓"擦",就是这些居民要行朝拜之礼。这个礼很大,手臂要前伸,两腿要后伸,肚子和胸要紧挨地面,有点儿"五体投地"那个意思。

王宫旁有一座大山,高耸入云。山顶有一个人的右脚脚印,没入石中大约二尺深,长大概有八尺多。一般来说三尺相当于现在的一米,这八尺也就是两米多,就算明代尺寸比现在的小,那按一半算,这脚印也得有一米多长,这么大的脚印是谁踩的呢?据传说是人祖阿聃圣人。这个是当地人的叫法,其实就是盘古。不过,中国道教的创始人、思想家老子也被称为"老聃",这个"阿聃圣人"与老子之间有什么联系,咱们就不得而知了。

接着说这个山，除了山顶上有一处历史文化古迹外，深处还蕴藏着大量的宝石，一到大风大浪的时候，宝石会被海水冲出，风浪过后，从山脚沙石里就能找到。当地人常说，这些宝石是佛祖流的眼泪。

山有奇观，海里也有乾坤。这里的海里有一片浮沙，雪白异常，太阳光一照，光彩夺目。不仅如此，更奇怪的是这片浮沙上面经常有螺蚌聚集。要是只是一堆大贝壳堆在一起，也就不用说了，怪异的是它们不是一般的大贝壳，而是能产珍珠的大贝壳。国王波罗伽罗摩巴忽六世哪能放过这发财致富的好事？于是他命人在别的地方盖了个大水池子，取名叫"珍珠池"，每两三年从沙滩上收一批新的螺蚌，放养到这池子里，还专门派人把守，弄出珍珠来就赏此人个官做。也有那胆大不怕死的，会把这大贝壳和珍珠偷出去卖了。

此地，地方不小，人也不少，但是整体来说都稍逊于爪哇国，可这不影响此地百姓富庶。不过当地人的穿着很简单，这里男的光膀子，下身系着毛巾，加以压腰，据说全身除了头发，所有的毛都要剃干净，唯一保留的头发也不能露出，要拿白布把头缠上。如果这个男人的父母双亲有去世的，则此人须毛皆不剃，这在当地是一种孝礼。此地女人脑后盘发髻，下身围白布。新生的婴儿，男孩子剃个小光头，女孩子就留着胎发，直到长大成人。

此地人吃饭必须要有酥油乳，没有的话宁可不吃饭。这儿的人吃饭都是避着人的，在暗处吃，仿佛吃饭是一件丢脸的事，不能在光天化日之下进行一样。这里的人也对槟榔上瘾，经常槟榔加荖叶在嘴里嚼着，可以猜到，这里的人牙都不好。

此地稻米、芝麻、绿豆都有，就是没有麦子，大麦、小麦都没有。这里椰子很多，漫山遍野，人们生活用的油、酒、糖、饭都是拿椰子做的。人死了就火化，然后埋葬。来死者家吊唁的亲朋好友、街坊邻居中的女人要双手一起拍自己的胸并大声号哭，这也属于当地的一种丧礼，类似于古埃及妇女在葬礼上扬土到自己头上、脸上并号哭的礼节。这个地方的水果有芭蕉子、菠萝蜜和甘蔗。蔬菜有冬瓜、南瓜、茄子等，牛、羊、鸡、鸭都有。

锡兰国的土特产在前面的国家几乎都说过，咱们就不展开说了。不用说，肯定有珍珠、宝石、水晶，除此之外还有珊瑚、西洋布、乳香、木香、树香、檀香、没药、硫黄、藤竭、芦荟、乌木、胡椒、碗石、驯象、撒哈刺等。

这里的"撒哈刺"跟撒哈拉沙漠可没关系，这是一种织物，后面要讲的阿丹国、忽鲁谟斯国都出产这种织物。这种织物源自西域，明朝人文震亨所著《长物志》中说这是一种跟毡子一样厚实耐用的织物，也有资料显示这是一种丝织品或者毛织品，但年代久远，已无从查证，没有定论。不过在阿丹国、忽鲁谟斯国，它指的就是一种宽幅毛绒织物。

刚才说的特产里面有一项为西洋布，咱们现在就好好说说它。

按照咱们近代以来的习惯，貌似欧洲才被称为西洋。其实，在明代，西洋的概念没有这么远。较早提及东、西洋概念的是成书于元成宗大德八年即 1304 年的《大德南海志》，这本书中不仅提出了东、西洋的概念，还细分了小东洋、大东洋、小西洋和大西洋。到了明朝万历四十五年（1617），学者张燮写了一本叫作《东西洋考》的书，书中明确提出了"文莱，即婆罗国，东洋尽处，西洋所自起也"。也就是说，以位于中国南海东南部的加里曼丹岛上的文莱为分界，在文莱以西的叫作西洋，在东面的叫作东洋。西洋的大概范围即现在的印度半岛、马来半岛、印度尼西亚、婆罗洲（加里曼丹岛）等地区，而东洋的范围大约是菲律宾、日本等地区。

还有一种说法，是吴晗先生考证的。吴晗先生说，在元朝以前，就有了东、西洋之分。这是因为当时中国人在海上航行，需要依靠指南针，指南针在当时叫作针路。针路分西洋针路和东洋针路，所以在地理名词上就有了东、西洋之分。

不管怎么说，以文莱为界，西为西洋，东为东洋，这是当时人们的普遍认知。《明史》也以此为准，这也是"郑和下西洋"说法的由来。

而西洋各国所产的布（主要是棉布），在当时都被大明称为西洋布。我们前面讲的暹罗、满剌加，现在说的锡兰，以及后面要说的忽鲁谟斯，都产西洋布。之所以在介绍那些国家的特产时没说，就为了在这里一起说。

西洋布的种类多达四五十种，在大明的进口商品中占有很大比例。由于其做工优于当时国内的布，所以在大明深受人们喜爱，尤其是权贵阶层，更是将西洋布当作奇珍异品。在《红楼梦》第四十回《史太君两宴大观园　金鸳鸯三宣牙牌令》中就有这样的描写："凤姐手里拿着西洋布手巾，裹着一把乌木三镶银箸，战敠（忖度、揣测、思量之意）人位，按席摆下。"对于西洋布的描写，明代文人王三聘称："其布如雪，阔七尺。"明代小说家李昌祺还专门有一首《谢赐西洋布》的诗：

> 异缕何纤细，轻盈玉雪纩。
> 鲛宫初织罢，海国远输来。
> 捧拜荣恩赐，纫缝称体裁。
> 微躯增照耀，被服愧非才。

由此可见当时官绅、文人对于西洋布的喜爱，而且我们通过他们对西洋布的描写可以看出，至少他们接触的西洋布都以白色为主，而且布料轻薄，非常美观。后世明末清初的文学家冒襄就曾形容西洋布"薄如蝉纱，洁比雪艳"。

说完了西洋布，咱们再接着说别的。锡兰国当地交易用的是一分六厘一个的金钱。国王很喜欢中国的麝香、纻丝（明朝俗称为"缎子"，是一种质地厚密，一面光滑的丝织品，属于宫廷使用的奢侈品）、色绢、青瓷盘碗、铜钱、樟脑，常用宝石、珍珠等物换取。国王还经常差遣大臣带宝石、珍珠等宝物随同返航的郑和船队去明朝廷进贡。也许真是那一战带来了几十年的和平,锡兰国在大明终止下西洋之后还遣使来明。史料记载的锡兰国最后一次进贡是在大明天顺三年(1459),即明英宗朱祁镇(就是"土木堡之变"中被也先劫走的那位皇帝)第二次当皇帝的时候,当时的锡兰国王葛力生夏剌昔利把交剌惹遣使来贡,此后再无进贡记录。

第二十二章 | 弹丸之地——小葛兰国

从锡兰国码头别罗里出发，往西北方向走，顺风顺水的话，船行六昼夜就到了小葛兰国。

从名字就能看出，这个国家很小，称其为"弹丸之地"也不过分。此地在海边，东边是大山，西边是大海，南北两面地域狭窄而且也都临海，属于三面环海的国家。此处上至国王、下到黎民百姓都是锁俚人，而且全都信奉佛教，尊奉象、牛。婚、丧、嫁、娶的习俗都和锡兰国相同。

当地产苏木和胡椒，但是产量不多，其他的瓜果蔬菜都有。这里的羊与别的地方的羊不太一样，黑毛、长腿、高二三尺。黄牛一般有三四百斤重。这里卖酥油的比较多，人们也离不开酥油，一日三餐都得用它拌饭吃。

此处交易和锡兰国一样，都用金子做的金钱，但是重量不一样。此处每个金钱二分重（大约 0.7 克）。

别看这个地方小，国王颇懂礼数，时常向明朝廷进贡。

顺便提一句，还有一个国家名为大葛兰国，不过那里水路凶险，船只无法靠岸，去的人很少，所以有关它的记载非常少。

第二十三章 │ 另类的种姓制度之国——柯枝国

　　从小葛兰国开船,沿着岸边的山往西北方向走,顺风一昼夜就能到达柯枝国的港口,在此可泊船上岸。此国东面是大山,西面临海,南北两侧临海的地方都有道路通往邻国。

　　柯枝国的国王也是锁俚人。国王头缠黄白布,光着膀子,下身围上纻丝手巾之后再用彩色的纻丝缠上,取名"压腰"。这里提到的纻丝就是前文在锡兰国那章末尾说的那个纻丝。

　　关于这个纻丝,咱们得多说几句。咱们在前文讲到朝贡内容的时候说过,明成祖朱棣赏赐来进贡的外国番邦国王、王后以及使团成员的物品里,就有纻丝。

　　纻丝是当时明朝皇家用的奢侈品,不过这个东西也分贵贱。总体来说,"衣为贵",也就是拿纻丝制成的衣服更加名贵,主要原因是数量稀少。一般来说,当年所产的纻丝只有五分之一被允许做成衣服(永乐十二年即 1414 年定下的成例)。

　　所谓"衣为贵",并不是说纻丝制成的衣服贵而纻丝便宜,其实纻丝本身就不便宜,在明朝算是奢侈品,用它制成的衣服就更贵了。一般按通常的理解,奢侈品都是价高、量少,但是纻丝是个例外,它的确价高,但是产量可不小。在明朝,纻丝是整个国家织造生产中最重要的一种织品。按照《明会典》记载,纻丝主要产自当时的浙江、江西、湖广、福建、南直隶、河南和山东七个省,由这七省的布政司(主管一省民政和财政的政府机构)负责监督织造和运送到京师(北京)。考虑到损耗等各种情况,送到京城的纻丝数目肯定要多于朝廷的要求,最普通的年份也可达到24117匹。明代的一匹丝绸长约 11.9 米,宽约 0.68 米,这么算来,这些纻丝总长约 28.7 万米,面积约为 19.5 万平方米,产量的确不小。

产量这么大,为什么还如此稀缺、昂贵呢?主要是政策原因。大家知道封建社会对待等级的划分十分严格,每个等级都有对应的吃、穿、用、住、行的标准。官员与百姓泾渭分明,官员之间也是壁垒森严。在明朝,如果一个人的吃穿住行用度越级了,轻则斥责、罚俸;重的,就算僭越犯上、意图谋反,那可是能抄家诛九族的罪过,即使不被抄家杀头,也得被罚在午门门口廷杖到屁股开花。

在前文中讲过,朱元璋在《大诰》里除了制定法律条文,还对普通百姓的日常生活有严苛的规定。比如《大诰续编》中写道:"民有不安分者,僭用居处器皿、服色、首饰之类,以致祸生远近,有不可逃者,诰至,一切臣民所用居处、器皿、服色、首饰之类,毋得僭分。取有违者,用银而用金,本用布绢而用绫锦丝纱罗,房舍栋梁不应彩色而彩色、不应金饰而金饰;民之寝床船只不应彩色而彩色、不应金饰而金饰,民床毋敢有暖阁而雕镂者,违诰而违之,事发到官,工技之人与物主各各坐以重罪。呜呼!天尊地卑,理势之必然;富贵贫贱,神明鉴焉……"这段话的中心思想就是尊卑有序,该这个级别的人用什么就用什么,不能乱了尊卑秩序。除此之外,朱元璋还规定了人和人之间什么时候、什么情况下称呼对方叔叔、大爷、大伯、哥哥、弟弟之类,在此就不一一叙述了。总之,朱元璋打算把老百姓过日子的方方面面都制定标准管理起来。

从这里就能看出,明朝等级划分的具体规定十分繁杂,咱们在这里就不细述了。不过既然说到了纻丝,就有必要把跟纻丝相关的明朝廷对衣着的规范要求说一说。在这方面，明朝廷制定了比较详尽的规定。

朱元璋规定，有品级的官员日常可以穿杂色的纻丝、绫罗、彩绣，普通老百姓不管有没有钱，都只能穿由绸、绢或素纱制作的衣服。到了嘉靖十六年（1537），明朝廷针对衣着规范又制定了更加严格的规章制度，规定京城内外文武官员除了自己所处官职应穿着的服色和朝廷（皇帝）特别赏赐的衣服之外，四品以上的官员才能穿着大红纻丝和纱罗服，而四品及以下的官员只能穿着青绿色的锦绣，这些中低等官员参加吉礼（一种祭祀天、地、人、鬼的典礼）时只能穿红布绒褐（一种编织比较细致的毛织物），不能穿纻丝的衣服。

不过，朝廷只是规定了各级官员和百姓该穿什么衣服以及服装的颜色，对于纻丝制成的其他物品并没有明确要求，所以一般官员和普通百姓都可以放心使用除衣服以外的各种纻丝制成品。

看到这里您明白了吧，纻丝的衣服不到一定品级的官员穿不了，但是纻丝制的东西比如纻丝的被褥、整匹的纻丝等，平常百姓要是有钱的话还是可以买到的。纻丝除了供王公大臣以及皇族使用外，也常用来赏赐群臣。赏赐的量还不少，经常是十几个表里。如果遇到大的庆典或者外国使臣到访，那赏赐的量就更为巨大，通常一次可以是"二十表里甚至五十表里"。

此处的"表里"是类似于"匹"的量词，不过又不同于"匹"，使用的范围比较广，譬如明朝廷赏赐银、币之类的就经常用它做单位。举个例子，雷礼是嘉靖朝的工部尚书，修建嘉靖皇帝的寿宫（陵墓）以及维修故宫都是他操持的，这样的人才一生肯定受赏赐不少。他在 1562 年因为修建皇帝陵墓受到嘉奖，史料记载："嘉靖四十一年二月十一，寿宫立栋，赐银币：银五十两、币二表里。"这个"币"的单位就是表里，不过具体表示多少就没有明确的记载了。

前文说到纻丝是赏赐群臣的重要礼物，刚才讲到的雷礼，他被赏赐的纻丝就不少，从嘉靖三十五年到四十三年，这八年中，他收到赏赐的纻丝有八表里,彩缎有二十表里,但是纻丝衣(大红金彩云鹤纻丝衣)只有一袭,这从实际上验证了纻丝昂贵、其本身又"以衣为贵"的特点。

纻丝昂贵,但并不稀缺。物以稀为贵"的说法在纻丝上就不太准确了,这主要是因为纻丝的使用场合有限。这就有点儿类似 20 世纪著名的黑珍珠营销了。二战结束后,意大利商人詹姆斯·阿萨尔拿着美军不再大量需要的潜水表跟日本人换来不少珍珠,倒腾珍珠让他发了大财。与此同时,他注意到大溪地附近有个法国人为妻子买下一座岛屿,该岛周围盛产黑珍珠。他说服了这个法国人跟他一起卖黑珍珠,显而易见,当时人们都不认可这种珠宝。在人们的观念中,珍珠就得又白又圆又大又闪亮,像泥球一样的黑珍珠根本入不了人们的眼。但是这个阿萨尔比较有头脑,他一方面通过人工培育,使黑珍珠的外形更加符合人们的审美。另一方面,他找到他的好朋友,珠宝商哈利·温斯顿,阿萨尔说服他把黑珍珠放到纽约第五大道珠宝店的橱窗里,和名贵的宝石放在一起,然后再标上昂贵的价格。这还不算完,阿萨尔还大做广告,让当红的顶级女明星们戴着黑珍珠的首饰出席各种重要活动。随着女明星们的美照流传,黑珍珠也一同被世人所知。大家都认为这是一种昂贵且稀有的珠宝,富贵阶层从此对它青睐有加,普通民众也对它望洋生叹,虽然它几年前还布满海底且不被人所知。

这就像马克·吐温在《汤姆·索亚历险记》中写的:"无意中发现了人类行为的一个重要定律,那就是要让人们渴望做一件事,只需使做这件事的机会难以获得即可。"

纻丝就像是黑珍珠,并不是说它也像黑珍珠一样出身草根,而是说它的用途和国家上层紧密关联,普通民众甚至绝大多数官员都无法企及。比如,在各种祭祀大典(包括上文说的吉礼)上,用来告慰天地、祖先、神灵的写满祭文的制帛就是纻丝的,给臣僚们的诰命也都由纻丝制成,皇族和高级官员穿着的衣服都是用纻丝做的,在皇帝迎娶妃嫔的礼单中,纻丝永远是列在第一位的,诸如此类。

正因为地位如此不凡，再加上制作工艺繁复，所以绉丝的价格一度高不可攀。从明初到明中期，绉丝应该一直都是仅次于锦的昂贵丝织品。它的价格高得离谱。在朱元璋的洪武朝以及明孝宗朱祐樘的弘治朝，一个六品官员每个月的俸禄（大约是米十石）也就够买一匹绉丝，最高峰时，一匹绉丝要三两多银子（约二百五十贯钱）。

不过，物极必反，到了嘉靖朝，也就是弘治朝二十多年后，绉丝的价格就直线下降到每匹一百五十贯（此时八十贯为一两银子，如此推算，不到二两银子就能买一匹绉丝），这行情到了万历年间也没好转。这与明后期技术改进、绉丝大量生产以及开展对外贸易等都有直接的关系。除了价格降下来了，明朝中后期，绉丝的衣服也不再是皇家及高官的专有，民间的富人也开始穿着，这与当时社会盛行奢靡之风有关，同时和等级制度在明朝中后期的松动也有很大的关系。

至此，我们得出结论，这个柯枝国国王用的绉丝不是明朝廷赏赐的，就是通过贸易购买的。在明初，他这么打扮倒也没什么大问题，毕竟他没有穿绉丝的冠服，属于拿整匹丝绸裁开了裹身上，不算僭越。当地的富人以及王公大臣也有样学样，跟国王穿着差不多。

说完了穿着，再说说当地人的住所。当地人盖房子从上到下都离不开椰子树。盖房子需要用椰木，铺房顶需要用椰子叶。当然，人们要先将椰子叶编成草垫子一样的东西，再盖在屋顶上，这样下雨不漏。每家还都用砖、泥砌一两个土库，不分大小，家里的细软都存到里面，防火防盗。

这个国家人分五等，看起来和印度类似，而且第一等人的确和印度那里有联系，他们叫作"南毗"，来自印度，是印度种姓制度里最高的那一级——婆罗门，在印度属于僧侣贵族，在柯枝国就是王族。他们从外表很容易分辨，穿着雍容华贵，都剃着光头，脖子上挂线。第二等人就是在当地的大食、波斯人，也就是现在的阿拉伯人、伊朗人。第三等人名叫"哲地"，在当地语言中指的就是从印度南部来的"吠舍"、商人、高利贷者。"吠舍"在印度就是平民阶层，没有什么政治特权，但是可以从事商业、手工业、农业等。换句话说，虽然这第三等人没有政治权利，但是可以很富有。在印度，这个阶层中穷的、富的都有，在柯枝国就比较极端了，这个阶层都是富人、财主。第四等人也比较有意思，叫作"革令"，是专门给人家做"牙保"的。

何为"牙保"呢？说白了就是中介。在宋朝时，人们立各种契约，尤其是进行房子和土地的买卖时，必须得找牙保。若说交易双方交情好、知根知底，不用这个牙保行吗？不行！《宋刑统》中写道："田宅交易，须凭牙保，违者准盗论。"意思就是说，法律规定，房屋土地交易不用牙保，就算你盗窃所得。这还得了？在北宋初年，偷的东西如果值一尺布，打六十大板；如果值五十尺布，劳改一年。这土地、房屋可比布贵多了，那要是算盗窃，可就不是关起来这么简单的了。历史上有两个朝代对牙保非常看重。一个是刚才说的宋朝，一个就是五代十国的后唐。后唐规定，除了土地、房屋买卖，奴隶和牲口买卖也得找牙保，不然也算偷窃。不过，中介服务算是市场行为，为什么这两个朝代的政府要强制执行呢？答案很简单，为了钱！对牙保要求没这么严格的明朝还规定民间房地文契必须让政府抽值百分之三，才能盖上官印，而这盖上官印的文契叫作红契，只有红契才算是有效的文件，才能说明你的房、地交易是合法的，是来路清楚的，也只有红契才能用于交易、抵押等等。为了收这个百分之三，明代各个衙门还专门设有税课局。

历史上，各朝政府都担心老百姓的房、地交易偷税漏税。一般这些交易的交易额都不小，古代又没有什么科技手段，为了防止偷税漏税，就只好想别的点子。比如，朝廷规定街坊四邻举报偷税漏税的有赏，如果知情不报或者邻居里有偷税漏税而街坊四邻没有举报的，则众人都跟着受罚。还有一个，就是强制推行牙保制度，划片包干，每一片区域都有指定的牙保负责登记造册，记录这片区域谁卖房、谁买房、价格多少、当时有谁在场、中介是谁等等，时隔一个月或者半个月向当地衙门汇报，衙门根据记录找当事人收税或者抓捕逃税的人。衙门口不给这些牙保发俸禄,那么他们的收入从哪里来呢? 当然是靠买卖房屋、土地的人交的"中介费"了。再到后来,这个牙保也不单指房屋、土地交易的担保人、中介了,而是泛指订立契约、合同的担保人或者中介了。

由此看来,柯枝国的社会阶层划分,尤其是第四等人,完全是根据某一特定的行业划分的。那如果不从事这些行业或者不是贵族该被怎么划分呢? 史料上没说。除了上面四等人,还有第五等人,叫作"木瓜",这类人在当地算是最低贱的了。他们常年生活在海边,所住的房子不许超过三尺(大约一米),高了就犯法,他们的上衣不能长过肚脐,下身的衣服不能长过膝盖。路上遇到一等人或者三等人,也就是南毗或哲地,第五等人必须趴在地上,等他们过去之后才能起身离开。由此看来,有钱的外来户和没钱的本地人(革令)地位也不怎么高。这些"木瓜"只能以打鱼、抬负重物为生。官方不允许他们穿长衣、经营买卖,这些人很像当时明朝国内的傩人。

关于明朝傩人的史料记载不详,应该是指当时明朝国内的丐户、贱民或者堕民之类,这其中相当一部分是被国家定罪之人的家属,这里说的"罪",主要指政治方面的。在这些人里面男的被称为丐户,戴绿头巾,腰上系红搭衣,且走路时只能走路两边。女的被发配到教坊司,充当"官妓"。这些傩人不能和外人结婚,只能内部解决。不能经商、读书、做官,连穿衣打扮都受限,甚至这个阶层的女性连缠足裹脚的权利都没有,而且这种卑贱屈辱的身份是代代相传的。

这些傩人是最底层的平民,在社会中的地位跟印度的"贱民"、日本的"秽多""非人"以及古朝鲜的"贱民"类似。只不过到现在,除了印度,其他三国的贱民早就成了历史名词,消失在悠悠历史之中了。

柯枝国的"木瓜"们应该和当时明朝的傩人类似。柯枝国的贱民之所以被叫作"木瓜",大概是因为他们木讷得像挂在树上任人摘取的木瓜,现实的环境逼迫他们去忍受不公,久而久之,代代相传,他们也就麻木了。

说完麻木的被统治阶层，再说说统治阶层。这里的国王也和前面说的所有老家是锁俚的国王们一样信奉佛教，而且也尊奉象和牛。此处建造佛殿，用铜铸成佛像，用青石砌成佛座，在佛座周围还要修一条排水沟，在佛像旁边要另外开凿一口水井。每天清晨，要鸣钟击鼓，同时用井里打上来的水从佛像头顶处浇下，这样的程序差不多要进行三次，这期间人们都顶礼膜拜，之后拜退。

　　此处还有一等苦行僧人，被称为"浊肌"。当然这个名字是古人音译过来的，不过等介绍完这种人，您就要佩服古人观察得细致入微以及用词之准确了。这种苦行僧也是念佛之人，但是他们可以娶妻。这样的高人，从娘胎出来就不剃头、不剪发，同样也不梳头整理，而是经年累月用酥油等物涂抹头发，然后把头发"搓"成毛毡条那样，这一脑袋怎么也得搓个十几二十条的，然后把其中的七八条甩到脑后。这还不算完，还得用烧成灰的牛粪涂抹全身。高人们不穿衣服，只用手指粗的藤条缠在腰上，然后拿块白布把隐私部位遮上，手拿大海螺，悠然自得，穿市而过。他们的媳妇不离不弃，只拿布把该挡的地方挡上，然后随夫而行。这样的出家人，如果到了寻常人家化缘，施主得给他钱财、米粮等物。一般来说，出家人一是要保持干净整洁，二是要持"金钱戒"，不能收钱，只能收一些食物，多了还不要，怕浪费，但在这里都恰恰相反。

　　此地温暖如夏，也根本不会有什么霜雪，但是雨水不少，常言"半年落雨半年晴"说的就是这里。此地一到二三月，白天晴天，半夜就会下小雨，这个时候当地人就着手在白天天晴的时候整修房屋、做好防水、准备好粮食。您可能会想，这下着小雨而且还是在晚上下，不至于这么折腾吧？您别急，往后看。这小雨就好像一个预警，提醒人们大雨就要来了，赶快做好准备。这么稀稀拉拉地下到五六月份，就开始下滂沱大雨了，从早到晚，终日不停。此时，马路都成了河，人都走不了了，只能在家待着等着雨季过去，前期准备粮食、整修房屋算对了。到了七月的时候，雨开始渐渐地小了，就这么缠缠绵绵、稀稀拉拉地拖到八月中下旬，这才拨云见日、云开日出。此时开始,半点儿雨都没有了,一直到转年二三月份。

但凡潮湿或者阴冷的地方,人们就爱吃辣,为的是驱赶湿气、寒气,这里也不例外。当地什么也不产,就产胡椒。人们多从事胡椒的种植,甚至将其当作毕生的事业。每年胡椒成熟的时候,都有当地的大商户收购胡椒,然后整理入库,储存妥当,等待四处的外国客商来购买。此处买卖胡椒论播荷(当地大宗货物计量单位)计算重量,一播荷胡椒运到外地可卖到金钱九十个到一百个,值大约五两银子。

对于这个"播荷"咱得说两句。史料记载,当地一播荷等于二百五十封剌(也是当地的计量单位),一封剌相当于当地十斤、明朝的十六斤,每播荷相当于明朝的四百斤。明眼的您一看就知道,照这么换算的话,一播荷应该相当于明朝的四千斤,但是当初史料上写的就是四百斤("每播荷该官秤四百斤")。况且这个重量在不同史料中的记载也不完全一样,就像郑和舰队的随船翻译费信在他的《星槎胜览》中介绍苏门答剌国时写到,"只番秤一播荷,抵我官秤三百二十觔(同'斤')"。

胡椒买卖在此地是个赚钱的生意,但是上文说的那第三等人"哲地",他们不买卖胡椒这么"低档"的东西,他们囤积的都是珍珠、宝石、香料这些高等货,专等着中国或者别的国家的商队、货船来买。珍珠以"分"来计算大小,一般重三分半的,在别处可以卖到金钱一千八百个,值白银一百两。至于珊瑚、枝梗之类的,这帮哲地论斤买下来,然后雇工匠剪枝、打磨、车成珠子(也就是"车旋成珠"),洗磨干净之后,论两来卖。

此国国王以九成金子铸钱使用,取名"法南",这个是真的"金钱",不是铜的,重量大约为一分一厘(约0.34375克)。又拿银子当钱,比海螺眼大点儿,大约重四厘(约0.125克),名叫"答儿"。一个"法南"值十五个"答儿",街头市面上都用这种钱交易(胡椒和珍珠那里标注的价格是卖到国外的价格)。

当地人婚丧嫁娶的礼仪根据他们各自所处的阶层不同而不同。此地没有大麦和小麦，米、粟、麻、豆、黍、稷都有。象、马、牛、羊、狗、猪、猫、鸡、鸭都有，就是没有驴和骡子。特产有胡椒和苏木。

早在明朝之前，柯枝国就与中国有过交往。那时候，它被称作"盘盘国"。在隋、唐、梁、宋四个朝代，柯枝国"皆入贡"，属于传统睦邻友好国家。到了大明朝，永乐元年（1403）成祖朱棣派遣太监尹庆去柯枝国"赍诏抚谕其国，赐以销金帐幔、织金文绮、彩帛及华盖"。当时柯枝国的国王是可亦里，他一看，明朝皇帝太有诚意了，再加上其"慕中华而歆德化久矣"，于是在永乐二年（1404），可亦里就派遣大臣完者答儿率领随从来大明进贡。从此双方交往越发频繁，郑和率船队就不止一次造访过柯枝国。其中在永乐十年，也就是1412年，郑和带着明成祖朱棣的圣旨来到柯枝国，正式册封可亦里为柯枝国国王，授其王印，还将撰写的碑文刻在石碑上，将石碑立在山顶，立石碑的山被册封为"镇国山"。从此两国往来不绝，到了明英宗朱祁镇的正统元年（1436），双方还有往来，柯枝国朝贡不辍。

第二十四章 | 郑和魂归之地——古里国

接下来，我们要介绍的是古里国。

古里国相对于其他西洋诸番比较有名，它的有名是因为郑和是在这里去世的。

我们不得不承认，即使是秦皇汉武、唐宗宋祖这样的人杰帝王，也有撒手人寰、驾鹤西游的时候。郑和功绩再大，也是凡人，也有去世的那一天。关于他的去世，一直有两种说法：一种是说他在南京去世，安葬在南京；一种是说他在最后一次下西洋回国的途中，长眠于古里国，在南京牛首山有其衣冠冢。

不过抛开史学家们的争论，我个人更倾向于第二种说法，就像巴顿说过，"一个军人最好的归宿就是在最后一场战斗中被最后一颗子弹干净利索地打死"。对于郑和来说，死在最后一次下西洋返程归国的路上，也未尝不是一种"死得其所"，毕竟那时的大明已不再需要他了。

不过，现在还没到郑和"谢幕"的时候，既然讲到了古里国，那我们就还按老样子，好好说说它。

古里国即现在印度西南沿海的卡利卡特一带，在当时是"西洋大国"。从柯枝国港口开船，往西北方向船行三日即可到达。这个国家也是临海国家,往东边走大约七百里,到达坎巴夷国。这说明古里国东西差不多有七百里宽。西边临海,南边与柯枝国接壤,北边和狼奴儿国(《明史》中记载为"狼奴儿国",《西洋番国志》记作"狼奴儿国",不同版本的《瀛涯胜览》记载也不相同,这里取"狼奴儿国")相连,"西洋大国正此地也"。永乐五年(即 1407 年,大约是郑和第二次下西洋的时候),郑和带着明成祖诏封古里王的敕书、诰命银印和升赏各大臣的品级冠服来到古里国,古里国国王和各大臣喜获明朝廷封赐。古里国国王当上国王三个月,就通过自己的努力喜获大明诏封敕书、诰命银印。他拿下大明承认的古里国管理权,就是为了能让古里国国民不受人欺负。

除了赏赐上述宝物、敕书外,郑和还在古里建了石碑亭,用以纪念此事,石碑原文为"去中国十万余里,民物咸若,熙嗥同风,刻石于兹,永示万世"。碑文的大概意思就是,此地距离大明路途遥远,和大明一样,物产丰富,人民安居乐业,特立此碑,昭告天下,万世传颂。

国王是南毗人,前几位锁俚人国王一样,都信奉佛教,对象、牛尊奉有加。这个国家人也分五等,与柯枝国差不多。此国的国王是南毗人,是这个国家里的二等人。国王手下有两名大臣,相当于咱们这边的宰相,属于"一人之下万人之上",却都是头等人,不过这三位相处得倒还算和睦。

国王用铜铸佛像,取名"乃纳儿"。又盖起佛殿,用铜铸成瓦盖顶子。与柯枝国一样,古里人在佛像旁挖井,每天清晨,用井里的水冲洗佛像,供人朝拜。

此外,国王还令人收取黄牛净粪,放到铜盆中用纯净的泉水细细研磨开,调稀拌匀。待到第一缕阳光出现在地平线的时候,要用此极品牛粪汤在佛殿内外墙壁、地面均匀涂抹,不允许留有死角。王公大臣以及商贾富甲们,每天早晨也都这样涂抹一遍自己的家,当然用的也是这极品牛粪汤。你以为光涂抹在墙壁、地面就可以了?差得远呢!人们要做到随身携带牛粪,才能体现出卓尔不凡的气质、高贵的出身和敬佛的诚心。

当然,贵族们不能带湿乎乎的牛粪或牛粪制品上街,那是平民百姓的做法。贵族之所以被称为贵族，就是因为他们品位的卓尔不凡。越是看似普通的原材料，其制作、提炼的过程越能体现出阶级的差异。比如说这看起来满大街都一样的牛粪，普通百姓可能抓起来就用，最多拣去表面的杂质，改变一下形状。但是贵族不一样，同样的牛粪，非得经过复杂、苛刻、费时耗力的制作，才能使用。尤其是这种便携式的牛粪，更是需要经过复杂的选材、精心的制作，才能造出其中的上品。

这种宫廷贵族便携式牛粪的制作工艺如下：

首先，要选取制作当日子时纯种印度瘤牛拉的粪便，这粪便的外形不能有任何毁损，要取粪便中间的部分，因为上层会有蝇虫啃食，下层接触地面，有灰尘，所以必须拨开上层取中间那层。注意，不能用手拨，得用紫檀做的小木铲轻轻剥离，然后把新鲜的牛粪放到紫檀小碗里，采牛粪的工作才算完成。采集的过程中，必须全程用三层棉布遮住口鼻，因为棉布吸水透气，可以更好地防止口中晦气污染了神圣的牛粪。

鲜牛粪的含水量很高，所以要将取回的牛粪在背风阴凉处晾干，使它的含水率降至40%到50%，这时候大家可以根据自己的喜好将牛粪捏成任意的形状。集体创作完毕后，再次晾晒，具体时间根据操作时的气候、气温的不同而不同，最终的目的是使牛粪完全干燥。

完全干燥后的牛粪极易燃烧。放置牛粪的地面需事先用清洁的泉水清洗三边。清洗过后，把待烧的牛粪摆放到场地中央，根据上窄下宽的形式依次摆放好，一般来说，主要分为底座是圆形的圆锥式和底座是方形的金字塔式，高度一般为一尺左右，底座宽度不能超过高度，牛粪之间要留有空隙。搭完之后，用紫檀小木棍引火，注意引火位置必须是整座粪塔高度大约三分之一处，即如塔高一米，点火须在塔底往上约三十厘米处。用小木棍把牛粪引燃后，就迅速拿开，切记不能扔到牛粪堆里，这是为了确保烧出来的牛粪灰的纯净。

待到火势自然熄灭，要将现场的牛粪灰仔细收集起来，用三种网眼大小不同的筛子由粗到细依次过筛，一种筛子过筛一遍，一共过筛三遍，用以筛除杂质。最后筛出来的牛粪灰要放到紫檀的木匣中，密闭盖好。每次使用时，要用紫檀小勺舀出，放到特制的黄麻做成的小口袋中，因为天然黄麻制成的布料具有防紫外线的作用，还可以隔冷、隔热、防静电，绝不会令皮肤过敏，是随身携带牛粪灰的最佳选择。

这种牛粪灰要经常贴身佩戴，不仅是身份的象征，更是日常生活的必需品。每天清晨洗脸的时候，贵族们就要取出这牛粪灰涂抹额头及大腿之间各三次，以示虔诚。

此地敬佛的方式在咱们现代人看来的确比较"脏"，就如同中世纪的欧洲。当时的欧洲人信奉裸露身体是淫秽的，认为沐浴是对神明的亵渎，只有污秽自己的身体才是对神明最大的尊敬。所以在长达一千年的时间里，牧师们都拒绝洗浴。

说完了牛粪，我们再接着说说此地关于牛的传说。

相传，有一位圣人，名叫摩西。传说中他在南毗教化众人，大家都知道他是上天派来的圣人，所以都对他很信服。有一天，摩西有事需要去外地一趟，但是教化众人的工作不能停，于是他就把这个任务交给了他的弟弟撒没嚟。这个人可跟他哥哥不一样，他不一心布道，而是心生矫妄，自己弄来一个金子铸成的牛犊，对众人说："这才是真正的圣主，只要对它叩拜，就能达成你的心愿。"于是令众人膜拜这头金牛犊。这头金牛经常拉金子，人们得到金子，都以为这头金牛就是圣主。过了些日子，摩西办完事回来了，发现大家都被他的弟弟撒没嚟弄得神魂颠倒，都不去拜信真神了，于是毁了这头金牛，准备对他弟弟兴师问罪。没想到，他弟弟早就得到消息，坐着一头大象跑了。后来人们想念这个弟弟，盼望着他能回来，只是月初得到消息说是月中能回来，结果到了月中又说月底才能回来，如此往复，到郑和船队来访的时候，人们还是这么一直盼望着。这也是南毗人敬象、敬牛的缘故。

前文说了，这个国家的国王得到了明成祖的册封，他的两名大臣也不例外。郑和舰队到了古里国，上岸进行交易就得找这两名大臣，因为古里国货物的买卖全凭这二人做主。国王一般都是派这两名大臣带着哲地、米纳几和官牙，与郑和宝船舰队分舰队负责的内官商讨交易事宜，确定交易日期。

对于跟随两名大臣出场的三位人物，有必要再说一说。这个哲地就是古里国的第三等人，是大财主。这个米纳几是当地的称呼，其实就是会计。说到这个官牙，您还记得柯枝国和古里国的第四等人革令吗？那个就是专门做牙保的，也就是中介、担保人。古里国的官牙是当地官方的牙保，也就是政府派出的中介、担保人，但官牙算不算当地的第四等人就不知道了。

还有刚说到的分舰队，大家可能有点儿奇怪。在我们的印象里，郑和下西洋都是宝船舰队一路南下，挨个国家到访，没听说还有分开走的舰队呢。关于这点需要讲一讲。

郑和船队规模庞大，船只众多。有宝船、战船、座船（运送官兵的）、马船（运输船）、粮船等，共计一千四百余艘，当然每次出海的具体数量都不太一样，但大体是这些。这么多船，如果一路上都是一同前往一个国家，然后再按部就班地去往下一个目的地，那肯定会耗费大量的时间，而且船队规模这么大，不是到达的每一个国家和港口都能接纳的，这么大的船队进出港口、停泊、装卸货、上下人也都是很麻烦的，所以船队会根据情况分成若干个分舰队，同时到达好几个国家与港口，这样做节省时间，而且船队规模小了，更加灵活，进出港口也更加便捷。正因如此，舰队才会在满剌加、苏门答剌、古里国（辐射印度洋地区）和后面会讲到的忽鲁谟斯国（辐射中东地区）四国设立官厂。这些官厂既是舰队补给、修整的地方，也是舰队会合的地方。当然，分舰队去的都是与明朝友好交往的国家，或者说低风险的地区，对于高危地区，要么避开，要么就是全舰队压过去，比如说锡兰国那次，还有在三佛齐打陈祖义的时候。

回到正文，到了双方交易的日子，大家把各自的货物带来，然后双方商议价格，价格敲定之后就签署合同，合同至少每方一份，大家都各自收好。古里的头目、哲地与大明官员(内官)击掌,那个官牙就会当场宣布,某年某月某日双方在什么地方交易,击掌定价,日后无论商品价格变化是涨是落,双方都不得反悔。看到这里您可能会说,咱是远道而来的,古里人要是变卦了怎么办?这个不用担心,前文已经说了,当地人很讲诚信。退一步讲,古里人就算想跟大明耍赖,面对郑和船队的实力也不敢放肆。

再回到交易现场。刚才咱们看的都是普通的货物,这些货物交易完,就开始进行奇珍异宝的买卖了。这时候跟随大头目的哲地就该出场了,他们负责这些宝物的交易。他们搬出宝石、宝珠、珊瑚等贵重货物,双方你来我往互相议价。这些商品由于比较贵重,不可能当场定下价来,耗时短则一个月,长的能持续两三个月。如果经过漫长的讨价还价,双方确定了交易价格,要买某一位哲地的珍珠、玛瑙之类的,那么一直负责这些货物的头目和会计就会计算价格,然后折算成纻丝等他们这里没有或比较稀有的物品的数量进行物物交换。同样,确定之后就不能进行任何更改了。他们这里的会计比较厉害,手里没有诸如咱们用的算盘之类的计算工具,就是用手指头、脚指头当算盘,算得很快而且没有偏差。这么多的货物,就靠这二十个指头计算,真是奇特。

此地铸的钱成色比柯枝国的差,柯枝国是用九成金,这里用六成金,每枚钱大小为三分八厘,重一分(大约 0.3 克),底面有字,这种金钱当地叫作"吧南"。银子做的钱叫作"答儿",与柯枝国一个名字,重三厘(不到 0.1 克),一般当地人当零钱使用。

该国重量的计量跟咱们不太一样。他们的一钱相当于咱们的八分;他们的一两等于十六钱,相当于咱们的一两二钱八分;他们的一斤为二十两,相当于咱们的一斤九两六钱。

这样的换算您看了是不是有一点儿晕?别着急,咱们一步步算一下,您就明白了。首先,我们要明白明朝时期重量之间是如何换算的。在明朝,一厘(0.03125 克)约等于十毫,一分(0.3125 克)约等于十厘,一钱

（3.125克）约等于十分，一两（31.25克）约等于十钱，一斤（500克）约等于十六两。

下面，我们把这些换算公式带入。首先是对方的一钱等于我们的八分，那么，对方的一两等于十六钱，用明朝的换算方式计算就是：16钱×8分=128分=12钱8分=1两2钱8分。这样，第一个就算出来了，古里国的一两等于明朝的一两二分八钱。下一题，古里国的一斤等于二十两，按照他们国家的算法就是：1斤=20两=20×16钱=320钱。根据他们一钱等于八分来算，古里国320钱=320×8分=明朝的2560分=256钱=25两6钱=1斤9两6钱。第二道题也解出来了，古里国的一斤相当于明朝的一斤九两六钱。

搞清楚了换算，咱们再接着说。除了算法不同，此地的秤也很独特。秤在当地叫作"番刺失"。有史料记载，"秤之权钉于衡末，秤准则活动于衡中，起提平处为定盘星，秤物则移准向前，随物轻重而进退之"。感觉是不是跟咱们原来用的秤很相近？他们这个秤最多也就称10斤，相当于大明朝的16斤。还记得前面写到柯枝国人进行胡椒交易时用到的重量单位"播荷"吧。在古里国，这个重量单位用在不同的商品上代表着不同的重量。比如，用在香料之类的货物上则一播荷相当于当地200斤，约等于大明的320斤；用在胡椒买卖时，一播荷相当于250斤，约等于大明的400斤；贵重的物品则多用天平称量。

这些算是"衡法"，除此之外还有"量法"。当地官府用铜铸造"升"，作为丈量依据，此升在当地被叫作"党戛黎"，相当于大明的一升六合（明制十合为一升）。

参考本书中对其他国家与大明交易的描写以及对当地度量工具的记录，估计您会想——为什么史料中会这么详细地介绍古里国与大明的各种交易还有当地的度量工具呢？我想一个原因是当时大明与该地交易颇多，另一个重要原因是大明在此地设有官厂。

刚才说过，明朝在马六甲海峡的一南一北，也就是苏门答剌国和满刺加国都设有官厂,这两个国家位于南洋。向西航行,朝廷又分别在古里国(位于现今印度)和忽鲁谟斯国(位于现今伊朗,后文会讲到)设立了官厂。

为什么要在这四个地方设立官厂呢?带着疑问,咱们打开世界地图看一看。从地图上不难发现,这四个地方都位于可以控制东、西方海运的咽喉要道。要说,郑和的眼光是真厉害,在没有现代地图勘测技术、卫星定位的年代,能够在广阔无垠的世界中找到这四个要地,实非常人所能做到。这四个官厂,就像钉在四条要道上的钉子,是大明势力打入四方区域的楔子。进一步讲,大明可以通过四个官厂控制这些区域,进而控制东、西方水路交通,甚至因此控制世界的海运贸易;退一步讲,控制了这四个地方,可以有效地保护大明的贸易船队。

您或许会问,小小的官厂能有这么大的作用吗?您别急,我跟您仔细说说。

前文说过郑和设立官厂的三原则,即"天时、地利、人和"。除此之外,官厂所在地还需利于停泊。毕竟郑和船队以风帆船为主,需要等待季风才能顺风回家。除了等风,船队还得等去往各地的分舰队回来,以便船只、人员集结,一同回国。各个分舰队归航后,肯定带有所到各地的钱财、物品甚至还有随船前往大明朝贡的各国国王、使臣等,所以人员需要重新调配、安顿,物资、钱财需要整理、打包、转运。到了下次出使西洋的时候,郑和舰队还得派出分舰队分别护送各国的国王、使臣回国。这一接一送就需要专门的港口作为舰队集合、分散的中转基地。此外,为了保证人员的人身安全以及物资的财产安全,中转基地里需要大量军队或者武装人员驻扎、护卫,还得有专门储藏物资的仓库和人员住宿的地方。所以,这四个官厂不是简单的港口,而是具有完备储藏、保管、运输、住宿、维修保养船舶甚至屯兵功能的大型海外前进基地。从位置上看,古里国的官厂应该是前往印度洋诸国分舰队的集散地,而忽鲁谟斯国的官厂则是前往中东及东非各国分舰队的集散地。

接下来咱们说回古里国的"特产"。

古里国当地有两种比较常见的进口布料，一种是产自古里国邻国坎巴夷国的被称为"撱黎布"的西洋布，这布每匹宽约一米三，长约八米，售价为八到十个金钱；还有一种是咱们中国人的丝巾，这种有纹理的丝巾是将蚕丝煮练（通过煮的方法去掉蚕丝上的丝胶或天然胶质）并染上各种颜色之后织成的，这种丝巾宽一米三到一米六，长约四米，每条能卖到一百个金钱。

当地也盛产胡椒，尤其是在乡村，人们建起田庄大量种植。待到当地十月份的时候，胡椒成熟，经过采摘、晾干就可以卖了。到时自有收胡椒的大户商家上门收购，放到官方的仓库里储存。若有来买的，则双方谈好价、称好重，交易后还得向官方缴纳税款，才算最终完成。一般来说一播荷胡椒大约能卖二百个金钱。

别的地方的有钱人都是牛羊成群，鸡鸭成堆，这里的有钱人可不一样，他们是椰树成林。富人拥有大量椰树作为家产，少则一两千棵，多则两三千棵。就像牧区的牛、羊全身都是宝一样，这里的椰子浑身上下也没有一处被浪费的。新鲜的椰子可以喝汁、吃椰肉、酿酒；老的椰子可以用椰肉打油、做糖或者做饭吃；外瓤（就是椰纤维）可以制绳造船；椰子壳可以当作酒盅、饭碗，也可以用来制成生活用品或生火来打造金银；椰木可以用来建房子；椰子叶可以用来当屋顶，防雨又防晒。

当地的蔬菜有芥菜、萝卜、香菜、葫芦、茄子、菜瓜、冬瓜等，还有葱、姜、蒜等，一年四季都有蔬菜吃。还有一种小瓜，如手指粗细，长约六厘米，吃起来跟黄瓜一个味道。

他们这里的葱有蒜头那么粗，紫皮，葱叶很小，论斤卖。芭蕉子、菠萝蜜很多，到处都有卖的。此处还有一种树，叫作木鳖子，又被称作番木鳖，树高三米左右，树上结的果子跟绿柿子一样，果子"内包其子三四十个"，熟了就自然脱落了。这里的蝙蝠很大，犹如老鹰那么大，常年倒挂在木鳖子树上休息。

这里的米分红色和白色。红米是一种偏红色的大米,生长期较长,米质较好。此处没有大麦和小麦,但由于商贸发达,在当地还是能看到从别的地方贩卖过来的麦子。鸡、鸭遍地但是没有鹅。羊都比较大,长腿,个头儿跟驴差不多。但是相对来说牛不大,一般的黄牛重三四百斤,人们不吃牛肉,只吃牛奶做成的奶酪和酥油。当地人对酥油极其依赖,可以说没有酥油就不吃饭,这点跟前面讲过的锡兰国和后面要讲的忽鲁谟斯国的人一样,貌似西洋各国都对酥油钟爱有加。由于人们尊重牛,也不杀牛,此地的牛都是自然老死的,死后也不会被焚烧,直接入土为安。

因为守着海,所以这里的海产品价格很低。当然,食物都是海产品就有点儿太单调了,因此这里还有卖鹿和兔子的。当地好多人家里都养孔雀。此处还有乌鸦、鹰、鹭鸶、燕子等。此处特产有沉香、木香(根茎可入药,花含芳香油,可做香精或者化妆品)、西洋布、五色巾、白鸠(一种鸟)、胡椒、马(从西域趸来的)、五色鸦鹘石等。

此地百姓婚丧嫁娶的礼节因为主人身份的不同而不同。该国国王传位与一般国家不同,不是传位于嫡长子,而是传位于外甥,据说是为了保证王族血脉正统。如果国王没有姐妹,那么就传位给他的弟弟,如果赶上这个国王无兄无弟、无姊无妹,那王权就只得传给公认的贤德圣明之人了。这种传位制度据说"世代如此"。

咱们再看看当地的司法制度。当地没有鞭笞等相对轻一些的刑罚,上来就是剐足砍手,再重一些的就是砍头,最重的就是抄家、灭门。当地若有人犯罪,首先会被押到官府,到了那里,如果伏法,那该怎么办就怎么办;如果遇到喊冤不服的,那也好办,官员先通报大头目,然后通报国王,再进行审理、裁决。

古里国在大明朝永乐元年开始朝贡,从此不绝。说它是"西洋大国",一是因为它的国土相对于西洋各国来说比较辽阔;二是因为它在西洋各国中有一定的威信,各国在某种程度上愿意听它调遣。就拿去大明进贡这件事来说,每次朝贡都是它带领西洋各国前往大明。比如,永乐十三年（1415）偕柯枝、南渤利、甘巴里、满剌加诸国入贡；永乐十四年（1416）又偕爪哇等十几国入贡，这次在朝廷之上的觐见，古里国的使臣站在西洋各国来访使臣的最前面；永乐十七年（1419）偕满剌加等十七国来贡；永乐十九年（1421）又偕忽鲁谟斯等国入贡；到了永乐二十一年（1423）又带着忽鲁谟斯等国来朝贡，这次人多，一共来了一千二百多人。成祖转年（永乐二十二年，即1424年）驾崩。

古里国带着西洋各国来朝，当然不能空着手。它本身又是西洋大国，因此所贡物品宝物不少。老规矩，我们将主要宝物列个清单：

1.拂郎双刃刀

即珐琅制成的刀，是一种工艺品。珐琅在中国古时又被称为"佛菻""佛郎""拂郎"或"发蓝"。

2.金系腰

即金腰带，此金腰带是用上好的足金五十两打成薄金片，用细如发丝的细丝穿起来，在金片上再镶嵌各种宝石、珍珠等。

3.龙涎香

一种顶级香料，在下一章中会详细讲解。

4.苏合油

一种树脂，前面说过的旧港国和后面要讲的祖法儿国都出产。

5.苾布

一种棉布。

此外，还有宝石、珊瑚珠、琉璃瓶、琉璃枕、宝铁刀、阿思模达涂儿气、花毡单、伯兰布等等。

第二十五章 | 大洋中的商贸中心——溜山国

接下来,我们要到达此行中一个重要的国家——溜山国。

看到"溜山国"这个名字,人们比较陌生,这个地方叫牒幹,现在叫马尔代夫。这样一说,想必大家都知道了。此国是个小国,虽然叫"国",但是没有城邦,自然也没有城墙,人们都依山而居、靠海而生。

溜山国四面环海,岛屿众多,陆地面积很小。从苏门答剌国开船,过了小帽山,往西南方向航行,顺风顺水的情况下十天就能到这个溜山国。当时这个国家还在海中立有石门,就像现在的城门楼子。该国有八个比较重要的地方,算是人口相对密集、经济相对发达的区域,在当时被称为"八大处",分别是沙溜、人不知溜、起泉溜、麻里奇溜、加半年溜、加加溜、安都里溜、官瑞溜。这些地方都有人管,而且彼此之间都通商船。这八个地方算是比较大的,据说还有不少窄小的地方——小窄之溜,号称有三千多个。咱总听的"弱水三千"就是对这里最好的描述。弱水和弱水还不一样,这里的"弱水"指的是因为水浅而无法通行船舶的水域,古人认为这种地方是水弱才不能"胜舟",所以叫弱水。

现在的马尔代夫是个旅游胜地,在当时可不是。这些"弱水"地方的人们多居住在洞穴里,不认识稻谷等粮食,日常就以捕食鱼虾为生。他们也不懂得穿衣,就拿树叶遮盖身体的隐私部位。在这些地方行船非常危险,航道狭小,如遇风浪,船舶在此容易损坏,尤其是船舵。除了这点,弱水之地还有潟湖。这个"潟"字指被咸水浸渍的土地,"潟湖"是指那些位于海边咸卤地带的湖泊水域。船舶到了潟湖,会因水中所含盐分变化逐渐失去浮力而沉没,所以途经这里的船舶都相当小心。

相对于"弱水"的居民,那"八大处"的百姓就文明得多,而且这个国家的国王、官员也都在这八个地方居住,可以说国家的主体都在这里。这里民风淳朴,人们日常所作所为均遵照其信仰的宗教中的规定执行。此处国土狭小,海岛众多,耕地几乎没有,所以人们多以打鱼为业、以种椰子树为生。由于此地温度高、日照强,所以无论男女,他们的肤色都略深。男人白布缠头,下身围手巾。女人上身穿短衣,下身用宽大的布围起来,头上也用布包起来,只露着脸。婚丧嫁娶的礼仪都按照他们的教规执行。

当地有降真香等香料,但是数量不多。此地椰子多,而且此地人也和古里人一样,对椰子进行了全方位的开发利用,在椰子开发的深度和广度上甚至要超过古里人。正因如此,各地的客商都来这里买椰子和椰子制品,然后再卖到世界各地。

此地造船别具特色。他们造船不用一颗钉子,只是在船身上钻孔,然后用当地的缆绳绳索将全船连接绑缚,再加上木楔子,绑牢后用沥青把缝隙堵住。完工后的船坚固耐用,不会漏水。

此地周围的大海里经常有抹香鲸出没,经常会留下胃内的分泌物,这是顶级的香料。没错,那留下来凝结成块的就是著名的龙涎香。

大家知道鲸鱼这类庞然大物,尤其是抹香鲸,吃东西的时候通常是大嘴一张,别管什么东西,先吞下去再说,就算是大乌贼、大章鱼也几乎全吞。对于抹香鲸来说,软体动物的身体倒是好消化,只是它们的角质颚和舌齿是硬的,消化不了。这些硬邦邦的东西到了抹香鲸的肠道里,就刺激它分泌一种蜡制的物质,将这些无法消化的残渣包裹起来,就形成了龙涎香。这龙涎香是上好的香料，跟黄金等价。黄金分三六九等，龙涎香也不例外，总体来说，颜色越浅越值钱。一开始被抹香鲸排出体外的龙涎香颜色很深，它比海水轻，就漂浮在海面上，时间长了，海水一点点冲刷掉它里面的杂质，颜色开始变浅，变成浅黑、灰色、浅灰，直到变成白色。白色龙涎香是其中的极品。而抹香鲸肚子里的龙涎香由于没经过海水的长时间浸泡，是不值钱的。这个世界上的很多宝物珍贵就珍贵在它成型的时间长，在漫长的时间里保存下来的才有价值，这个价值就是时间的价值。所以说，现在人类科技再发达也做不出来人工的龙涎香，而且自然形成的龙涎香是独一无二的，以至于没有两块味道完全相同的龙涎香。说到香味，龙涎香湿的时候是腥臭味的，只有等它完全干透了，点燃起来，才能散发出无与伦比的香味，这种香味据说非常持久，比麝香还香，它能作为香水中的定香剂，使香水的香气比较稳定、挥发缓慢。

作为顶级香料，龙涎香的价格自然十分昂贵，所以很多人不惜冒着生命危险去采集它。不过，溜山国这里的龙涎香貌似品质不太高，因为它"如水浸沥青之样"，估计是泡的时间不够长，所以在龙涎香里算是低档货。不过，再低档它也是龙涎香，所以"价高贵，以银对易"。

此地海水里除了龙涎香之外，还盛产好多其他水产品。比如说一种叫"虮"的贝类，又被称为"海虮"。此物数量众多，仅被打捞上来的就"积采如山"。当地人把它的肉扒出来，腌制起来，卖到暹罗、榜葛剌国等地。此货可不是当海产品卖的，而是被当作购买地的一种货币。

此外，当地还有一种比较普通的鱼，就是马鲛鱼。这种马鲛鱼据说刺少肉多，非常美味。马鲛鱼被处理干净后会被切成小段，然后被晾晒，晒干了就被放到仓库里妥善保存起来，各地的商贩会来这里买走，然后再贩卖到世界各地。

别看地方不大，此地各种农副水产品加工可真是发达。除了这些，当地还出产一种丝嵌的手巾，据说非常密实，远胜过其他地方的。这类手巾里有一等织金方帕,做工精湛,可用于男子缠头,最贵能卖到五两银子。

前文说了,当地常年炎热,少耕地,土地贫瘠,没有什么稻谷、大麦、小麦等。蔬菜也不多,牛、羊、鸡、鸭都有。当地铸造银钱进行买卖交易。

郑和船队途经溜山国时,会分出一两艘舰船(分舰队)来当地收购龙涎香、椰子等物。

最后照例说说溜山国的朝贡。讲到这个话题,就不得不说说大明永乐年间该国的国王亦速福。这位国王在永乐十四年,也就是1416年,派遣使臣到大明来朝贡,当年的十二月十日,明成祖朱棣安排郑和等人护送各国来访使节回国,这里面就包括溜山国的使臣。其他国家的使臣来到大明,一般短的得等个一年半载,长的要等个三五年才能回家。溜山国到大明距离遥远,使臣不大可能年初就到大明来朝贡,很可能是在年中或者下半年才到大明,这前脚刚来,后脚办完差就搭着大明的官船回国了,这次朝贡算是圆满完成。不过这不是最后一次,往后的日子里,溜山国又朝贡了三次。在这之后的明宣宗朱瞻基在位的宣德五年(1430),郑和第七次也就是最后一次下西洋时,访问了溜山国。此后,史料中就再也没有溜山国进贡的记录了。

第二十六章 | 阿拉伯半岛上的祖法儿国

接下来,我们来到了祖法儿国。

此地已经不在南洋的范围内,而是在阿拉伯半岛上,因此我们应该可以管生活在此地的人叫作阿拉伯人了。说到阿拉伯人,还有一个比较有意思的事情。当时阿拉伯人四处闯荡、到处做生意,著名的"阿拉伯数字"就是他们从印度传到欧洲的。这帮人经常坐船来中国进行贸易,路途遥远,许多人得了坏血病,还没到目的地就不幸去世了。但同时期的中国人远洋到阿拉伯半岛,比如郑和的船队就没有这种情况。这帮人就仔细研究了中国船员的生活细节,发现了问题所在,即中国船员独特的饮食、生活习惯。中国船员有饮茶的习惯,而且船上备有佐餐的干菜,郑和船队还在船上用黄豆发豆芽,吃新鲜的豆芽菜。我们知道,坏血病其实就是缺乏维生素 C 引起的,经常吃新鲜的水果和蔬菜就能有效地避免坏血病的发作。在这点上,欧洲航海家从麦哲伦到乔治·安森(英国海军陆战队的缔造者)都遇到了和阿拉伯人一样的问题。恰恰是中国船员的生活、饮食习惯和智慧帮助他们巧妙地躲避了坏血病的困扰。阿拉伯的船员因为与中国船员的接触,找到了应对坏血病的方法,而他们的欧洲同行就没那么幸运。直到 18 世纪 50 年代,英国人才发现治疗坏血病的方法，70年代才将富含维生素C的柠檬列为英国海军的常备食物，而直到1912年人们发现了维生素C并在1933年将其制造出来后，坏血病才真正彻底地被人们打败。

中国人的智慧远不止如此。中国远洋船队上有专门的医官。比如郑和船队上有医官、医士约180名，大约每150人配备一名医生，这个比例在当时世界上都算是绝无仅有的。

除了配备大量的医官、医士，舰队还带有足量的中药，如麝香、黄连、大黄、黄芩、龙胆草、巴豆粉、滇漆、血竭、麻黄、田七、常山、防风、诸葛行军散、通关散、卧龙丹、黄土丸、锡类散、犀黄醒消丸、礞石滚痰丸、惊风散等三百余种。这些只是郑和舰队出航所带的基本药物，每次出航时数量、种类等都不会完全相同。所带药品的治疗范围几乎涵盖了从头疼脑热、晕船、腹泻、便秘、瘟疫、惊风到跌打损伤等绝大部分的内科疾病和外部创伤。而且船队每到一个港口，郑和就派人去当地采买药材，以更换、补充。

上面所列药单中的"常山"在没有金鸡纳霜的时候是治疗疟疾的特效药，锡类散可以治疗所有的喉炎，而黄土丸是治疗霍乱的良药。除此之外，郑和与医官们还随船带有医书药方，遇到船上现成药物解决不了的，还可以照方抓药。所以，郑和船队接近三万人，得病的有之，但是病死的很少，大面积的传染病更是没有。如果不是有这么充足的准备，真闹起来霍乱、疟疾之类的，那短时间内死亡几千人都是有可能的。例如英国海军上将乔治·安森1740年率领六艘战舰、两千多名船员环球旅行，1744年回来的时候只剩下了一艘战舰和几百名船员，只因爆发了坏血病。

好了，咱们闲话少说，书接正文。

这个祖法儿国又被称佐法儿国，从古里国开船往西北方向走，顺风顺水的话十天左右就能到。此地依山傍海——东、南为大海，西、北为重重的大山，没有城邦。

该国国人都长得很高大，体貌非常俊伟，说话都很朴实。国王以白细番布缠头，身穿青花上衣或者金锦衣袍，脚上是浅面的皮鞋或靴子（番靴），出来进去乘轿子或者骑马。国王出行时，銮仪卫队少不了，前后排列着大象、骆驼、马队，牌手吹筚篥（一种古代管乐器）、唢呐，一群人簇拥而行。普通老百姓的衣着就是缠头、长衣，加上皮鞋或靴子。

郑和舰队到了该国，"开读赏赐"以后，国王命大臣将成祖的旨意遍传全国，同时用大量当地特产同大明舰队交易，来换取纻丝、瓷器等物。下面是当地特产的清单：

1.乳香

当地的乳香是一种有香味的树脂，据科学的说法，它是橄榄科植物卡氏乳香树渗出的胶树脂，一般长 2 厘米到 5 厘米。乳香颜色越浅、越透明就说明其档次越高。它一共分为 13 个品级，最好的品级叫作"拣香"，与指腹一样圆大，又被称为"滴乳"，最次的一等叫作"缠末"。乳香还是种比较重要的中医药材，能够活血化瘀、祛瘀生肌。

2.血竭

一种树脂，具有活血定痛、化瘀止血、生肌敛疮的功效。

3.芦荟

这个东西大家都很熟悉，当时的人们将芦荟的汁液熬成黏稠膏药来治病，主要医治热风烦闷，可明目镇心、解毒。

4.没药

这也是一种树脂，可入药，具有散瘀定痛、消肿生肌的功效。

5.安息香

旧港国即三佛齐国也产这个，此物是树脂，又被叫作安息香脂，有开窍作用，兼可行气活血，其以割取时先流出来的树脂为最佳，这其中又以油性大、夹有黄白色颗粒、品味香、无杂质的为上品。

6.苏合油

这还是一种树脂，有两种形态，一种是像硬木的红色固体，一种是胶状液体，一般都是液体状的。此物也可入药，有开窍辟秽、化瘀祛痰、行气止痛的功效。

7.木鳖子

别称番木鳖,多年生草质藤木,具膨大的块状根,有消肿散结、祛毒的功效。

8.片脑

又叫冰脑片或者冰片,有开窍醒神、清热止痛的功效。

此外,此地还有鹤顶、西马、鸵鸟、沉香等特产。

此处气候不冷,比较干燥。作物有米、麦、豆、粟、黍、稷、麻、谷,还有各种叶菜、茄瓜,牛、羊、马、驴、猫、狗、鸡、鸭全都有。这里的骆驼也有很多,单峰的、双峰的都有。

该国用金子铸钱,叫作"倘伽"。每个重二钱(大约6克),直径一寸五分。这种钱一面是字,一面是人像,估计是国王的头像。"金钱"比较贵重,一般交易买卖中用不了,所以当地又拿红铜铸钱,每个重约三厘(不到0.1克),直径为四分。

永乐十九年,即1421年,郑和开始了他的第六次下西洋。这次舰队到达了祖法儿国,该国国王仰慕大明,隆重接待来访的大明舰队。在舰队回程之日,国王派遣手下得力的心腹大臣,带着乳香、鸵鸟等物携阿丹、剌撒等国一同随船队去往大明,朝觐明成祖,进贡明朝廷。到了永乐二十一年,即1423年,祖法儿国使臣再一次到大明进贡,明朝廷给予奖赏。到了宣德五年,也就是1430年,郑和最后一次下西洋的时候,再一次拜访了祖法儿国。当朝国王又一次遣使前往大明朝贡,此行于宣德八年(1433)才到达北京,明宣宗朱瞻基非常高兴,赏赐了很多宝物。皇帝高兴,使臣就不能着急走了。祖法儿国的使臣这一待就是两年多,直到正统元年(1436)才带着明朝廷赏赐的玺书(诏书)和宝物回国。此后两国交往之事,史料就没什么记载了。

第二十七章 | 强盛富庶的阿丹国

从古里国开船往西北方向,顺风顺水一个月可到阿丹国。该地在祖法儿国的西南边,也就是如今的亚丁湾、曼德海峡附近,现在是也门城市亚丁。当时此处离海近,离山远,国家富庶。全国都说阿拉伯语。此地民风彪悍,有骑兵、步兵七八千人,国势强盛,所以周围的国家都很忌惮它。永乐十九年(即 1421 年,郑和第六次下西洋的时候),成祖派遣正使李太监(具体名字有争议,也有说叫李兴或者李恺)来该国宣读诏书,赐封该国国王衣冠、金钱等。此行来阿丹国的不是整个郑和的舰队,是内官周满率领的前往苏门答剌国的分舰队(三艘舰船)。

阿丹国国王听说大明船队要来到访,赶快率领一众王公大臣到海边迎接,把大明官员及诏书等迎回王府,礼节严谨周到,从国王到大臣接旨时都行臣子的跪拜礼。宣旨之后,国王命令该国臣民可以敞开地与大明交易珍贵珠宝。这个分舰队在此处收获不少。有重达二钱(大约6.25 克)的金绿宝石,各色雅姑(宝石)、大颗珍珠等异宝,还有好几株高两尺、珊瑚枝足可以装满五大匣子的珊瑚树,还有蔷薇露、金黄色的琥珀,还有狮子、长颈鹿、金钱豹、鸵鸟、白鸠等。

国王打扮得非常气派,头戴金冠、身穿黄袍,腰上系着镶嵌宝石的金带。大臣们因为官级的不同所佩戴的冠、带也不同。当地百姓穿着为男的缠头，穿撒哈剌（一种宽幅毛绒织物）、梭幅（一种精织的毛织物）、锦绣、纻丝、细布等材质的上衣，脚上穿皮鞋或者靴子；女的身穿长衣，肩膀和脖子上佩戴着宝石、珍珠、璎珞等饰品。这还不算完，这里的女人耳朵上戴着耳环（金厢宝环）四对，手臂上还要缠上金宝钗镯，脚指头上还戴着指环，这般捯饬完后，还要用丝嵌的手巾盖于头顶，只露出脸来。

当时阿丹国民众对金银、珠宝首饰的旺盛需求促进了当地贵重物品加工业的发展。此地人善于制造金器，无论是首饰还是日常用品，都能打造得精妙绝伦，很难有别的地方能比得上他们。

阿丹国商业繁荣，市面上干什么的都有。这个国家用上好的金子铸成钱，名叫"哺噜嚓"，每个重一钱（大约 3 克重），底面有文。有了金子做的钱，自然还得铸造一种平常能用的"小钱"，这种小钱用红铜铸造，叫作"哺噜斯"。

此地跟祖法儿国一样，气候温和，常年如同我国的八九月。该国历法比较有意思，没有闰月，一年就是十二个月。当然这没有什么稀奇的，咱们现在公历也是这么计算的。不过，该国历法中没有固定的初一、十五，但是有自己的一套方法来计算四季的开始与结束。这个方法据说非常准确，从来没错过。

这里的人不缺食物，米面全都有。他们独爱乳酪、酥油、蜜糖制的食物。现在的阿拉伯人还是这样，非常喜爱甜食。此地米、麦子、谷物、粟、麻、豆子和各种蔬菜全都有。还有松子、巴旦木、葡萄、核桃、石榴、桃、杏等。象、马、驴、骡、牛、羊、鸡、鸭、狗、猫等动物都有，只是没有猪和鹅。此处的绵羊毛白且短，尾巴巨大，像个大盘子一样，头上该长角的地方是两团硬硬的小黑毛。

这里大多数居民用石头盖房，屋顶则用砖或者土建造，有很多人的石头房子能盖到三层，有四五丈高（大约 13 米到 16 米高）。也有拿木头做房子的居民，从上到下、从里到外都是紫檀木。只因当时此地就产紫檀木,漫山遍野,所以不值钱。

这里的特产除了刚才说的紫檀木和大尾无角绵羊外,还有蔷薇露、无核白葡萄、青花白鸵鸡等。

本章开头说了,阿丹国国王对大明万分恭敬。成祖的圣旨和赏赐一颁布,国王更是被明朝廷和明成祖的"圣恩"所感动,他感觉无以为报,所以专门制作了镶嵌宝石珍珠的金带子两条,金丝编制、镶嵌珍珠宝石的金冠一顶,并在金叶上写了一篇表文,连带着蛇角两枚以及雅姑等各种各样的宝石,一起进奉给明朝廷。

关于"蛇角"再多说两句,这个东西没有人见过,据说在唐、宋时期就已经消失于世间了,不过李时珍在《本草纲目》里介绍过此物。古书中关于它的记载也是只言片语,譬如"大蛇之角也""产自西蕃""纹如象牙""色如淡碧玉""解蛊毒""犀不甚大,作刀靶者,已为无价之宝也"等诸如此类。不过也有人认为这个东西就是最贵重的犀牛角,具体是什么,现在还不能确定。

话说阿丹国将这些贵重宝物进贡明朝廷以后,双方往来不断,阿丹国每四年朝贡一次。到了宣德五年(1430),明宣宗朱瞻基看到来朝贡的番臣使节太少,于是命郑和在第七次下西洋的时候去挨个儿通知西洋各国,要求他们常回来看看。阿丹国当时的国王抹立克那思儿接到旨意,立马派遣得力的大臣出使大明,进贡于明朝廷。无奈路途遥远,阿丹使臣跟着郑和舰队,宣德八年(1433)才到达北京。看到阿丹国使臣,明宣宗龙颜大悦。皇上这一高兴,阿丹国使臣一时半会儿就走不了了,只能先在大明待了下来。直到宣宗去世,英宗继位后的正统元年(1436),阿丹国的使臣才启程回国。谁也不承想,这一别之后双方再无来往。

因为此时郑和已死、远航已停。

第二十八章 | 富足之地——榜葛剌国

我们下一个目的地就是榜葛剌国,此地经济发达,出售的布匹是这一路走来最多最全的。

不过,前往榜葛剌国的路途十分遥远,其间船队需要大船倒小船,外加水陆联运。具体路线是从苏门答剌国启程、开船,经过帽山和翠蓝山,之后一路沿着西北方向,顺风顺水走二十天左右,在一个叫作"浙地港"(在《星槎胜览》中被称为"察地港")的地方下锚泊船,这个浙地港就是现在孟加拉国的吉大港。大船从此处换成小船进港,再船行五百里,到达一个叫作"锁纳儿港"的地方,至此才能登岸。在那个时候,交通还不发达,从中国来这个国家只能这样走,锁纳儿港是必经之路,无法绕开。

在锁纳儿港上岸之后,再往西南方向走很长一段路程才能到达目的地。多长的路程呢? 大概三十五站吧。这个"站"字是驿站的意思。中国自古就有驿站制度,驿站本是指在古代由国家建立起来的专供传递军事情报的官员途中吃饭、休息以及换马的地方。前文说过,西域客商阿克巴尔来大明,沿途所住的地方就是驿站。在此处,暂且将其作为一个估算距离的单位。

唐汉时期每 30 里(大约 15 千米)设一个驿站,那时候"一站"距离就是30里。马可·波罗在《马可·波罗行纪》中记录元朝两个驿站之间的距离大约是40千米到48千米,那当时"一站"的距离就是80里到96里。明朝在这方面比较特殊,特殊的地方有两点:第一点是驿站体系在明朝中、后期开始"不务正业"了,这个在前文说过;第二点是它的驿站体系相对于唐宋元时期更加细化了。大明有长达143700千米的驿道,其上分布着1936个驿站。这些驿站按用途分为水马驿、递运所、急递铺。其中水马驿又分为水驿与马驿。对于水马驿和递运所的作用,《大明会典》中写道:"洪武二十六年(1393)定,凡天下水马驿、递运所,专一递送使客、飞报军情、转运军需等项。"而急递铺的作用则相当于急件快送。究竟有多快呢?《大明会典》中写道:"昼夜须行三百里。但遇公文到铺、不问角数多少、须要随即递送。"也就是说看见公务短暂交接后就得立即启程,绝不能耽误。一昼夜至少得走300里,也就是大约150千米。而这铺与铺之间的距离为10里,即《大明会典》中写到的"(洪武)二十六年定、凡十里设一铺。"

至于水马驿、递运所每个驿站之间的距离,史料中没有给出明确的数据。不过我们可以估算一下。古代两个驿站之间的距离一般为一天的路程。两个马驿之间大约是60里到80里,因为水驿是走水路,所以两个水驿之间的距离大约是100里到120里。在《大明会典》中,有万历年间明朝廷硬性规定外邦进贡的货品到达京师的路线和沿途经过的驿站数量,经此计算,每个驿站之间的距离在60里到70里之间,由此也印证了明朝陆路两个驿站之间的距离为60里到80里。

按这样计算,明朝的驿站也分两种,一种是10里的,一种是60里到80里的。如果按水马驿和递运所之间的距离来算,这35站差不多得1000多千米了,这个距离就有些不太符合实际了。如果按"铺"算的话,这个步行的距离是300多里,不到200千米,相对来说应该是比较合理的。

不管怎么计算,反正就这么水陆联运好几百千米,最终才能到达该国的都城。还好,这里的都城是有城墙的,国王的王宫和各级政府衙门都在城里。这个国家地盘不算小,物产丰富、人口众多。此地民风淳朴,婚丧嫁娶的礼仪都遵照当地的规定执行。有钱人家多造船,经常去海外经商,普通人出外打工的也不在少数。此地人无论男女,肤色大多数偏黑。男人剃发,这个现在看起来很正常,但是为什么古书里要特意记上这么一笔呢?主要是咱们的古人不剃发,除了清朝留大辫子以外,汉人的传统是"身体发肤,受之父母,不敢毁伤,孝之始也",所以看到此地的男人剃发比较惊奇,就记了下来。这里的男人除了剃发,还用白布裹头,穿的是一种圆领长衣,没有扣子,是从脑袋上套下来穿的。男人下身围阔布的手巾,穿浅面的皮鞋。国王和大臣们的装束都严格按照宗教礼仪的规定,衣冠整洁。

当地主流语言叫作"多榜葛俚",也就是现今的孟加拉语,还有人说一种叫作"巴儿西"的语言。这里不用金子铸钱,用的是银子,叫作倘加,每个大约三钱重(将近 10 克),直径一寸二分(大约 4 厘米),底面有字。在此国,一切交易都得用这个钱衡量价格。一般来说,一个国家至少得有两种货币,一种贵的,一种贱的。别国一般都是用金子铸造贵的货币,当然也有用锡做货币的,这个榜葛剌国用银子做贵的货币,那比它低一档的货币是什么呢?就是溜山国卖到榜葛剌国的海蚆。在榜葛剌国这个东西被当作零钱使用,论个数算钱,当地管它叫考嚓。至于这个东西一个算多少钱,怎么保存,就不清楚了。

此地一年四季炎热如夏。稻谷一年两熟,米粒细长,红色的居多。除了米之外,还有粟、麦、芝麻、豆子、黍等粮食,蔬菜有芥、茄、瓜等。水果、零食、小吃之类主要有芭蕉子、菠萝蜜、酸子(即杜果)、石榴、甘蔗、砂糖、霜糖(冰砂糖,明代以后指白砂糖)、糖果、蜜煎姜等。此处酒有四种:椰子酒、米酒、树子酒和茭葦酒。这四种酒做法不同,但是都属于烧酒。除了这几种酒之外,他们喝的就只有水了,没有茶。

这里的畜类禽类不少,除了狗和猫,还有骆驼、马、驴、骡子、水牛、黄牛、山羊、绵羊、鸡、鸭、猪、鹅等。

除了这些,当地拿得出手的还有良马、金银琉璃器、青花白瓷、鹤顶、犀角、翠羽、鹦鹉、洗白苊布、兜锣绵、撒哈剌、糖霜、乳香、熟香、乌香、麻藤香、乌爹泥（又被称为儿茶，是一种植物，可入药，其木材坚硬、用途广泛）、紫胶（一种紫胶虫吸取树液后分泌出来的紫色天然树脂，此物可入药、做染料）、藤竭、乌木、苏木、胡椒、粗黄等。这些能拿出手的物产也是榜葛剌国经常用来进献大明的贡品。

此地除了那些禽兽和拿得出手的贡品外，还出售很多种类的布。当地市面上有特色的布有五六种，下面一种一种介绍。

第一种叫作苎布，当地人称为卑泊，是从印度传来的。一般来说，这种布是白色的。每匹宽约一米，长约十八米，这种布均匀细密，手感很好。

第二种是姜黄布，当地名称满者提，是从波斯流入的。每匹宽约一米，长约十六米，这种布织得很密实，所以结实耐用。

第三种布当地人叫作沙纳巴付。这种布每匹宽约一米六，长约十米，据说和"生罗"一样。"罗"本身是指一种轻软而且有稀孔的丝织品，"生罗"也差不多是这种织品，这种布应该也是很轻柔、织得不是很密实的细布。

第四种当地人叫作忻白勤答嚓，说白了就是纱布。它跟"卑泊"一样，也是从印度传来的。这布每匹宽约一米，长约二十米，织得比刚才说的"生罗"更稀，跟现在的纱布一样，当地人都拿这个裹头，裹上也不热还能通风，倒是物尽其用。

还有一种布叫作沙塌儿，一听就是当地的名字。这种布每匹宽约七十厘米，长约十三米，古人形容这种布"如好三梭布一般"，这个三梭布可不是布，它特指松江区域产的纻丝布，咱们在讲锡兰国和柯枝国时曾详细介绍过纻丝，纻丝布跟好的纻丝一样，表面很光滑、柔软，织造得比较紧密，应该属于上等布，不便宜。

最后一种布比较厚，当时中国人管它叫兜罗锦，当地人管它叫葛嘿葛勒。这布每匹大约宽一米三，将近七米长。这种布厚，但是它和姜黄布还不一样，它不是纯布，而是一种非常厚的毛织物，背面起绒。据记载，这种布的厚度有 1.3 厘米至 1.6 厘米。如果到了三九天，别管外边刮多大风、下多大雪，穿上这种布做的棉袄，能很好地御寒保暖。

通过上面的介绍，可以看出此地繁华富庶、经济发达。再加上榜葛剌国"其王敬天朝"——大明使臣到来的时候，国王霭牙思丁用最高礼仪迎接，跪拜听宣还赠予来访大明的使臣、随从厚礼。于是在天时、地利、人和的情况下，成祖在此地设立了"察地港抽分所"。看到"抽分"二字，估计您就明白了，这跟税收有关。没错，在前文讲到大明朝贡问题时咱们说过"抽分"，不过察地港的"抽分"是税收政策而不是福利制度。这并非明成祖朱棣首创，而是由朱元璋创立的，主要用来在边境地区收税。抽分所创始初期，也就是大约公元 1362 年，还是元朝统治时期，那时的抽分所遇到贩盐的，抽其货值的十分之一上税，遇到其他货物，则抽其货值的十五分之一上税。到了明成祖朱棣时期，抽分所的职能不变，管辖范围由边境地区延伸到了国外。明朝文人张鼐所著《宝日堂初集》中对榜葛剌国有如下记载："（永乐）十三年遣少监侯显等使榜葛剌国，宣诏书……其国海口有港曰察地港，一名察的可湾，官舶停焉。柳塘公以病卒于其地官厂内……"《瀛涯胜览》中则指出，榜葛剌国只有一个抽分所。如此看来，此"所"不会只有抽分、收税这一个功能，也可能包含"官厂"的职能。

咱们再接着说此地物产。

榜葛剌国有桑树也有蚕，就是没有抽丝成锦的手艺。只能把小片的丝制半成品镶嵌在手巾之类的布料上，或者做个小小的丝织品。再看看当时的中国，光丝织品的种类就有绫、罗、绸、缎、丝、帛、锦、绢等等，更别提那复杂的样式、精细的做工以及纷繁庞杂的编织手法。

这个地方漆器的碟碗、镔铁的刀枪、弓箭、刀剪等都有售卖。这里最好的白纸是用树皮做的，摸起来光滑细腻。

这里刑罚种类比较齐全，有鞭笞、行杖、徒、流等刑罚。官府衙门印信、签发的公文等办公物品一应俱全。该国的军队也是正儿八经发粮饷的，这里管军队的头目叫作吧厮剌儿,到底是什么级别的军官就不知道了。

当地算命的、占卜的、看病的和各种工匠、艺人都有。另外,此地的行院指的是戏班子。行院里的演员们身穿挑黑线布白花衫,下身围着彩色的嵌丝手巾,用各色的玻璃珠、珊瑚、琥珀珠子穿成璎珞,佩戴在肩颈上,用青红色硝子制成的镯子套在两个手臂上。这么一打扮,看起来真的是珠光宝气。这一身行头别管真假,至少看起来很华美。

当然,穿戴这么隆重不是为了让自己开心,而是为了出来工作挣钱的。每当有人家举办"豪门夜宴"时,这些人就来助兴,又唱又跳、很有节奏,让参加宴会的人尽兴、主人高兴,这钱就挣到了。还有一种人,当地人叫作根肖速鲁奈,也就是乐工,吹拉弹唱样样精通。这种人当然不是"单打独斗",他们是个组织,一起赚钱。这帮人起得很早,每天早上五更时分就到当地权贵人家门口,一个人吹唢呐,一个人击小鼓,一个人打大鼓,一开始慢后来快,自己有自己的节奏,到最快的时候就逐渐平息停止了。然后再来一遍,一遍又一遍,直到主家给钱或者吃的,这场"演出"才算告一段落。之后,该组织即刻奔赴下一家。来到下一家,还是这么演奏、要钱财,如此这般一整天。晚上收工的时候,组织里的每个人都能分到钱财和食物。

这个地方一年也是十二个月,没有闰月。节气之类的也是到时候了临时定,跟阿丹国如出一辙。

永乐六年(1408),当时名为霭牙思丁的国王派遣大臣出使大明。成祖很高兴,赏赐了他们丰厚的财物。尝到甜头的霭牙思丁转年又派人来朝贡,这次一下子来了二百多人,大明的赏赐比去年更丰厚,这帮人足吃足喝一阵,心满意足地回去了。从此,榜葛剌国朝贡不断。到了永乐十年(1412),榜葛剌国使者戴着孝就来了,哭丧着脸告诉大明负责接待的官员他们的国王驾鹤西游了。大明官员赶紧将此事禀告朝廷,明朝廷遂派出官员去榜葛剌国吊唁,并封霭牙思丁的儿子赛勿丁为新的国王。到了永乐十二年(1414),新王来大明拜谢天恩并进贡长颈鹿、名马良驹等。永乐十三年（1415），明朝又派使臣出使榜葛剌国并赏赐了其王、王妃与大臣等。到明英宗正统三年（1438），榜葛剌国再次进献长颈鹿，转年又来朝贡。就在大明官员以为正统五年（1440）他们还来朝贡的时候，榜葛剌国出人意料地没有再来，而且是从此以后再也没来。

第二十九章 | 杂耍之乡——忽鲁谟斯国

从古里国开船往西北方向走，顺风顺水大概二十五天能到忽鲁谟斯国。这个国家依山傍海，世界各地的客商无论是开船的还是从陆上走着来的都到这里做生意。大量客商的进入，使得此地经济繁荣、商业发达，整个国家都很富庶。这里民风淳朴，没有什么贫困苦难的家庭。这主要得益于两点：一个是国家富裕，老百姓有钱；还有一个是民风淳朴。淳朴到哪种地步呢？如果有家庭不幸因为灾祸、疾病等原因没钱了，那么大家都会无偿赠给这家衣食、钱财等。

此国人们身材高大、健壮、伟岸，穿衣干净整洁，非常得体。婚丧嫁娶的礼仪都依照他们当地的规定。男子娶妻，得先通过媒人联系女方，待双方都同意了，女方负责请亲朋好友，男方负责酒宴招待"加的"。这个"加的"就是当地专门主管宗教审判的法官，请他来，是为了让这段婚姻得到官方的认可。除了这个"加的"，现场还得有主婚人、媒人、男女双方家族的长者，男女双方还得向"加的"通报、登记各自三代以内的籍贯、来历等等。都没问题了，"加的"就开具婚书。这些工作做完以后，双方家庭就可以商量结婚的日期，择日完婚了。

当地人的口味特殊，他们吃饭必须拌着酥油吃。市面上卖烤羊、烧鸡、烧肉、薄饼、哈里撒(一种肉和小麦做的食物)及各种面食。一家三四口，都不用开火做饭,买着吃就可以。

该国国王用银子铸钱,该钱名叫"底那儿",直径约有 2 厘米,底面有文字,大约重 1.25 克,全国通用。市面上各色商店都有,商品琳琅满目,货物齐全,唯独没有酒。因为在当地喝酒犯法,喝酒的人会被弃市,也就是在闹市被斩首。此外,当地的文人、武士、占卜、医者均技术高超,远胜于其他地方。

此地进行各色杂耍、卖艺的很多,好多把戏都没有什么特别的,但是有两个比较有趣。其中一个是"羊上高杆"。表演这个节目的时候,先在场子中央立起一段木头,大约一丈高,木头顶上只能容下一只小山羊的四个蹄子。这时杂耍的人领来一只小山羊,另一个杂耍的艺人看见山羊过来,就开始拍手诵念,这只小山羊随着诵念的拍子扭来摆去,就这么来到木头跟前,先是用前腿搭在木头上,然后后腿一纵,飞身上了木头顶端。这还没完,杂耍的人又拿来一段木头,跟原先的木头紧挨着,也就是说新拿来的木头的底部挨着羊踩的木头的顶部。但是,您注意,此时新木头并没有放到原来的木头上,只是两段木头的边缘相接触。小山羊看见之后又是前腿搭后腿纵,跳到这段新木头上去,杂耍人这时才将新木头稳稳地放到原来立在场上的木头上。等小山羊站稳后,杂耍人再拿一块木头来,如此操作,直到垫高五六段后,杂耍人推倒了木头,小山羊落到杂耍人怀里,这个表演才算结束。除了这个高难度的杂技以外,杂耍人有时还让小山羊装死。表演的时候,小山羊躺在地上装死,这时杂耍人让它伸前腿它就伸前腿,让它伸后腿它就伸后腿,非常可爱。人们看了往往都会掏钱打赏。

还有一个比较新奇的,也是动物表演。杂耍人领着一只高一米左右的大猴子,先是表演一些耍猴的基本节目,然后耍猴人从现场找一名观众,让他拿布将猴眼睛蒙上,随后再找出一位"幸运观众",示意他从猴子后面打猴子一下,然后悄悄跑掉,藏起来。等此人藏好后,杂耍人就把蒙在猴子眼睛上的布解开,让它找打它的人,这家伙上蹿下跳着,很容易就找到了打它的人,这个着实比较新奇。

此地气候分明,有凉有热,当然这是相对于榜葛剌国、阿丹国这两个国家而言的。那些国家一年四季看到的景色都是一样的,忽鲁谟斯国就不同了,这里春天花开,秋天落叶,天冷的时候有霜无雪、雨少露多,可见还是比较缺水的。

这里还有一座"奇山",说它奇,是因为它四面出产不同的东西。第一面产盐。陆上产盐并不稀奇,例如井盐是由打井取出的地下卤水制成的盐;矿盐是陆上挖矿取得的盐,据说也是最纯净的盐;土盐是碱地所出产的碱盐……稀奇的是,这个山上产的盐不是白色的,而是红色的。《隋书》记载隋炀帝时,朝廷曾派杜行满出使西域,他到了一个叫作安国(也叫不花剌)的地方,从这里得到了五色盐而归。通常五色盐是指白、黄、绿、黑、红五色,其中关于红色盐,《北户录》中记载"赤盐像朱砂",而忽鲁谟斯国产的盐就是红色的。大概这里的盐属于矿盐,因为矿盐里有一种叫作岩盐,说白了就是从石头里提取出来的盐,只不过此地的盐里可能掺杂了某种矿物质,所以才是这种颜色。

奇山的第二面出产的是红土,红得和朱砂一样。第三面出产白土,跟石灰一样,可以用来粉刷墙。第四面出产的是一种发姜黄色的土,但是这黄土具体有什么用处,就不得而知了。这座山的每一面都有官员守着,来往的客商如果有意想要岩盐山土,就得花钱买,交了钱才能取走。

此地产米和麦子,但是麦子不多,不过不用担心粮食贵,不少南来北往的商贩都在这里贩卖粮食,价格也不高。这里有核桃、巴旦木仁、松子、石榴、葡萄干、椰枣、西瓜等特产。菜瓜、葱、韭菜、薤(也称薍头,一种蔬菜)、蒜、萝卜等蔬菜都有。这里的瓜都很甜,还非常大。核桃皮薄,一捏就碎。松子差不多有三厘米长。葡萄干有三种,一种跟枣干一样是紫色的;一种像莲子,没有核,跟霜一样白;还有一种跟黄豆一样,粒大且圆,只不过颜色不发黄,而是呈浅白色。这里的巴旦木仁比核桃稍微尖长一些,发白,里面的果仁味道胜过核桃。石榴犹如茶盅大小,汁水丰富。

忽鲁谟斯国的椰枣及椰枣制品有三种。第一种当地叫作垛沙布,大小如人的拇指,核很小,结糖霜,齁甜。第二种是把约有二三十个椰枣放到一起,捣烂后制成一大坨,吃起来像柿饼或者软枣。第三种是把椰枣晒干,吃起来很涩,当地人用来喂牲口。

此处各种珍宝都有,比如红雅姑(宝石)、青雅姑、黄雅姑、刺石(一种玫瑰色宝石)、祖把碧(一种苍绿色宝石)、祖母绿宝石、猫眼、金刚钻等。这里的大颗珍珠跟龙眼一般大,重四克左右。除以上这些宝物外,还有珊瑚树及珊瑚珠,各种琥珀——大块金珀珠、神珀、蜡珀、黑珀(当地叫作撒白值),各种精美的玉器以及水晶器皿。市面上还出售织物类商品,包括长六七米、宽三米多、厚一厘米的锦剪绒花毯,共有十种左右。此外还有各种样子和颜色的梭幅、撒哈刺、毛夕里纱以及各种青红嵌丝手巾之类。

这些织物中有一种叫作"毛夕里纱"的织品。这个毛夕里纱不是纱布一类,它属于丝绸,而"毛夕里"是个国家的名字,就在现今伊拉克北部摩苏尔地区。蚕丝织造技术传到西域后,当地人将其与原有的纺织技术结合,这一举动极大地促进了丝织技术在西域的发展。这个毛夕里国就是当时西亚地区一个盛产丝绸的地方,马可·波罗在其所著的《马可·波罗行纪》中写道:"此地之一切金锦丝绸名曰毛夕里纱。有许多名曰毛夕里商之商人,从此国输出香料、布匹、金锦丝绸无算。"

说完了毛夕里纱,再看看当地的牲畜。这里有大量的骆驼、马、驴、骡子、牛、羊。此地的羊分三种,第一种叫作大尾绵羊,它的大尾巴宽约三十厘米,重约二十斤,下垂到地上。第二种长得和山羊一样,叫狗尾羊,听这名字就知道它的尾巴和狗的一样。尾巴虽比大尾羊的轻多了,但是差不多有六十厘米长。第三种叫作斗羊,因为这种羊好斗。当地好赌之人养它,专门用来参加斗羊比赛。这种羊可以说是为争斗而生,高约九十厘米,前半截身子的毛长耷拉到地上,后半截身子没毛。它长得像绵羊,但是头上的角是弯向前方的,头上戴着小铁牌,一走路便"叮当"作响。

最后,照例说说忽鲁谟斯国朝贡大明的情况。永乐十年(1412)十一月,郑和奉明成祖朱棣的命令,起航远行下西洋,这次带着诏书等物到了忽鲁谟斯国,宣旨之后自然一通赏赐。忽鲁谟斯国国王也知道"来而不往非礼也",于是这位国王派遣使臣已即丁奉金叶表、贡马及方物去大明朝贡。大约在永乐十二年,也就是1414年,使臣一行人到达了当时的京师——南京,明朝廷自然又是一番赏赐。从此以后,忽鲁谟斯国四年一朝贡,而郑和在此之后也多次出使忽鲁谟斯国。不过,毕竟路途遥远,单程一趟在当时就需要花费两三年的时间,以至于后期大明不再派使臣去,忽鲁谟斯国也不再派使臣来朝贡了。

多年后的宣德五年(1430),明宣宗朱瞻基忽然想起他的爷爷朱棣在位期间忽鲁谟斯国隔几年就会来朝贡一次,于是他又派郑和下西洋去往该国。当时该国国王是赛弗丁,见到大明使臣并听宣受赏之后,这位国王记起来其前辈有去大明朝贡的历史,于是便遣使来大明朝贡。宣德八年(1433),一行人前来朝贡,当然朝廷依旧赏赐丰厚、宴请不断,这些人直到明英宗朱祁镇在位时的正统元年,即1436年,才跟着爪哇国的船回国。从此以后双方再无来往。

第三十章 │ 航程的终点站——天方国

最后,我们到了此行的终点站——天方国。

这个天方国又叫默伽国,即现在所说的麦加地区,后来就泛指整个阿拉伯地区了。从古里开船,往西南偏西的位置走,大概走三个月,就到了该国的一个叫作秩达的码头,这个地方专门由该国大臣管理。从秩达再往西走一个月,就能到达首都了,首都名为默加国,穆罕默德在此创立了伊斯兰教。该国人民都比较高大、魁伟,肤色发深。男子缠头,穿长衣,穿皮鞋。女人们都盖着头巾,看不见脸。人们统一说阿拉伯语。

当地民风淳朴,国家禁止喝酒,人们常以马奶拌饭。虽然也是有穷有富,但是犯罪的人极少。

此地气候常年如夏,夜里露水比较多,各种草木花卉都靠露水滋润。本地产的稻米之类的比较少,主要种植粟麦、黑黍、瓜菜之类的作物。西瓜、甜瓜的个头儿很大,吃起来很甜。此地还有一种绵花树,高达3米至7米,它开的花一年两收。此树寿命极长,可以说是长生不枯。这里的水果有葡萄、椰枣、石榴、梨子、桃子等。

当地还有骆驼、马、驴、骡子、牛、羊、猫、狗、鸡、鸭、鸽子,数量还不少。此地特产还有蔷薇露、俺八尔香、狮子、鸵鸟、羚羊等。宝物有各色各样的宝石、珍珠、珊瑚、琥珀等。

　　此地有一个叫作蓦底纳的地方，也就是麦地那。穆罕默德的陵寝就在这座城里。墓后面有水井，井水清甜，被叫作阿必糁糁，也就是圣水。据说当地人经常取此水放到船舱里，当遇到惊涛骇浪等险情时，人们会把这圣水洒到海里，海面顿时就会风平浪静。

第三十一章 ｜ 在大海的那一边——非洲

　　到了天方国,我们这次讲述郑和下西洋的记录就算接近尾声了,其实根据史实记载,郑和的船队还到过非洲的许多国家,比如肯尼亚、索马里、埃及等国。史料中对于这些国家的记载不如前面讲的那些国家详细,毕竟那些国家郑和每次远洋都得经过,接触多了,记录的东西自然也就多了。当然,大明和这些国家在经济、文化、政治、军事等方面频繁的接触也是重要原因之一。

　　对于这些非洲国家,我们不可能每一个都介绍,只能从中挑选一些有代表性的国家来介绍。比如有个木骨都束,就是现在非洲索马里东海岸的摩加迪沙,这个地方靠海,从小葛兰国顺风行船大约二十天能到。当时此地人天天训练备战,准备对付别的种族的入侵。此处极度缺水,树木稀少,人们的生活也很贫困,唯一值钱的东西就是各自身上用兽皮做的水囊。当地人以打猎为生,将剥下来的兽皮做水囊或者皮鞋。此地经常有抹香鲸搁浅,所以龙涎香成了此地的特产。

　　此国在永乐十四年(1416)跟咱们下面要说的卜剌哇国等国一起,向大明朝贡,进贡的物品有马哈兽(直角大羚羊)、花福禄(斑马)、犀牛、大象、骆驼、没药、乳香、龙涎香等。

成祖命郑和送这些国家的使臣回国并携带圣旨到这些国家去宣读,赏赐他们的国王、王妃等人。这正好是郑和第四次下西洋的时候。后来木骨都束的使臣隔三岔五就来大明,郑和第五次、第六次下西洋的任务之一就是送木骨都束的使臣回国。史料记载,双方最后一次见面是在郑和第七次下西洋的时候。

下一个要说的就是刚才提到的卜剌哇国,即现在索马里的布拉瓦,此地在木骨都束南边,也是个穷地方。从锡兰国南行顺风顺水二十一天才能到。当地人和木骨都束人一样,垒石头做房子,临海而居。这个地方四周除了海就是盐碱地,还有天然的盐池。不过当地人只知道拿树枝蘸点盐卤水,晒干了,取上面的盐碱面来调味,还不知道如何晒卤成盐。此处作物只有葱、蒜、小豆之类,当地居民以吃鱼为生。此处人不多,动物不少,野马、老虎、豹、鹿、犀牛、大象、鳄鱼等等成群结队,因此当地象牙、犀牛角产量不小。还有乳香、没药也是此地的特产。和木骨都束一样,这个地方满海岸也漂着龙涎香。此处人不会骑马,但是会骑斑马、骆驼和牛。该国产狮子、金钱豹、驼蹄鸡(鸵鸟)、龙涎香、乳香、金珀、胡椒之类,估计进贡大明的也不外乎这些。

此国进贡大明都是跟木骨都束国一起,从永乐十四年(1416)至永乐二十一年(1423),四年来大明一次,郑和也多次出使该国,在宣德五年(1430年),即最后一次下西洋的时候,郑和的舰队除了出使木骨都束国,同样也来到了卜剌哇国访问。

通过这些介绍可以看出,这两个地方都比较贫困,路途遥远,跟他们做生意成本太大。况且它们有的东西,郑和这一路过来,发现别的国家也都有,何必舍近求远呢? 所以,也就鲜有跟他们进行贸易的情况记录了。

这两个地方在法国历史学家、非洲史专家 F.福维勒–艾玛尔的著作《金犀牛:中世纪非洲史》一书中也提到过,这也证实了郑和的确最远到达过非洲东海岸的史实。

说完这两个国家，我们再总结一下。看得出，到达非洲是郑和这支庞大舰队所能航行的极限了。放眼当时的世界，能做到这一点的也只有大明，也只有郑和的船队。

第三十二章 ｜ 落幕

　　黄昏时分,海上的落日甚是壮美,余晖将天边浸染成明晃晃的金黄色。虽是夕阳西下,但是太阳刺眼的光芒依旧让人无法直视,仿佛仍在宣称它对世间的控制,迟迟不愿向黑夜和月亮交出自己的权力与位置。

　　这是明宣德八年(1433)初春的一天。心系魏阙的郑和站在舰队旗舰宝船的甲板护栏边,手扶栏杆,遥望着大明的方向。此时他已经是六十多岁的老人了,多年海上恶劣的环境已经使他的腰背不再像以前那么挺拔,但是他的目光里还是充满了坚毅。看着夕阳下无边的大海,六次远洋的过往经历从他眼前一幕幕闪过。他想到了当初第一次下西洋时朝野欢送的场景,彼时国富民强,自己也正是意气风发、可堪大用的年纪;想到第三次下西洋智擒锡兰国权臣时的场景,他的嘴角不自觉上扬,露出了会心的微笑;当他想到途经的各国臣服于大明之威的时候,他又感觉那久违的傲气重新充满了胸膛。但是,忽然间一种无力感使他颓然。是啊,这是第七次远洋了,想想当初对他寄予厚望的永乐大帝已经长眠于北京天寿山麓的皇陵之中,那些在这几十年中随他出生入死、劈波斩浪的部下很多也已长眠于地下,还活着的也像他一样进入暮年、垂垂老矣。是啊,他为之奋斗一生的远洋事业是不是也像他的老朽身躯和这轮夕阳一样,恐不久矣呢?往昔令他骄傲自豪的回忆在此时此刻成了绞杀他的绳索,让他感到呼吸困难;过往取得的辉煌,在此情此景中更像一把把匕首,刺进了他早已衰弱的心脏。是啊,现在的宣宗明显对下西洋的事业不感兴趣,大臣们也颇多微词。"耗资糜繁"是言官们提起下西洋时必说的,他们只看得见那为远洋所花费的银子,却看不见二十多年的"下西洋"为大明在各国立下的威信、建立的官厂、与各国的政治交往和贸易往来,以及那通往远方的航道。

"快看,古里国到啦!"不知哪个水手的喊声把郑和从往昔的回忆与对当下的无奈中拉回了现实。"是呀,到港口了,也该歇歇了。"郑和喃喃自语道。他在想,也许到时候了,无论什么人或者什么事,都该歇歇了,那就歇歇吧⋯⋯

蝶恋花

　　检尽残编并断简。细数兴亡,总是英雄汉。物有无常人有限。到头落得空长叹。　　富贵荣华春过眼。汉主长陵,霸王乌江岸。早悟夜筵终有散。当初赌甚英雄汉。

——明·杨慎《蝶恋花·廿一史弹词》

后　记

从某些方面来说,写出本书纯属偶然,不过也算是必然。当时动笔的最初想法是给某个网站写稿,两三千字的文章我觉得不过瘾,我想写个连载,本来打算连载也就写个两三万字,分成若干期。这样做的好处就是不用费心劳力地再去思索、搜寻每期的内容。

当我正在思考选题的时候,我无意间瞥见了以前买的一本书——《瀛涯胜览》,此时吃饱了土的它正在书柜的角落里昏睡。犹豫了一下,我还是叫醒了它。我掸去浮土,随意翻了几页。就是这翻动的几页,一下子将我头脑中被包裹得密不透风的固有思路开了个天窗,一束灵感之光瞬间照了进来。我惊呼:原来郑和下西洋还可以这样写啊!我在此之前看过的文章和各种文艺作品对此事的描述都是非常宏观的。但是,此刻我突然发现,郑和下西洋完全可以当作一个冒险故事或者传奇来写。这么一来,这件伟大的历史事件就不再是一堆写在故纸堆里的死气沉沉的文字符号,而是变成一部生动有趣、立体鲜活的历史剧了。

想到这儿,我再次捧起书来。恍惚间我来到了南京:在我面前,宵衣旰食的明成祖朱棣正在皇宫之中指点江山,他面前平铺着地图,郑和正在一旁专心聆听。突然,喧闹的人声、锣鼓声以及鞭炮、礼炮的声音将我带到了福建福州长乐北的码头上。此时意气风发的郑和正站在宝船之上，准备开启他第一次下西洋的航程，码头上挤满了送别的人群。

像山一样庞大的宝船一艘艘地从我面前经过，庞大的大明舰队在无边无际的海上旌旗蔽天、船帆遮日。此时的我，又仿佛置身宝船之上，凭栏欣赏这无敌的舰队。突然，我身后传来"扑通"一声，我回头一看，原来有几个长相粗野、面如死灰的男人跪在了甲板上。他们的面前是一身戎装的郑和，旁边的军士将一面破损的旗帜扔到了脚下，上面写着一个大大的"陈"字，莫非这就是被俘的陈祖义？

一阵迷雾袭来。迷雾之中，皇宫大内，一个身材不高、衣着华丽的男人正慌慌张张地向我跑来，嘴里说着我听不懂的话，他情绪激动，好像在向我求救。正在这时，突然有人踹了他一脚，此人一个趔趄栽倒在地上。他身后的迷雾之中奔出一群大明的兵士，从他们身上和兵器上的血迹可以看出他们刚经历了一场恶战。此时，地上的男人被五花大绑起来。一个将军穿着的军官走了过来，说道："锡兰，蕞尔小国，还敢与大明为敌？将这贼酋押下去！"说罢，一群人从我眼前掠过。这么说来，被抓的人应该就是锡兰国那个权臣亚烈苦奈儿吧？

我还没从刚才的场景中回过神来，身后的一帮明军就冲了出去，和远处跑来的人打在一起，此时我又身处崇山峻岭当中。不多时，就见大明士兵押着一男一女从我面前经过，那个男的梗着脖子，满脸写着不服。不远的地方，大明军队正与另一支军队在一起打扫战场。不用说了，刚才被押走的二人就是苏干剌夫妇，和明军合作的队伍一定就是苏门答剌国的军队了。

斗转星移，场景变换。

这一刻，我站在了古里国的码头，看着大明官员与哲地交易；下一时我又来到爪哇，挤在观看竹枪会的人群中听着当地人对参赛双方的评头论足；不一会儿的工夫，我又跑到了忽鲁谟斯国的街头，和众人一起给表演绝技的小羊叫好；转身的一刹那，我又身处榜葛剌国，在市场中与卖布的商贩讨价还价……

突然人群拥挤,我被人流簇拥着往前走,还没看清周围情况,就进入了甬道之中,当众人从甬道里出来的时候,太和门就矗立在前方不远处。原来我已随着来大明朝贡的各国使臣进入了紫禁城。那是何等壮观的场面啊!一个恩威四海、气象万千的大明,正以一种前所未有的包容,张开双臂迎接来自世界各处的人们。

恍惚之间,我又坐到了书桌前。

该怎么写,我已心中有数。

写作历史题材时,作者常常会被一个问题困扰,就是如何把控篇幅的问题。对于历史事件,你可以用区区几段文章来描写发生在数十年间的无数阴谋和各种插曲,也可以用数十万的文字只写这数十年间所发生的无数事件中的一件。在创作这本书的时候,我也不可避免地遇到了这个问题。因为看似可以作为结论的史实,当深究起来的时候却发现它不是终点,而是另一个问题的起点,有的时候甚至是若干问题的起点。当我完成第一稿的时候,我写了七万字;当我完成第二稿的时候,字数已经到了十二万字;当我写完第五稿的时候,通篇文章已经有了十六万字;当第九稿完成的时候,我已经写了将近二十万字。好吧,不投稿了,直接出书吧。

于是,这本书就这么诞生了。

这本书不是凭空想象出来的。它主要以《明史》《瀛涯胜览》等为参考,以郑和下西洋途经各国所发生的事情为主线。为了保证所采用史实的正确性,我查证、参考、借鉴、翻阅了四十余种文献典籍。我要感谢这些资料的作者,他们中的很多人都是我们的先人,正是他们的辛苦努力和付出才让我们有机会去接近史实。除此之外,我还要感谢百花文艺出版社的各位编辑老师,没有你们的指导、帮助,这本书不可能如期、顺利地面世。我还要感谢荷赛奖得主张磊先生以及王嘉杰先生、朱亚光先生的鼎力支持!此外,我要感谢所有支持、关心我的朋友和亲人们。

最后，我要感谢我的家人，是你们的鼓励与支持才让我有了前进的动力和勇气。这本书是为你们而写的！

我爱你们！

谷君培

癸卯年于天津